UMA SOCIOLOGIA DA VIDA COTIDIANA

Ensaios na perspectiva de Florestan Fernandes,
de Wright Mills e de Henri Lefebvre

Conselho Acadêmico
Ataliba Teixeira de Castilho
Carlos Eduardo Lins da Silva
Carlos Fico
Jaime Cordeiro
José Luiz Fiorin
Tania Regina de Luca

Proibida a reprodução total ou parcial em qualquer mídia
sem a autorização escrita da editora.
Os infratores estão sujeitos às penas da lei.

A Editora não é responsável pelo conteúdo deste livro.
O Autor conhece os fatos narrados, pelos quais é responsável,
assim como se responsabiliza pelos juízos emitidos.

Consulte nosso catálogo completo e últimos lançamentos em **www.editoracontexto.com.br**.

UMA SOCIOLOGIA DA VIDA COTIDIANA

Ensaios na perspectiva de Florestan Fernandes, de Wright Mills e de Henri Lefebvre

José de Souza Martins

Copyright © 2014 do Autor

Todos os direitos desta edição reservados à
Editora Contexto (Editora Pinsky Ltda.)

Foto de capa
José de Souza Martins

Montagem de capa
Gustavo S. Vilas Boas

Diagramação
Thais Terra

Preparação de textos
Lilian Aquino

Revisão
Edgar Costa Silva

Dados Internacionais de Catalogação na Publicação (CIP)
(Câmara Brasileira do Livro, SP, Brasil)

Martins, José de Souza
Uma Sociologia da vida cotidiana : ensaios na perspectiva
de Florestan Fernandes, de Wright Mills e de Henri Lefebvre /
José de Souza Martins. – São Paulo : Contexto, 2023.

Bibliografia.
ISBN 978-85-7244-866-6

1. Fernandes, Florestan, 1920-1995 2. História 3. Lefebvre,
Henri, 1901-1999 4. Mills, Wright, 1916-1962 5. Sociologia
6. Vida cotidiana I. Título.

14-06213   CDD-301

Índice para catálogo sistemático:
1. Sociologia 301

2023

Editora Contexto
Diretor editorial: *Jaime Pinsky*

Rua Dr. José Elias, 520 – Alto da Lapa
05083-030 – São Paulo – SP
PABX: (11) 3832 5838
contato@editoracontexto.com.br
www.editoracontexto.com.br

*Para o professor Fernando Henrique Cardoso,
pelas primeiras e decisivas lições.*

Sumário

Apresentação 9

PRIMEIRA PARTE:
OFICINA DE SOCIÓLOGO 13

Retorno à dialética e à sala de aula 15
O artesanato intelectual na Sociologia 21
Estudo de caso e conhecimento sociológico 47
Quem tem medo de Mary Burns? 59
A Sociologia entre dois caminhos 65
As Ciências Sociais depois do vestibular 71
A ressocialização do estudante de Ciências Sociais 79
A crise de uma Sociologia da sociedade sem crises 83

SEGUNDA PARTE:
O ARTESANATO SOCIOLÓGICO EM SETE NARRATIVAS ... 89

A casa imaginária de Dona Fulana 91
Tio Patinhas no centro do universo 93
O estudo sociológico da mentira no cotidiano 105
A religiosidade intersticial no Brasil contemporâneo 109
A música sertaneja entre o pão e o circo 119
A crise do imaginário rural brasileiro 127
Os embates da língua e da linguagem 139

TERCEIRA PARTE:
DESIGUALDADE E DIFERENÇA: CILADAS DA COMPREENSÃO 159

A diferença contra a desigualdade 161
Os enigmas da cultura do ressentimento 179
Que raça de povo é esta? 185
O branco da consciência negra 189
Mestiçagens da língua 193
Linguagem sertaneja 197

QUARTA PARTE:
FUNÇÕES HEURÍSTICAS DAS ANOMALIAS DO TRABALHO 201

A terceira escravidão no Brasil 203
O desemprego na vida cotidiana 211

Créditos dos capítulos 219

O autor 223

Apresentação

Nem tudo na sociedade é visível e nem tudo que é visível dá conta do que a sociedade é. Um campo específico da Sociologia, que é a Sociologia da vida cotidiana, desenvolveu orientações e procedimentos, perspectivas teóricas e métodos técnicos para examinar, situar, compreender, interpretar e explicar essa peculiaridade da sociedade como objeto de conhecimento científico. Anomia e alienação, nos primórdios da Sociologia, apareciam como temas residuais e expressões de anomalias sociais, de "defeitos" da estrutura e da dinâmica sociais, fatos patológicos, como a anomia foi definida por Émile Durkheim. Hoje, mais de um século depois do nascimento dessa ciência, já sabemos e já nos convencemos de que o anômalo é "normal", componente problemático da modernidade.

Anomia e alienação são manifestações do obscurecimento da realidade que definem o tempo do homem comum, do homem simples, o homem que perdeu o sentido da História e da historicidade de suas ações e de seu pensamento. O homem que não compreende a manipulação industrial de seus horizontes pelos meios de comunicação e pelo poder, o que o torna mais personagem de uma ficção cotidiana do que senhor de seu próprio destino, mais produto do que pessoa.

A cotidianidade se impôs como manifestação do tempo dessa perdição. A busca do tempo perdido, na Sociologia da vida cotidiana, é a busca do tempo perdido da História, do atual como história, do possível que se esconde na falsa temporalidade do tempo das ações sociais reduzido ao agora, ao viver o instante, ao mero sobreviver. É o tempo do dia a dia, de um dia depois do outro, sem passado nem futuro. Mas é, também, a busca e a compreensão do tempo perdido que se oculta nas estruturas sociais profundas, as que se manifestam ocasionalmente na violência dos linchamentos, expondo códigos de conduta de épocas remotas, adormecidos no inconsciente coletivo. Ou nas regras não sabidas que regulam a conduta social em face da morte e do morto. A sociedade se organiza em camadas de tempos sociais desencontrados, dominados por um atual anacrônico, isto é, destemporalizado. Há algo de proustiano na Sociologia de Henri Lefebvre, um dos autores que inspiram os ensaios aqui reunidos, uma Sociologia da busca e do desvendamento dos tempos que nos regem e não sabemos, o que foi e continua sendo, o que será e já é. Tensões que pulsam o nosso cotidiano, disfarçadas num agora enganoso.

Compreender o fugaz e episódico, e também os disfarces e escamoteações da realidade, ir reiteradamente às suas raízes e determinações para nos compreendermos, tornou-se uma necessidade social, existencial e mesmo política de urgência. É nas sutilezas desse campo de mistérios e ocultações da realidade social que a imaginação sociológica encontra seus grandes desafios teóricos e investigativos. É aí que o sociólogo não pode desconsiderar a relevância do fragmentário e do que se propõe no tempo do mero átimo. Aí estão os segredos mais eficazes da reprodução social e da oculta revolução do que parece esconder-se nas dobras cinzentas do irrelevante e do que aparenta ser mínimo. Aí se situa, como observou Henri Lefebvre, a produção social inovadora, a práxis, que não pode deixar de estar dialeticamente contida no próprio processo de reiteração das relações sociais já existentes, no reprodutivo.

A Sociologia da vida cotidiana não deve ser confundida com uma Sociologia minimalista e redutiva dos processos sociais aos componentes fenomênicos da vida social. Ao contrário, ela se propõe a investigar o visível e o aparente das ações e relações sociais cotidianas na mediação das estruturas sociais e dos processos históricos que lhes dão sentido, não raro o sentido do inesperado. O artesanato intelectual do sociólogo é a ferramenta inventiva que constrói em face de cada desafio. Não é um método técnico, mas um conjunto de intuições sociologicamente fundamentadas da regra de criação do método *ad-hoc*, ajustado ao desafio investigativo e explicativo do objeto ao mesmo tempo, em cada circunstância.

O foco e a temporalidade da observação sociológica deslocaram-se para a vida cotidiana, para os processos microssociais, para o que muitos consideram, equivocadamente, o irrelevante. Minha orientação teórica tem sido a de passar ao largo desse desdém e buscar os liames entre as estruturas sociais profundas e datadas, duradouras, ocultas, e suas expressões no cotidiano, ordinário e banal. Esse é, de certo modo, um tema de Claude Lévi-Strauss, em *Antropologia estrutural*, especialmente no capítulo sobre "História e etnologia". Porém, na orientação lefebvriana, é preciso reencontrar a historicidade da ação e da práxis nas invisibilidades a que foi relegada e em que se refugiou. A sociedade contemporânea caracteriza-se por uma nova pobreza, a pobreza de esperança que advém da redução do tempo da vida social ao agora, ao viver por viver, ao sobreviver. Um reencontro da historicidade social é possível, como é possível a reconciliação da sociedade com a esperança que já teve e já não tem.

O artesanato intelectual é o conjunto de técnicas e recursos de que o sociólogo pode se valer para exercitar a imaginação sociológica na busca do elo perdido entre o atual e o sempre. Neste livro, exponho minha concepção do tema e o modo como exerço a observação da realidade nessa perspectiva, nas pesquisas que realizo e nas análises que desenvolvo, na prontidão para o sociologicamente inesperado e surpreendente. O artesanato não se limita à invenção, elaboração e uso de técnicas de coleta e registro de dados, não diz respeito apenas aos chamados métodos técnicos de pesquisa. Abrange a conexão da pesquisa com a teoria, sobretudo com os métodos de explicação. Mas abrange, também, o modo de expor os resultados da investigação científica, o estilo narrativo do pesquisador.

O artesanato intelectual tem uma dimensão teórica, define um modo sociológico de ver e uma prontidão permanente para observar a circunstância e os circunstantes, seus bloqueios e sua dinâmica. Abrange os *insights* preparatórios da pesquisa e da análise. Implica o reconhecimento de uma temporalidade peculiar, que é a da vida cotidiana, seu ritmo próprio na afirmação e na anulação dos momentos do processo social e histórico, o transitório e o transitivo. Há nessa orientação um diálogo com o insólito, o contraditório, o discrepante, o desconstrutivo, o revelador. Mas também com o eventual e o acaso. É o que Henri Lefebvre tratou como funcionalmente metodológico no seu método regressivo-progressivo, no analisador-revelador, a dimensão heurística do método no próprio empírico. No privilegiamento da tríade, no reconhecimento no real não o binário dos dualismos nem a ele limitado, mas o triádico da dialética – reiteração, transformação, criação, enfim produto e obra. Uma recusa das certezas enganosas do convencional, do estruturado, do duradouro.

É que o mundo *não é mais* assim, embora *ainda* o seja.

* * *

Este livro não é, portanto, um convencional manual de método, mas um conjunto de análises centradas nas questões metodológicas relacionadas com aquilo que C. Wright Mills chamou de *artesanato intelectual* e de *imaginação sociológica*. Uma explicitação de procedimentos técnicos em conexão com o método de explicação, o da elaboração teórica. Um modo sociológico de ver, descrever e interpretar desde as simples ocorrências de rua até os fatos e fenômenos sociais relevantes e decisivos. Nele, a vida cotidiana é objeto de *descrição interpretativa*, na linha da Sociologia de Henri Lefebvre, de Roger Bastide, de Florestan Fernandes, de Robert Nisbet, de Alfred Schutz e de seus herdeiros intelectuais.

PRIMEIRA PARTE
OFICINA DE SOCIÓLOGO

Retorno à dialética e à sala de aula

Volta e meia, a questão do método retorna à preocupação dos sociólogos. O método deixa o âmbito do usual na ciência para ser objeto de preocupações específicas, decorrentes do modo como a sociedade se altera e se repropõe à compreensão científica. Porque a Sociologia se enriquece com a multiplicação de seus temas, a diversificação de suas perguntas teóricas, a consciência profissional da obsolescência de temáticas que saem da pauta das urgências do conhecimento para dar prioridade a outras. O objeto da Sociologia tem uma dinâmica que o reconfigura continuamente.

Longe de ser um receituário de procedimentos formais, o método se propõe, nessa perspectiva, o retorno cíclico ao exame crítico e criativo da realidade pelos pesquisadores. Como um elenco dinâmico de dúvidas e aperfeiçoamentos que permitem ao pesquisador indagar para saber, mas sobretudo refinar as técnicas da indagação e de sua conexão com a explicação científica. Essa dinâmica tem a ver com o fato de que o objeto de referência se recompõe e se redefine continuamente, diferente do que acontece nas ciências duras. A sociedade nunca é a mesma, não só porque nunca sabemos tudo sobre ela, mas também e, sobretudo, porque ela se modifica, muitas vezes incorporando achados da própria Sociologia, "sociologizando-se". Não é raro que o pesquisador observe, no correr da própria pesquisa, que seus entrevistados e informantes estão incorporando em suas respostas e em seu comportamento as respostas subjacentes e implícitas naquilo que pergunta.

O retorno à dialética está relacionado com a importância que o vivido passou a ter na historicidade da sociedade contemporânea, o primado do vivido e da dinâmica do repetitivo. E aqui no Brasil, em particular, com o desencontro entre o vivido de uma práxis pouco conhecida, que ganhou densidade na proliferação dos movimentos sociais, e o concebido que norteia e enquadra esses movimentos numa ideologia das urgências históricas em descompasso com o vivido.

Aqui o descompassado do propriamente histórico domina os processos sociais. A questão do método se propõe no âmbito da questão do tempo, da nossa modernidade como costura do possível com o do aparentemente obsoleto.

É nessa compreensão dos desafios que se apresentam à investigação e à interpretação do sociólogo que eu repensaria minha missão de professor, de formador de novos cientistas sociais.

Se eu tivesse que voltar a dar aulas de Introdução à Sociologia, como fiz durante muitos anos, iria acompanhado de Roger Bastide, de Antonio Candido e de Florestan Fernandes e de seus discípulos, sem dúvida, mas também de Henri Lefebvre, de Alfred Schutz, de Robert Nisbet. Adotaria duas premissas: a literatura como um meio fecundo de iniciação às Ciências Sociais e a ressocialização dos estudantes para que antes se compreendessem sociologicamente para compreender sociologicamente depois. Daria o curso baseado em literatura, não só em textos sociológicos, dialogando com textos literários. A literatura tem mais liberdade para lidar com as filigranas do real. Contém descrições da realidade social mais ricas do que a narrativa sociológica pode conter.[1] Aquela dominada pela riqueza do imaginário; esta circunscrita aos cânones e regras das exatidões que limitam as possibilidades da imaginação sociológica.

Assim como a Sociologia, muitas obras da literatura dos séculos XIX e XX, em boa medida, também trataram de diferentes manifestações da desagregação da sociedade tradicional e da difícil constituição da sociedade moderna. No fundo, literatura e Sociologia se debruçam sobre a perdição do homem contemporâneo, seu afastamento de si mesmo e de suas referências, da comédia ao drama e à tragédia. São modalidades diferentes de conhecimento social, como sabemos. Mas a literatura mostra ao sociólogo um amplo terreno de desencontro que afirma essa diferença, mas também o confronta nas dúvidas que provoca, nos desafios que propõe à imaginação sociológica.

A Sociologia nasce como ciência fundada em modos racionais de compreender e interpretar a sociedade, mas fundada também na tradição conservadora, que à razão se opôs. Nasce como dilema. Tanto em Durkheim quanto em Marx, ela se propõe como busca da totalidade perdida e referencial. Ou em Weber, como busca de sentido na racionalidade do contemporâneo, mesmo do que não tem sentido, como a ação afetiva.

A literatura do mesmo período também tem como referência uma subjacente unidade perdida, cuja busca ou cuja impossibilidade revela o sentido da perda, as histórias pessoais como drama. Mesmo a literatura do absurdo, como em Lewis Carroll e em Franz Kafka, sublinha e acentua as consequências sociais da alienação. A literatura *narra* o drama da perda das conexões de cada gesto, cada ato, cada relação com um todo imaginário, um todo pressuposto, uma estrutura social de referência; já a Sociologia *explica* essa perda.

Eu começaria a ensinar Sociologia pelo *avesso*, porque esta é a sociedade dos avessos. Começaria o curso pelas *incertezas vivenciais* e não pelas *certezas sociológicas*. Eu não trataria o homem como *objeto* e sim como *sujeito*. Eu começaria sugerindo aos alunos que, além de literatura, lessem antropologia e só no fim do curso fossem à ciência política e à economia. Eu inverteria o percurso convencional.

Eu contrariaria Durkheim. Não diria aos alunos que a *anomia* é um defeito social, um fato patológico. Eu lhes diria que anomia, iluminada pela Sociologia, é uma busca, é um desencontro desafiador entre o homem e a sociedade que ele cria e personifica, um *desencontro criativo*, portanto um fator de esperança e não uma derrota. A consciência sociológica do anômico é um dos desafios da criação social, da construção social da realidade.

Eu também contrariaria os leitores e intérpretes vulgares de Marx, dizendo-lhes que a *alienação* não é mera manifestação de falsa consciência e de incapacidade política para superar contradições. Com Marx sociólogo, eu lhes diria que a alienação é uma modalidade de consciência social que engana para revelar e para guiar. É nessa falsa consciência que as necessidades sociais se propõem e nesse âmbito se propõem como busca no marco do real e do imaginário que ele contém e de que depende. É através de sua alienação que o homem erra procurando acertar. É na alienação que ele se furta ao risco de ser objeto de engenharia social e política. É nela que propõe o desafio da desalienação, ainda que para alienar-se novamente, nesse *motu perpetuo* de objetivar-se e de sujeitar-se. É nela que se propõe como sujeito vivo e não como objeto morto.

Nessa perspectiva, eu também diria que o politicamente correto, muito provavelmente, é histórica e moralmente incorreto, porque autoritário, intolerante e potencialmente fascista. Numa sociedade de crescentes incoerências, numa sociedade estruturalmente alienada, impor ou cobrar coerência ideológica no pressuposto de que consciência e ação devem ser expressões do não alienado e do não anômico, é prepotência, imposição do primado do poder sobre o ser e suas buscas.

Eu diria aos meus alunos que as certezas estruturais da Sociologia, suas certezas históricas e a coerência racional das significações estão desencontradas com a imaginação, a criatividade e a práxis. Desencontradas com o direito de cada um de participar da grande aventura humana de buscar, de errar ou de acertar. É a vida que indica os rumos dos acertos, não o poder, seja o grande poder do Estado, seja o poder dos prepotentes, dos agentes dos poderzinhos cotidianos que nos cercam no trabalho, nas religiões, nos partidos políticos, na universidade e até mesmo na família.

Eu lhes diria que o hábito não faz o monge, mas ajuda a desempenhar papéis e a afirmar identidades. Que a identidade é uma tentativa de ser em meio às incertezas do não ser.

Eu os convenceria de que a falsa consciência é tão verdadeira quanto a sociologicamente objetiva. Porque a falsa consciência não é o dom negativo de idiotas culturais. A falsa consciência é a expressão de limites verdadeiros na compreensão da realidade e dos consequentes desafios à sua superação prática. É por meio dela que nos movemos socialmente. Eu os convenceria de que a consciência sociológica não é nem pode ser expressão de prepotência teórica, mas resultado da pesquisa empírica, da indagação, da humildade investigativa, da incerteza e da busca e da consequente elaboração teórica.

Com Henri Lefebvre, eu lhes diria que a dedução é meio caminho andado, mas a indução é a outra metade do caminho; e que a transdução é o caminho inteiro porque abre o horizonte para o real e o possível, o investigativo e o explicativo, dialeticamente. O todo e o diverso. Com Florestan Fernandes e Hans Freyer, diria que a pesquisa empírico-indutiva é o caminho fundante da Sociologia, enquanto consciência científica da sociedade. Uma consciência para iluminar o caminho e não para aprisionar na escuridão de certezas que são sempre temporárias, porque certezas que no confronto com o viver, com a práxis, perdem sua durabilidade objetiva.

Eu ensinaria meus alunos a questionarem a autoindulgência dos sociólogos que não se dão conta dessas limitações, severos no apontar estados de anomia e formas de alienação nos outros, mas complacentes em relação às insuficiências e relutâncias de sua própria ciência.

Eu ensinaria meus alunos a lidar com as ocultações, as mistificações dos poderios que se multiplicam ao nosso redor para nos conformar e nos silenciar. Não para derrotá-los antes que soubessem como resistir. Mas para que descobrissem que a Sociologia é a ciência da incerteza e não só da certeza. Que a ordem da superfície é apenas sintoma das esperanças subterrâneas que a superfície nem sempre liberta.

Eu lhes mostraria o poder revolucionário do que não se vê e as mistificações das insurgências falaciosas, que se vê, pseudorradicais, que cada vez mais invadem o cotidiano no faz de conta de que somos o que não somos e de que podemos o que não podemos, mera pretensão do superficial e aparente, força do que é fraco, alegria do que é melancólico desalento e falta de esperança. Para que soubessem que é próprio da sociedade contemporânea instrumentalizar e institucionalizar as insurgências de fato inovadoras, num mundo em que a maioria das pretensões de mudança nada muda. E que, não obstante, não há reprodução social sem uma certa produção, uma certa inovação, uma certa revolução, como ensina Lefebvre em vários de seus livros. O segredo já não está no que aparentemente muda ou quer mudança, mas na impotência do reprodutivo para conter a mudança.

Eu lhes diria que a Sociologia é a ciência que desvenda esse mistério e nesse sentido é a ciência que nos liberta para a compreensão das incertas certezas da sociedade contemporânea, para o tormento dos questionamentos dos avessos. Eu lhes diria que não se pode manter a vida sem mudar a vida, que a mudança se propõe quando a sociedade gesta necessidades radicais, que não podem ser resolvidas sem mudanças estruturais e históricas.[2] Mesmo que não as queiramos, mesmo que achemos que sem a violência do radicalismo contestador a mudança não tem legitimidade. Eu lhes diria que a práxis é construção em meio aos enganos e ilusões de que tudo muda ficando como está, que não é imitação. Eu lhes diria que cada geração se defronta com a tarefa de reinventar a história e o modo de fazer história em circunstância determinada. A história não se repete senão como fraqueza, mas tampouco se faz como infundada contestação e divertida transgressão.

Para ensinar-lhes tudo isso, eu faria do curso de Introdução à Sociologia também um instrumento de ressocialização. Um instrumento de libertação em relação às desorientações de classe social, das desilusões do imaginário conformista e prepotente, de modo a socializar os novos sociólogos para que reconheçam no outro não o objeto de estudo, mas o sujeito da mediação socializadora, o daquela grande afirmação de Marx: "o próprio educador precisa ser educado".[3] De modo que as novas gerações de cientistas sociais pudessem reconhecer no outro, não a dureza da coisa, mas a poesia do afeto pela condição humana.

Eu ensinaria aos meus alunos que a dialética do método está na busca e na descoberta da poesia da vida; que sem riso e poesia a Sociologia não é mais do que sofisticado e sisudo engano.

Notas

[1] Wright Mills faz uma observação, na mesma direção, relativamente à literatura e aos estudos de comunidade nos Estados Unidos: "A semelhança de seus efeitos descritivos é revelada pelo fato de que, apesar das provas que encerram, os infindáveis 'estudos de comunidade' dos sociólogos parecem frequentemente romances mal escritos; e os romances, sociologia bem escrita." Cf. C. Wright Mills, *A elite do poder*, trad. Waltensir Dutra, Rio de Janeiro, Zahar, 1962, p. 45 (nota).
[2] Cf. Ágnes Heller, *Para Cambiar la Vida* (Entrevista de Ferdinando Adornato), trad. Carlos Elordi, Barcelona, Editorial Crítica, 1981, p. 141 e ss.
[3] Cf. Karl Marx, "Teses sobre Feuerbach" (Tese III), em K. Marx e F. Engels, *Obras escolhidas*, trad. Apolônio de Carvalho, Rio de Janeiro, Editorial Vitória, s.d., v. 3, p. 208.

O artesanato intelectual na Sociologia

Inicialmente, pensei em fazer aqui uma exposição comparativa sobre "O artesanato intelectual na Sociologia de Florestan Fernandes e na de Gilberto Freyre". Depois, pensando melhor, entendi que seria mais adequado ampliar a reflexão para além do que o tema poderia dizer com base na obra desses dois autores, de modo que pudesse expor também, de maneira sistemática, minhas reflexões e experiências de muitos anos sobre o tema de que tratou C. Wright Mills. Inspirado num belo e sugestivo ensaio de Henri Lefebvre, fui mesmo tentado a dar ao trabalho o subtítulo de "Ferramentas da oficina de Lúcifer", diabólica ideia que prudentemente abandonei.[1]

É que os artesãos, em idos tempos, mesmo aqui no Brasil, de vários modos eram tidos como parceiros de Satanás, como os alquimistas. Artesãos eram socialmente estigmatizados e não entravam no rol dos homens bons, os dotados da qualidade de nascimento para as funções públicas e do mando. Haviam sido degradados socialmente pelo exercício do trabalho manual quase sempre hereditário, o trabalho que transforma a natureza em coisas úteis. O artesão era e é quem dá forma ao informe e função ao que forma adquiriu. Estavam, por isso, estamentalmente impedidos de ocupar funções nas câmaras municipais, que era o poder local, por suspeição de que a competência de seu artesanato podia ser oculto benefício de pacto com o tinhoso. Ainda hoje, em muitos lugares do Brasil, crianças muito ativas e desobedientes são definidas como *arteiras*, o que as remete para os significados antigos da palavra, como o de desordeiro e insubmisso. Mas, também, o de brincalhão, o que abusa da ordem, o que viola regras. Arteiro era quem fazia arte, que criava o produto não natural, quem invadia o âmbito do divino, que era o da transformação das coisas, da metamorfose de uma coisa em outra. Não é casual que os antigos também dissessem dessas crianças que estavam *reinando*, isto é, indevidamente subvertendo, mandando em vez de obedecer. Monteiro Lobato, aliás, deu a um de seus livros o título de *Reinações de Narizinho*.

Artesanato durante muito tempo encerrou a ideia de competência para fazer coisas que de outro modo não podem ser feitas, coisas que nem todos sabem fazer, o que envolve engenho e criatividade. Até a virada do século XIX para o século XX, entre nós os trabalhadores dos ofícios manuais ainda eram considerados artistas, porque artesãos, porque ainda criavam, quando o conhecimento envolvido no trabalho e na produção ainda não havia sido capturado pelo capital. O que remetia para a arte que ainda havia no trabalho não só produtivo, mas também criativo. Os artesãos passaram de objeto de medo a objeto de respeito. Como tais recenseados, na categoria de *artistas e operários*, o operário, por sua vez, como uma desqualificação do artista originado das transformações no trabalho que resultaram na apropriação do saber da produção pelo capital e pelos meios de produção. Uma expropriação de conhecimento, transferido da pessoa que trabalha para a máquina com que trabalha. Não só o capital se apropriando dos meios de produção, mas também, através deles, do saber da produção.

Aqui, no caso de nossa profissão, o tema ainda é o de uma variante da tradição mais geral do artesanato, a da pesquisa sociológica, da atividade intelectual que investiga e desvenda, que cria o dado, que faz da informação bruta um dado sociológico e que transforma o dado em interpretação do dado. A Sociologia como um pensar que ainda é um fazer, mas um fazer pensando. A Sociologia no âmbito da arte e não no âmbito da coisa e da produção, como demonstra Robert Nisbet, em seu ensaio sobre "A Sociologia como forma de arte".[2] A sugestão da alternativa do artesanato, seja no trabalho produtivo, seja no trabalho intelectual, ganha sentido na significativa distinção que Heller faz entre *work* e *labour*, sendo *labour* o trabalho enquanto necessidade radical, referido à transformação social e não apenas à transformação de coisas.[3] Aqui na linguagem da província, distinção entre o artista e o operário, o tempo qualitativo e o tempo quantitativo da atividade, trabalho não alienado e trabalho alienado. Ou, como entende Lefebvre, o transformador e o reprodutivo, a práxis inovadora e a práxis reprodutiva.[4]

Celso Castro, organizador da coletânea *Sobre o artesanato intelectual e outros ensaios* e autor de sua excelente Introdução, "Sociologia e a arte de manutenção de motocicletas",[5] cobre, justamente, as reflexões do autor que acabou consagrado por seu escrito e por suas sugestões sobre o tema, C. Wright Mills. Outros autores, brasileiros, têm se interessado por essa peculiar e não conformista contribuição de Mills ao trabalho do sociólogo. Octavio Ianni, em seu curso de Métodos e Técnicas de Pesquisa, na USP, seduzia seus alunos de graduação, no começo dos anos 60, e eu era um deles, para a importância do texto de Mills na formação dos jovens estudantes de Ciências Sociais, tanto para a questão da imaginação sociológica quanto para a questão correlata do artesanato intelectual.[6] Era uma forma de educar e disciplinar a mente dos candidatos a sociólogo para a importância do modo de ver sociológico no trabalho do cientista social.

Até porque o artesanato intelectual era um recurso "portátil", acessível aos principiantes como meio de exercício de observações sociológicas rápidas e cotidianas, fora do contexto de projetos de pesquisa mais densos e demorados. Permitia aos estudantes antecipar a prática de pesquisa sem necessidade de vínculo e apoio institucionais, como amadores. Fiz um exercício desses, quando ainda estudante do segundo ano de Ciências Sociais, e aluno de Ianni. Casualmente, visitei o cemitério mais que centenário de Jacareí (SP), ainda do tempo dos barões do café. Ali, dei-me conta de que o curso de Ciências Sociais, e nele a ênfase nas questões de pesquisa e de método, já havia criado em mim um "olhar sociológico" e em mim despertado uma prontidão para observar sociologicamente mesmo as coisas banais da vida cotidiana. Tudo, então, me parecia pedir a compreensão de seu sentido e a busca da explicação sociológica que me permitisse ultrapassar o entendimento de senso comum que me acudia de imediato.

Na visita, notei que em algum momento da história do cemitério fora ele ampliado e o portão de entrada fora deslocado para o extremo oposto de onde estivera originalmente. Ocorrera a substituição da velha alameda de acesso à capela por uma nova, com a correspondente mudança no rol de famílias gradas, que mereceram, e já não mereciam, o destaque do sepultamento na rua principal. O cemitério sugeria e documentava uma rotação das elites locais ao longo de pouco mais de um século. Tomei notas, conversei com o coveiro (observações posteriores – em outros cemitérios e com outros coveiros, em Goiás, no sertão da Bahia, no Mato Grosso – revelaram-me que o coveiro é sempre rico depositário de informações sobre costumes e ritos funerários, um etnógrafo da morte).

Com os recursos artesanais de que dispunha, saí do cemitério, uma hora depois, com uma etnografia impressionista e provisória das mudanças na estratificação social de uma comunidade do Vale do Paraíba ao longo de um século. Mudanças sociais ocorridas entre o esplendor do café, no tempo do Barão de Jacareí e da Baronesa de Santa Branca, e o esplendor dos comerciantes de origem libanesa, do tempo do começo da conversão do Vale em região industrial. Agora, os sobrenomes da antiga alameda principal estavam situados no que se tornara a periferia do cemitério, não longe da beira do muro, do lado de onde no passado ficavam os escravos e os ínfimos. Aquele cemitério era um documento de histórias de ascensão e decadência social e também da história de um fim de era e começo de outra.

As razões do chamamento de Ianni eram várias, além das que estão no centro do escrito de Mills. Uma delas, poderosa, a de que o artesanato na sociologia de um país como o Brasil ampliava as possibilidades de pesquisa, justamente porque libertava o pesquisador da busca de recursos financeiros, na época escassos, para realização de investigações sobre grande número de temas. Algo que corresponderia, pouco depois, à utopia do pesquisador de "pés descalços", coisa que muitos já eram, eu tenho sido e muitos de vocês também.

O artesanato respondia e responde bem aos desafios dos pequenos temas, que acabam sendo tão fundamentais na história da Sociologia, iluminando aspectos da vida social que na grande pesquisa não se pode ver nem compreender. Roger Bastide escreveu primorosos pequenos estudos com base nos recursos do artesanato intelectual e nas anotações da caderneta de campo: sobre o mundo onírico do negro e as estruturas profundas de sua identidade,[7] sobre a porta barroca e sua função simbólica.[8] Seu discípulo, Florestan Fernandes, nos legou preciosos resultados do artesanato intelectual, vários deles reunidos em *Mudanças sociais no Brasil*[9] e em *Folclore e mudança social na cidade de São Paulo*.[10] O próprio Octavio Ianni reuniu vários e referenciais pequenos estudos, viabilizados por procedimentos artesanais, em *Industrialização e desenvolvimento social no Brasil*.[11] Fernando Henrique Cardoso, filiado à mesma tradição da escola de Roger Bastide e de Florestan Fernandes, também produziu trabalhos possibilitados pelo artesanato intelectual.[12] De Maria Isaura Pereira de Queiroz, que foi aluna e orientanda de Bastide, destaco um estudo que junta artesania e prontidão, o que fez sobre os milagres do padre Donizetti Tavares de Lima, em Tambaú (SP), em maio de 1955.[13]

Na disciplina de Sociologia da vida cotidiana, que introduzi no currículo de graduação em Ciências Sociais da Faculdade de Filosofia da USP, usei o recurso do artesanato intelectual como exercício na formação dos alunos, no ensino da relação entre teoria e pesquisa. Diferentes turmas em sucessivos anos empregaram esse recurso para fazer pesquisas sobre o sonho, o decoro, o desemprego e a mentira, um tema em cada ano, com base em projetos de pesquisa que escrevi com esse fim, definindo o problema sociológico de cada investigação. Em relação aos dois primeiros temas, eles próprios escreveram e assinaram textos que foram reunidos e publicados em livros, organizados e apresentados por mim. Os trabalhos relativos ao tema do desemprego e ao da mentira deixaram de ser concluídos e publicados por falta de meios.[14] Uma experiência pedagógica em que retomei o que fora próprio da fase de formação de Florestan Fernandes e de seus assistentes e fora própria de alguns momentos do lado autodidático da formação brasileira de Gilberto Freyre e do enraizamento de sua sociologia-antropologia.

Freyre há muito fazia pesquisa nessa perspectiva. Já havia lançado o essencial de sua obra consagrada quando publicou *Assombrações do Recife Velho*, livro de 1951 que reúne histórias coletadas artesanalmente desde 1929.[15] Ainda que, no campo, os relatos sobre assombrações tenham sido coletados por um repórter do jornal em que Freyre trabalhava, a seu pedido, esse livro mostra um detalhe do artesanato intelectual que não se situa propriamente no terreno da explanação, mas no terreno da ordenação do material e da extração das instâncias empíricas que tornam os casos compreensíveis e interpretáveis. É um bom exemplo da importância do artesanato intelectual no trato de um tema que, de outro modo, não chegaria à forma impressa e como texto de sociologia. Ainda que, como nesse caso, para construir uma narrativa documental e não propriamente uma interpretação teórica.

A Sociologia também se desenvolve com a elaboração artesanal de narrativas desse tipo, documentos para serem analisados e interpretados, até mesmo por outro pesquisador, quando a multiplicação de indícios mostrar que o tema está finalmente amadurecido e teoricamente dimensionado. Um procedimento que pode ser situado como momento de seleção e elaboração de evidências do que Florestan Fernandes definiu como o das instâncias empíricas relevantes para a explicação sociológica.[16]

Tanto em *Casa-grande e senzala* quanto em *Sobrados e mocambos* é claro o recurso a uma variante do artesanato que é a valorização sociológica da memória e do vivencial, o próprio sociólogo como personagem de uma memória de processos interativos pretéritos, de vários momentos de sua socialização para a condição de adulto. Memória não invocada factualmente, mas presente na armadura e nas entrelinhas do texto, como expressão de uma visão de mundo, como fator extracientífico do conhecimento. Ou da memória dos modos de interagir na história dos ascendentes e colaterais dos ascendentes. Uma espécie de reciclagem sociológica dos dados da memória que, de outro modo, se perderiam ou que, até mesmo, nunca seriam alcançados pela pesquisa convencional e quantitativa. O sociólogo, retrospectivamente, até como testemunha de suas próprias ações pretéritas, e depositário da informação histórica, antropológica ou sociológica da circunstância de sua socialização. Isso é possível graças ao que Peter Berger definiu como alternação biográfica, o estranhamento que resulta de rupturas e descontinuidades biográficas.[17] É o que permite ao sociólogo o estranhamento, que se poderia dizer durkheimiano, em relação a si mesmo, o ver-se como outro e objeto, em decorrência.

O vivencial de Mills está inteiramente presente nos cânones do artesanato intelectual que propõe. Adotei esse recurso, com proveito, em *A aparição do demônio na fábrica*, com base em fatos que testemunhei, quando adolescente, na fábrica em que trabalhava nos anos 1950.[18] Um tema com escassíssima probabilidade de surgir espontaneamente numa pesquisa de Sociologia industrial ou de Sociologia do trabalho. E que, no entanto, documentava o quanto de arcaico há no âmago mesmo das relações sociais de uma indústria tecnologicamente ultramoderna, o quanto os fatos menos relevantes da rotina da empresa contrariam a ideologia do progresso subjacente a muitas análises sociológicas nesse campo. O quanto, enfim, o social está atrasado em relação ao tecnológico, gerando uma dinâmica de tensões e crises que não podem ser apropriadamente vistas por uma Sociologia divorciada do reconhecimento dos ritmos desiguais do desenvolvimento econômico e social.

Usei a técnica simples de rememorar e escrever detalhadamente tudo de que me lembrava em relação ao episódio, incluindo minúcias sobre o processo de trabalho e as mudanças nele ocorridas em função de substanciais transformações técnicas decorrentes dos novos equipamentos de uma fábrica inteiramente nova que passara a funcionar paralelamente à fábrica antiga, de tecnologia de mais de 20 anos antes.

Ficou-me claro que eu registrara detalhes da situação e até mesmo fizera uma certa problematização interpretativa do que ocorrera durante os próprios dias da tensão decorrente do episódio. Com esses dados, fui à procura de engenheiros, mestres e até do padre chamado a benzer as novas seções para espantar Satanás. Descobri que eu vira o que eles não haviam visto. Só que chamar o padre não se encaixava na memória puramente técnica que tinham do ocorrido. Eu tinha a memória coerente dos fatos que eles não tinham. Eu era o moleque de recados e responsável por servir cafezinho a mestres e engenheiros que compareciam ao escritório do engenheiro-chefe durante os tensos dias da ocorrência. Eu "ouvia todos" nas entrelinhas do meu silêncio e "ouvia tudo" que interessava à minha curiosidade ingênua de subalterno e adolescente do subúrbio. Eu conhecia em detalhes todas as seções e equipamentos da nova fábrica, era o responsável por trocar todos os dias, nos relógios automáticos, os discos de papel milimetrado para registro das altíssimas temperaturas nas diferentes bocas de fogo do extenso e moderníssimo forno-túnel de cozimento dos ladrilhos. Era ali que, na crença das trabalhadoras, o maligno destruía os produtos laboriosamente feitos pelos operários das prensas. Produtos que chegavam à sua bancada rachados, manchados e quebrados, inúteis. Eu ouvia não só o que fosse de interesse da produção, mas também as vivas narrativas jocosas dos operários sobre a "ignorância" das operárias que haviam visto o demônio num canto da seção de escolha e classificação de ladrilhos, na cabeceira do tabuleiro de seu trabalho, bem perto delas.

Ao fazer o retrospecto, descobri, também, cerca de 30 anos depois, que eu vira o que eles não viram, pois vira através dos olhos delas, nas gozações e comentários que alguns trabalhadores delas faziam. Vira o que engenheiros e mestres não puderam ver, pois bloqueados por uma visão seletiva, técnica e científica, que descarta irracionalidades e irrelevâncias cotidianas. De certo modo, vi a luz de Lúcifer que havia no medo das operárias atingidas por uma brutal aceleração do processo de trabalho e uma consequente sobre-exploração de seu trabalho, agora mais rápido e mais intenso. Pela "via torta" de sua consciência simples e de sua religiosidade extremada, as operárias interpretavam, a seu modo, o que estavam vendo e sentindo e assim trouxeram a luta de classes para o âmbito de sua cultura supostamente alienada, popular e mística, e nessa perspectiva a compreenderam.[19]

Artesanal é, também, *Ordem e Progresso*, do mesmo Gilberto Freyre, que de algum modo, em oposta perspectiva de classe, lembra o recurso utilizado por Karl Marx na sua *Enquete Ouvrière*, de vários modos também proposta artesanal de pesquisa.[20] Investigação mais abrangente do que a do universo relativamente circunscrito de seus dois livros anteriores. Foi um recurso em que o autor se apoiou para dar conta de um universo territorialmente mais amplo com os meios que lhe eram familiares, os do artesanato intelectual.

No grupo de Florestan Fernandes, na USP, era basicamente assim que se fazia pesquisa, o que ele aprendeu com Roger Bastide, de quem fora aluno e assistente. Ainda estudante, orientado por Bastide, Florestan fizera um estudo pioneiro sobre grupos infantis de rua, as troças, de um dos bairros de São Paulo, que seria publicado com o título de "As trocinhas do Bom Retiro".[21] Fator, aliás, de sua primeira dor de cabeça como sociólogo. Comentava na sala de aula o professor Ruy Coelho, assistente de Fernando de Azevedo, membro do famoso grupo da revista *Clima*, que saiu como título do trabalho num catálogo da Universidade, por erro do tipógrafo, "As trocinhas do Bom Retiro". O que teria deixado o reitor da época intrigado e irritado com o eventual sentido oculto do que ele supunha ser um qualificativo. Florestan valeu-se diretamente de informações colhidas na interação com crianças, desenvolvendo técnicas de aproximação e de coleta de dados peculiares e apropriadas, o que não teria sido possível com técnicas convencionais.

Nesse sentido, o artesanato intelectual envolve a invenção de técnicas de pesquisa e de abordagem ajustadas à natureza do tema e do objeto. Na carpintaria, na marcenaria ou na ferramentaria, o artesão-operário com facilidade cria a ferramenta de que carece em face da obra que se lhe pede. Vi isso em minha própria família de carpinteiros, nas lições de casa de meu irmão ferramenteiro, aluno da renomada Escola Técnica Industrial "Getúlio Vargas", do bairro operário do Brás, em São Paulo, e vi isso inúmeras vezes nas oficinas das fábricas em que trabalhei. Esse é um requisito comum a diversos campos do conhecimento, no geral situados entre a atualidade do mundo da modernidade tecnológica e a tradição do mundo do artesanato, de quando o artesão ainda não fora privado de seu saber, que acabaria usurpado pela engenharia da linha de produção. A Sociologia modernosa, aquela a que a crítica de Mills se dirige, com facilidade desqualifica e usurpa o saber intuitivo, espontâneo e tradicional que educou muitos dos nossos sociólogos ainda ativos. Aliás, desde Durkheim, em *As regras do método sociológico*, a Sociologia teme o senso comum e com ele colide, descartando uma fonte de saber documental e essencial ao conhecimento sociológico, cuja riqueza assegura em parte, contraditoriamente, a qualidade científica de *As formas elementares da vida religiosa*, do mesmo Durkheim.

O artesanato intelectual é comum a outras áreas científicas, que não apenas a Sociologia. Dele não escapa a famosa história da maçã que, ao cair diante de Newton (e não em sua cabeça) num momento em que revia apontamentos sobre a teoria da gravidade, confirmou-lhe visualmente a hipótese científica. Em memória desse fato tão fora das regras da ciência, uma descendente direta daquela macieira referencial, diante do que foram os aposentos do famoso cientista, adorna com seu verdor de monumento vegetal a frente do Trinity College, em Cambridge. Não fosse a mente artesanal de Isaac Newton, aquela macieira não teria sua glória e os caminhos de sua descoberta, provavelmente, teriam sido outros.

É útil lembrar a história, verdadeira, da relação profissional entre o carpinteiro negro Vivien Thomas e o cirurgião Alfred Blalock. Thomas queria ser médico. Pobre, acabou como faxineiro do laboratório de Blalock numa universidade do sul dos Estados Unidos. Ao surpreender Thomas, um dia, examinando com interesse objetos e livros do laboratório, Blalock interessou-se por ele e por suas habilidades de carpinteiro, que se revelariam úteis nas pesquisas que fazia. Acabou levando-o consigo ao assumir uma cátedra na prestigiosa John Hopkins University. Quando se apresentou o problema de encontrar um meio de cura da tetralogia de Fallot, a chamada doença do bebê azul, foi Thomas quem criou os instrumentos cirúrgicos que viabilizaram a primeira cirurgia e as subsequentes. No laboratório, nos experimentos com animais, ele já se familiarizara com a anatomia do tórax e do coração. Foi ele que orientou as mãos de Blalock nessa primeira operação feita diante de uma audiência de horrorizados professores, médicos e estudantes, pois ele era negro e não era médico e muitos o consideravam apenas um faxineiro. Antes de morrer, Blalock propôs à congregação da John Hopkins que concedesse a Vivien o título de Doutor Honoris Causa, o que foi feito, solenemente.[22]

Na Sociologia, o colaborador é de outro tipo. É aquele que nos diz o que a sociedade é quando nos dá uma entrevista, mesmo que possamos ver, como sociólogos, o que ele próprio não vê, não sabe e não compreende; ou que nos permite invadir sua vida para que o observemos e, por meio dele, observemos a sociedade em que vive. O artesanato intelectual na Sociologia, para se viabilizar, pede mais respeito do que o habitual pelas pessoas com as quais conversamos para obter os dados necessários a nossas análises e interpretações, que muitas vezes são pessoas iletradas e sábias da sabedoria própria do vivencial. Sobretudo porque pede mais tempo, mais demora na interação entre o pesquisador e seus interlocutores, demora que implica uma certa recíproca invasão da vida do pesquisador por aqueles com os quais dialoga e até mesmo sua ressocialização.[23] Não se deve subestimar, nas Ciências Humanas, a importância do depositário de informações decisivas para o tema que o pesquisador está estudando.

É comum que, nas situações de pesquisa do sociólogo, haja pessoas que são verdadeiras auxiliares de pesquisa. Sobretudo aquelas que podem ser apropriadamente definidas como parassociólogas, as que intuitivamente percebem fatores, causas, contradições, anomalias na estrutura e no funcionamento da sociedade, em particular na sociedade local ou nos grupos sociais. São as pessoas que no grupo estudado conseguem ver objetiva e criticamente a situação em que vivem. São os autores do conhecimento primário que pré-interpreta fatos, situações e ocorrências, material da Sociologia do conhecimento de senso comum que toda Sociologia deve também ser.[24] Todos nós já nos encontramos com pessoas assim e delas nos valemos.

Sinto-me tentado a mencionar aqui o caso de Mary Burns, operária irlandesa, católica e analfabeta, que foi companheira de Friedrich Engels, capitalista e protestante, e operária de sua fábrica.[25] Na época em que Engels estava preparando seu livro sobre *A situação da classe operária na Inglaterra*,[26] ela, com quem morava, cética em relação a suas interpretações sobre a classe trabalhadora, levou-o aos cortiços de Manchester para mostrar-lhe a classe operária de carne e osso. Freyer lembra, aliás, citando Engels, que "materialismo significa investigação empírica dos movimentos históricos, referência a seus motivos verdadeiros, isto é, demonstráveis".[27] Essa excursão deu a Engels uma visão da classe operária que de outro modo nunca alcançaria. *Grã-fino*, ele nunca teria conseguido entrar sozinho, sem sofrer violência, nos cortiços em que viviam miseravelmente muitos de seus operários. Engels tinha hábitos da nobreza que a burguesia procurava imitar. Frequentava um típico clube inglês exclusivo. Praticava a caça à raposa, um entretenimento da nobreza, que implicava grandes despesas, com cavalo, cocheira, cavalariço, trajes e dispêndios cerimoniais. Mary Burns e sua irmã Lizzy, que se tornaria companheira de Engels com o falecimento de Mary, foram as informantes privilegiadas de Engels, informações que ele repassava a Marx. Mesmo assim, Marx teve uma atitude de desapreço por Mary, quando ela faleceu. Reagiu com indiferença quando recebeu carta em que Engels lhe comunicava o falecimento da companheira, o que quase levou ao rompimento dos dois.[28] Nem por isso, a contribuição antropológica de Mary e Lizzy livrou Marx da concepção distante do real e do cotidiano que tinha da classe trabalhadora. Agnes Heller, que foi assistente de Georg Lukács, numa conferência na PUC, em São Paulo, em 1992, reconheceu que a classe operária de Marx é uma classe operária teórica, filosófica.[29] Diversa da do operário cotidiano, aquele que, além de trabalhar, pensa e interpreta, sujeito de consciência social, diversa da consciência teórica. Mais para a Antropologia e a Sociologia do que para a Filosofia.

Frequentemente, mais do que informantes, as pessoas às quais recorremos para conhecer sociologicamente a sociedade que estudamos são nossas colaboradoras, enriquecendo nossa Sociologia com sua visão vivencial e crítica. Não raro são pessoas simples e até analfabetas. Tive essa experiência com as crianças que entrevistei no sertão do Mato Grosso e no sertão do Maranhão na colheita de dados para meu livro *Fronteira*.[30] Elas tinham melhor e mais crítica compreensão das contradições que viviam do que os adultos, seus pais e vizinhos, porque mais atentas e mais surpresas com o descabimento da violência que sofriam na luta pela terra. Elas viam o que os adultos já não conseguiam ver. Um antropólogo português, do fim do século XIX e início do século XX, Adolfo Coelho, que, como linguista, foi influente no Brasil, tinha no centro de sua antropologia a premissa de que uma pessoa analfabeta não é uma pessoa ignorante, confusão comum nas Ciências Sociais.[31] A tradição oral dos analfabetos nos trouxe do fundo dos tempos obras da literatura que, de outro modo, se perderiam e muito do que se tornaria relevante nas chamadas etnociências.

Aos sociólogos e antropólogos, e mesmo aos cientistas políticos, num país como o Brasil, um problema essencial que se põe é o de conhecer antropologicamente os grupos e as categorias sociais que são a referência da sociologia que fazemos. Se, como sociólogos, chegamos ao real por meio deles e, sobretudo, por meio da interpretação que desse real fazem, não há como conhecer sociologicamente sem com eles dialogar e aprender para compreender. São mais do que fornecedores de dados, pois os dados que deles recebemos são dados interpretados e não dados "puros".

Até a língua cotidiana que falam é diversa, no campo e na cidade, ainda carregada de vocabulário e de palavras nheengatu, que já foi a língua brasileira, mesmo do estamento senhorial da Colônia. Língua que foi proibida em 1727.[32] Não é raro que nossos informantes falem em uma língua e escrevam em outra, falem dialeto caipira ou sertanejo e escrevam em português ou que leiam em português pensando em dialeto. Não é incomum, em recuadas regiões do país, que falem simultaneamente as duas línguas, que se desdizem desconstrutivamente, meio de uma consciência crítica popular. Mesmo na população urbana de migrantes e filhos de migrantes, essas duas linguagens podem estar presentes na vida cotidiana das pessoas. Quando as entrevistamos, com quem estamos falando, com uma ou com a outra? Ou com ambas? Qual delas nos fala? Qual delas compreendemos sociologicamente e sociologizamos?

O dialeto caipira e sertanejo tem uma lógica própria, que não se resume à da língua portuguesa. Não conhecê-lo, reduz o alcance da conversação que, com grande frequência, é a principal ferramenta do artesanato intelectual do sociólogo e do antropólogo. Já vi situações em que o informante estava dizendo uma coisa e o pesquisador estava interpretando outra.

O excelente estudo da linguista Ada Natal Rodrigues sobre o dialeto caipira na região de Piracicaba (SP) contém vários indícios desse desencontro. Em alguns casos, ela usou como referência da entrevista objetos que não fazem parte da cultura caipira, ou que nela são concebidos de outro modo, e que o entrevistado traduziu com o nome de outro objeto da sua cultura, sugerido pelo que lhe estava sendo mostrado.[33] Alguns exemplos: a pesquisadora mostrou aos entrevistados a imagem do que ela entendia ser um rio, quatro disseram que era um córrego (córgo), um disse que era uma grota, dois disseram que era um ribeirão, um disse que era córrego e também rio e outro disse que era ribeirão, mas disse também que era tijuco (palavra nheengatu para brejo). A figura que ela entendia ser de uma fogueira foi identificada por cinco como labareda, por dois como caieira (palavra nheengatu), por um como labareda ou fogueira e por outro como labareda ou caieira. É evidente que as palavras de seu próprio vocabulário, as que a pesquisadora aplicava às imagens exibidas, correspondiam à categoria genérica de classificação da figura na sua cultura e na sua língua portuguesa, de professora de Linguística, enquanto os entrevistados norteavam-se por outra concepção, privilegiando detalhes e/ou a estrutura das coisas. O que era para ela uma mesma coisa podia ser para eles várias ou redutivamente outra coisa. O que para ela era conceito, para eles era nome, o que indica maior diversificação de coisas e funções, os objetos dotados de uma polissemia que a cultura dominante despreza porque tende ao genérico do conceitual. Eles, portanto, identificaram os objetos representados como produtos de trabalho concreto (e não abstrato) ou mesmo como coisas e objetos na concepção da herança tribal. Um abismo histórico de quase três séculos entre o vocabulário da pesquisadora e o vocabulário dos entrevistados.

Os recursos artesanais da língua reprimida e historicamente banida, sobrevivências do passado colonial, ainda vivas, deveriam ser instrumentos do artesanato intelectual e recurso de uma compreensão enraizada e densa do que de fato é a sociedade brasileira. A sociedade representada por aqueles que se expressam desse modo tende a ser bem diversa da sociedade concebida pelos sociólogos. Com isso, aspectos até decisivos da realidade social ficam completamente fora da análise sociológica e da compreensão que, no geral, temos desta sociedade.

Portanto, as significações são diferentes num caso e noutro. Sendo todas as relações sociais, sociais porque mediadas pelo conhecimento de senso comum, popular, que as explica e as torna compreensíveis, a variação linguística expressa sociedades diversas, ainda que vizinhas e próximas, e nas pessoas desse bilinguismo uma dupla identidade. O sociólogo monolíngue e unidentitário terá sérios problemas para produzir uma sociologia minimamente consistente se não tiver condições de se ressocializar para os valores, concepções e orientações sociais dos grupos que estuda e para a diversidade do país em que vive.

Quase arrisco dizer que, no Brasil, quem não tem ao menos uma cultura residual da dominância linguística do nheengatu dificilmente consegue fazer uma sociologia que dê conta, de fato, da realidade que investiga e explica. Em outros países, por outras razões culturais, esses problemas também existem. Penso na Itália, que conheço um pouco, além de falar italiano e de ler e escrever nessa língua. É um país de dialetos, em boa parte país de povo bilíngue. Quando um italiano de aldeia nos pergunta se vamos conversar com ele em italiano ou em dialeto, está nos perguntando que código usaremos, tendo em conta que a lógica da língua italiana lhe permite dizer com exatidão algumas coisas e não outras e que o código do dialeto local lhe permite dizer coisas que não conseguiria dizer apropriadamente em italiano. Essas línguas são traduzíveis entre si apenas em certa medida.

Na própria Itália, na Calábria, o antropólogo Luigi Lombardi Satriani estudou o silêncio como indício de mentalidade e como linguagem, o lugar do silêncio na cultura das classes subalternas, um modo de interagir e de dizer quando não se fala.[34] Na literatura dos métodos técnicos da Sociologia, falar e ouvir é quase uma regra obrigatória, o sociólogo até mesmo concebido como um técnico das artimanhas da fala para extrair das populações que estuda as informações da Sociologia que fará. Os muitos silêncios que impregnam a linguagem popular, a fala muitas vezes reticente do homem comum, do homem simples, está longe dessa obsessão dos sociólogos pela fala, às vezes mais por necessidade de ouvir do que de compreender. Uma observação sociológica dependente da intensa comunicação verbal, em países assim, e é o caso do nosso, será sempre uma observação limitada e insuficiente, até mesmo tendenciosa. Nesse sentido, o artesanato intelectual não será criativo e investigativo se não contiver regras de observação mais apoiadas na *linguagem* do outro do que na *fala* propriamente dita.

A imaginação sociológica é um atributo que se enriquece com a dupla socialização e a socialização divergente e desconstrutiva que nessa duplicidade há. É o que cria a competência para a alteridade, algo que a Sociologia descobriu e incorporou, em especial na orientação metodológica de Émile Durkheim, quando estabelece as regras para observação dos fatos sociais como coisas.[35] Em outra perspectiva e por implicação, o tema reaparece em Mannheim, na análise do "problema da *inteligentsia* socialmente desvinculada".[36] Em orientação mais microssociológica, pode-se ver aí uma sugestão de função metodológica da desvinculação, um modo de ver na perspectiva do outro, decorrente da específica socialização desvinculadora do sociólogo de uma situação de classe social. São momentos de transição cumprida no tempo de uma única geração, na experiência de uma mesma pessoa. É nesse sentido que pode ser importante o recurso artesanal do diário do pesquisador e de sua autobiografia. É um modo de dialogar objetivamente consigo mesmo. É uma forma de utilizar a própria memória, as próprias lembranças e esquecimentos como fontes de dados sociológicos, para que um autor se situe socialmente e compreenda sociologicamente sua circunstância.[37] E desse modo se capacite para observar o outro e o social. Isso agudiza a percepção e a compreensão do pesquisador, sobretudo pondo-o de sobreaviso para compreensão de detalhes e ocultações dos temas que estuda. Na sociedade, nem tudo é audível nem visível, o que justamente faz da Sociologia uma ciência das ocultações que dão sentido ao aparente. É do que tratamos quando dirigimos nossa pesquisa para as questões da alienação e da anomia, conceitos relativos a duas expressões de silenciamento e de ocultamento sociais.

Nesse sentido, o artesanato intelectual, na Sociologia, é bem mais do que um elenco de técnicas de investigação baratas. É, sobretudo, uma visão da Sociologia através de uma visão de mundo. É expressão de uma concepção do outro e muito mais do que instrumento de uma conversa com o outro. É uma conversa com a humanidade do outro que resulta na definição da humanidade do próprio sociólogo. Ninguém faz Sociologia impunemente. Ninguém sai ileso do trabalho de sociólogo. Quem resiste ao assédio transformador do real sucumbe, como sucumbe sua Sociologia na indigência dos subsignificados, das subinterpretações, das fantasias anticientíficas que podem ser bonitinhas, mas são ordinárias.

O artesanato intelectual é mais do que a mera técnica de obtenção de dados. Não é uma técnica, é uma troca. Não há como utilizar o artesanato sem dar algo em troca do que se recebe. No artesanato, o observador é observado, o decifrador é decifrado. Sem o que não há interação. Sem interação não há como situar e compreender; situar-se e compreender-se no outro.

Outro aspecto relevante do artesanato intelectual na Sociologia é o da prontidão. Ele tem conexão direta com a competência para a observação sociológica em todas as circunstâncias que se apresentem. A Sociologia da grande teoria, de que fala Mills, depende de planejamento e de tempo antes que o pesquisador possa ir a campo. Não comporta a possibilidade e mesmo a necessidade da prontidão para o trato da ocorrência súbita e inesperada, que pode esgotar-se na sua própria urgência, antes que o pesquisador possa investigá-la.

A Sociologia brasileira já foi mais atenta à importância da prontidão do que é hoje. Talvez porque quando da disseminação do pensamento sociológico entre nós houvesse uma curiosidade reprimida em relação ao que éramos. Isso pode ser notado facilmente em Gilberto Freyre, em sua voracidade para descrever sociologicamente tudo que se apresentasse diante dele. Quase que se pode dizer que nada escapou ao seu interesse, da culinária ao erotismo. Ele tematizou aspectos da realidade social que a Sociologia mais formalista das sociedades referenciais e dominantes tardou em reconhecer como sociologicamente significativos. Foi o que enriqueceu sua obra, com detalhes quase barrocos, que uma Sociologia sem essa prontidão não examinaria, levada pela secura própria da mentalidade quantitativa, mesmo quando não se trata de explanações sobre quantidades.

É, provavelmente, por aí que se pode situar, em favor de Freyre, a questão suscitada por Maria Lúcia G. Pallares-Burke sobre a apropriação que em *Casa grande e senzala* ele faz da tese de seu colega na Colúmbia, Rudiger Bilden.[38] Embora nada justifique o gesto de Freyre, que em sua biografia fica como um débito de conduta. Um dos aspectos a se considerar nessa questão é o da prontidão de Freyre para ver o que o sociólogo estrangeiro e desenraizado levaria tempo enorme para perceber e compreender, se é que o conseguisse. Embora seja Bilden o pai da ideia, seus poucos escritos remanescentes parecem distantes da visão que do tema podia ter quem, como Freyre, foi socializado na cultura da casa-grande. Freyre via na interpretação de Bilden o que o próprio Bilden não podia ver: as peculiaridades e significações de uma realidade que não é suficientemente compreendida "de fora". A casa-grande e a complexa relação que a atava à senzala e à escravidão era uma instituição dominada por valores da intimidade, um mundo fechado, marcado por sutilezas e ocultações sociais que ficaram na personalidade básica de brancos e negros. Invisíveis, portanto, à observação que não fosse demorada e ressocializadora e que assegurasse a empatia necessária à compreensão, por dentro, das situações e dos processos sociais.

O estranho e estrangeiro tem a vantagem sociológica de ver de fora para dentro e, nesse sentido, compreender mais e melhor, mais objetivamente o que vê, descreve e analisa. Seu estranhamento natural cumpre com mais facilidade uma função metodológica. Mas o de dentro vê mais e melhor as sutilezas da vida social que banalizam o ver e o compreender, tornando-as patrimônio pessoal oculto daqueles que alguns autores definem como *membro* daquela sociedade. Só o membro domina naturalmente o que o estranho dificilmente dominará e compreenderá. Nesse sentido é que a Sociologia deve ser ao mesmo tempo uma Sociologia dos fatos e processos sociais e uma Sociologia do conhecimento de senso comum que dos fatos e processos vividos têm os membros daquela sociedade, daquela comunidade ou daquele grupo social, os que nela foram socializados e dominam como própria sua chave interpretativa.

Bilden ficou poucos meses no Brasil, com a interpretação já feita, previamente construída em longos meses de pesquisa em bibliotecas americanas, especialmente a de Oliveira Lima. Freyre podia ver facilmente o que estava subjacente à tese de Bilden, os nexos vivenciais das relações sociais no contexto do universo criado pela casa-grande; ele conhecia os cheiros, os sabores, os pequenos gestos cotidianos, o que na prática era inacessível aos estranhos e estrangeiros.

O que tem sido apontado como o principal defeito da obra de Freyre, o de ser mais uma sociologia da casa-grande do que da senzala,[39] pode ter sido, também, sua maior virtude: o domínio do código das invisibilidades contidas no que era um mundo, mais do que um recinto. Ao se apropriar das ideias de Bilden, tendo formação sociológica, fez o fecho virtuoso do processo de conhecimento sociológico, unindo o conhecimento do sociólogo, de fora, e o conhecimento do membro, de dentro. Casa-grande e senzala se determinavam reciprocamente. O muito de cumplicidade que escamoteava as tensões e a violência constitutiva dessa relação se expressa justamente no imaginário que dessa relação a obra de Freyre é a melhor expressão.

Um dos bons exemplos da importância do artesanato intelectual para a prontidão foi a situação de emergência de um movimento milenarista eclodido em Minas Gerais, no município de Malacacheta, em abril de 1955. Os moradores de um bairro rural chamado Catulé, negros e muito pobres, que haviam se convertido ao Adventismo da Promessa, entraram num estado de exaltação mística na Semana Santa daquele ano. Uma crise de liderança e a incerteza de sua condição de meeiros em terra alheia os levaram a supor que se aproximava o momento do fim dos tempos, em que seriam arrebatados por Elias, numa carruagem vinda do céu. Temendo o demônio que poderia ameaçá-los nessa hora liminar, derradeira e decisiva, mataram quatro de suas crianças que choravam e alguns animais, o que motivou alguém a escapar e a chamar a Polícia. Uma pequena equipe multidisciplinar, reunindo o sociólogo Carlo Castaldi (do Instituto Nacional de Estudos Pedagógicos), a psicóloga Carolina Martuscelli e a antropóloga Eunice T. Ribeiro, da Faculdade de Filosofia da Universidade de São Paulo, com os meios de que dispunha e um auxílio do INEP, foi para o local e realizou entrevistas e testes projetivos durante um mês. Os estudos resultantes dessa investigação de emergência começaram a ser publicados no mesmo ano na revista *Anhembi,* de Paulo Duarte. Depois foram republicados num volume da Editora Anhembi.[40] Não fosse a prontidão e os meios artesanais de que dispunham os pesquisadores, o acontecimento ficaria disperso no vago noticiário dos jornais e não teria sido objeto de estudo e interpretação "no calor da hora", como se diz.

As situações socialmente inesperadas, as ocorrências repentinas e surpreendentes, são carregadas de informações sociológicas que não se manifestam nas situações recorrentes, de plácida repetição de modos de ser e de pensar. De certo modo, Harold Garfinkel, nos seus experimentos etnometodológicos,[41] abriu um campo de obtenção de conhecimento sociológico, ao criar repentina e artificialmente situações de anomia que desafiam as pessoas comuns a inovar socialmente para refazerem a ordem rompida e em crise. A prontidão espontânea, no entanto, pode permitir ao sociólogo fazer observações muito mais ricas do que as desses experimentos, pois as situações anômicas envolvem significações outras que não as que podem ser observadas em condições propriamente experimentais. O aparato sociológico favorece não só a compreensão da restauração da ordem, mas também a da inovação, a da reinvenção da sociedade, o que é próprio, mas não exclusivo, de movimentos messiânicos e milenaristas, densamente atravessados pelo imaginário da esperança.

Gino Germani, no esclarecedor prólogo à edição mexicana de *A imaginação sociológica*, de 1961, situa o livro de Mills e, portanto, o ensaio sobre o artesanato intelectual, na transição "de uma fase *artesanal* a uma fase *industrial* da investigação" sociológica.[42] O que parece uma postura conciliatória para favorecer Mills em face das hostilidades que, por fatores vários, o alcançavam e minimizavam naquele momento. Favorecer, também, no que parecia radical insurgência de Mills em relação aos autores da "grande teoria", em particular Talcott Parsons, e da pesquisa quantitativa, como Paul Lazarsfeld. Mas a via escolhida por Germani para apresentar à América Latina a edição mexicana do livro trazia implícita a suposição de que a postura de Mills correspondia a um momento meramente transitório da história da Sociologia. Parsons era, afinal, a grande figura de referência da Sociologia americana e o mais influente autor do que da Sociologia americana chegava a outros países, como o nosso, desde *Teoria e estrutura social*, de Robert K. Merton. Aliás, Florestan foi, nesse livro, citado por Merton. Era amigo de Parsons, a quem convidou para uma conferência na Faculdade de Filosofia da USP, em agosto de 1965, e que o receberia em Harvard com grande deferência, segundo depoimento de Roque Laraia, que lá estava.

Aparentemente, a obra de Mills sobre o artesanato intelectual não parece ter causado particular impressão em Florestan Fernandes, já que ele mesmo se familiarizara com o artesanato de Roger Bastide e tinha sua própria larga experiência de artesania. Em seu grupo, o pesquisador que mais se identificou com essa obra metodológica de Mills foi mesmo Octavio Ianni. Eu diria que foi quem levou a sério as implicações dessa reflexão de Mills porque a situou na perspectiva dialética, indo além do didatismo que a caracteriza. Muito mais porque a situou como uma Sociologia num certo sentido alternativa à Sociologia convencional e aparatosa, como eventualmente podia ser considerada a Sociologia dependente de grandes recursos financeiros e de patrocínios. Orientação que, dizia-se, já numa perspectiva política e ideológica, não raro estabelecia limitações e condições ao trabalho do pesquisador e da ciência em nome de interesses que não eram os seus, e sim de grupos econômicos ou grupos de poder. Também porque o artesanato intelectual envolve o pesquisador muito mais profundamente na sua temática e lhe permite lidar com a inteireza dos processos sociais enquanto processos históricos e cotidianos ao mesmo tempo.

O modo como Ianni difundiu entre seus alunos a concepção que tinha Mills do trabalho intelectual deixava em aberto um amplo campo de reflexão no âmbito da Sociologia do conhecimento, com implicações teóricas e metodológicas, muito além da mera técnica de pesquisa. Como também assinala

Celso Castro na apresentação de sua coletânea, o artesanato intelectual de Mills tem sentido numa perspectiva muito ampla, porque envolve a trajetória de vida, o modo de ser e a visão de mundo do sociólogo. O artesanato percorria a biografia e o cotidiano de Mills, desde o morar até o comer. Portanto, para ele, o artesanato intelectual tem uma dimensão totalizadora e faz sentido enquanto meio de uma Sociologia que trabalha com o pressuposto da totalidade da situação social e do processo social.

Há uma dimensão insurgente na proposta de Mills, o que se evidenciará, de modo alegórico, num filme de 1970, *R. P. M.*, em que Anthony Quinn faz o papel de um professor de Sociologia numa universidade americana, na época da revolta estudantil de 1968, em que atua como negociador. Num certo momento, ele aparece com um exemplar de *Social System*, de Parsons. Essa alusão ao livro mais emblemático de Parsons, que Mills havia desancado em *A imaginação sociológica*, é indicativa de quanto, na crise, a obra parsoniana se revelava uma Sociologia da ordem, vencida pelas circunstâncias da rebelião juvenil. Tornara-se, na alusão do filme, mera nota de rodapé. Às vezes, a Sociologia, como nesse caso, pode tornar-se instrumento de uma injustiça, ao menos de um linchamento simbólico, instrumentalizada até mesmo sem a participação e a vontade de um autor.

O cenário mais amplo da repercussão do livro de Mills e de sua proposta metodológica permite compreendê-lo como um texto aglutinador de orientações interpretativas que não estavam necessariamente nem em suas motivações nem em seus propósitos. Estava na lógica do método. O ensaio sobre o artesanato é relativamente modesto, exageradamente didático, o que sugere que o próprio autor não tinha a devida clareza sobre a incidência social e política possível de sua concepção daquela técnica sociológica. Ou seja, não tinha o propósito e a pretensão que hoje nela se vê, num saudável reencontro de uma Sociologia de novas problematizações com uma Sociologia que tateava nos caminhos ainda incertos de uma ciência relativamente liberta de convenções, na época, cada vez mais rígidas. O artesanato intelectual de Mills tinha o alcance libertador de um reencontro do pensamento sociológico com suas raízes nos clássicos, uma revitalização da imaginação sociológica. Isso não lhe tira o mérito nem fecha o caminho para a compreensão dos desdobramentos de sua proposta mesmo em âmbitos que não considerou. De certo modo, o texto de Mills deve ser compreendido muito mais como texto que dá sentido não só ao que ele era e fazia, mas também ao que muitos outros pesquisadores faziam nos Estados Unidos e em outros países.

Penso que a densa obra sociológica de Robert A. Nisbet, um dos maiores sociólogos americanos, dá mais sentido à proposição de Mills do que a que o próprio Mills poderia sugerir. Seu primoroso ensaio sobre *A Sociologia como forma de arte*, de 1962, é a grande chave para se compreender não só textos como o de Mills.[43] Mas também os de outros autores, que se situam numa linha de pensamento que foi marginalizada pelo primado do quantitativo e pelas fragmentações geradas pela divisão do trabalho, decorrentes, nas Ciências Sociais, de pressupostos disseminados pela mentalidade própria da grande indústria.

A Sociologia de Nisbet localiza as ideias-elementos do pensamento sociológico não na tradição da ciência, mas na tradição da arte, com todas as peculiaridades da criação do conhecimento própria da arte.[44] Por esse meio a Sociologia é uma das expressões do romantismo e do conflito de ideias que ganhou sentido como reação aos valores e concepções da Revolução Industrial e da Revolução Francesa. Nisbet situa a gênese da sociologia no universo da reação romântica a essas revoluções históricas e socialmente fundantes, as da Razão e da técnica. Portanto, a Sociologia como modo de pensar diverso e oposto ao modo de pensar engendrado pela cultura da indústria e da produção fabril. As ideias-elementos da Sociologia são próprias do pensamento conservador, pré-moderno, referidas a concepções artísticas do homem e da sociedade, em oposição às concepções lineares da razão. Essas ideias se expressam em conceitos polarizados, antinômicos: comunidade-sociedade, autoridade-poder, *status*-classe, sagrado-secular, alienação-progresso.[45] A concepção de totalidade contra a concepção de fragmento, a de pessoa contra a de indivíduo. Concepções da mesma extração da de imaginação sociológica e de artesanato intelectual de Mills.

As chamadas ciências duras trabalham com uma concepção objetiva da relação sujeito-objeto. O tempo do objeto é aí um tempo lentíssimo em comparação com o tempo histórico e mais lento ainda em relação ao tempo social e à temporalidade do fragmentário. As ideias-elementos da Sociologia, pré-modernas, reação conservadora à coisificação da pessoa e das relações sociais, repõem a dimensão de totalidade do real, o objeto como um todo cambiante e dinâmico, que é não só coisa, mas também mistério. Tanto o mistério do possível quanto o do oculto. A Sociologia concebida aí como busca permanente do que se esconde para compreender o que se vê e se revela. Nessa busca é que a Sociologia se propõe não só como conhecimento apoiado na observação objetiva, mas também como criação dos meios da observação em função da dinâmica do objeto. É esse o âmbito privilegiado da imaginação sociológica.

A imaginação sociológica envolve competência científica para dialogar interpretativamente com o imaginário social. É nesse sentido que frequentemente a literatura é uma referência que pode fazer a ponte entre a ciência e o imaginário de determinada população a ser estudada. A diferença da Sociologia em relação à literatura, quanto a certos temas e estilos, é que compreende objetivamente o que na obra literária é compreendido imaginariamente. A literatura faz mais concessões a esse imaginário. Uma Sociologia refratária a esse diálogo, sociologia de desbastamento e de enquadramento, de imaginação sociológica pobre, mutila o real, porque o despoja da poesia, do drama, da tragédia e, sobretudo, do possível e da esperança que no possível há.

Não é incomum que a poesia já esteja na palavra do entrevistado. Em muitas regiões, em especial na roça, ainda há um estilo barroco de falar, de dizer as coisas, na boca de pessoas iletradas, pessoas que não foram, pela escola e pela escolarização, enquadradas numa concepção formal e instrumental da linguagem. Nas populações rústicas, a metáfora é comum, é meio de situar o que está sendo dito numa trama maior de significações. Há nela um imaginário norteador. Zé Alagoano, um dos entrevistados de Geraldo Sarno no documentário *Viramundo*, de 1965, diz:

> O analfabético, não, é assim que nem saúva quando corta um garranchinho aqui [...], e põe na testa e sai levando de frente assim [...]. Mesmo assim é o analfabético; igualmente uma formiga. Leva tudo na testa que nem saúva. Se ele entra numa cidade assim, ele não vai olhar no nome de rua nem nada, porque num sabe ler. Vai perguntando a um e outro, feito doido. Eu ando igualmente a saúva. Entro num canto assim, meto o peito na frente, se sai bem, sai, se me sai mal é mesma coisa. Se estiver errado voltarei pra trás, se não estiver seguirei pra frente. Eu comparo eu mesma coisa que uma saúva, essas formigas de roça...[46]

Há, sem dúvida, conformismo nessa concepção do migrante impotente em face de um mundo que muda e, ao mesmo tempo, o abandona, que dele quer unicamente sua força de trabalho, mas não a poesia de sua metáfora. A arte, o cinema, o documentário de Sarno, é que lhe dará a palavra e nela reconhecerá o direito de dizer a poesia que atravessa sua visão de mundo, seu sentimento do mundo. Ir para a frente é a alternativa da realidade que o capturou, mas recuar e tentar outra via é a alternativa de quem não sucumbiu.

A Sociologia brasileira que nos anos 1950 estudava as resistências à mudança, um tema forte na antiga Sociedade Brasileira de Sociologia, queria entender a opção popular pela permanência, contra a mudança. Não levava em conta que a mudança era para muitos mudar para perder-se, os destinatários da mudança condenados ao imobilismo de uma saúva cumpridora do destino demarcado pelo mercado de trabalho. A Sociologia desconhecia a legitimidade da opção conservadora e até mesmo a tradição conservadora como fonte de crítica social e de consciência do muito de socialmente destrutivo que há no moderno. Esse era o ponto de partida que o real lhe abria e que os sociólogos não viam.

A modernização da agricultura foi, provavelmente, a mais violenta e destrutiva intervenção econômica e política na vida das populações tradicionais, que, no entanto, haviam desenvolvido sua própria concepção de mudança e de inserção no mundo moderno. A Sociologia rural foi cúmplice de mudanças que modernizaram economicamente, mas lançaram na miséria, no desamparo e na anomia milhões de brasileiros.[47] Cortiços e favelas foram a contrapartida dramática do desenraizamento de multidões de trabalhadores rurais e do ajustamento socialmente excludente num mundo urbano patologicamente degradado. Ao mesmo tempo, os sociólogos propunham a educação sociológica, nas escolas normais, como enquadramento dos retardatários da História e não como esclarecimento em relação ao desbloqueio do possível. No fundo, o privilegiamento da mudança social, nessa perspectiva, propunha a mudança contra o possível.

Ao contrário do que sugere Mills e no geral os que fazem a opção pelo trabalho artesanal na Sociologia, o artesanato intelectual não esgota suas possibilidades no âmbito da investigação. Não é mera técnica de pesquisa. Elas se estendem ao âmbito da exposição, ao estilo de expor e de explicar. A tentação da exposição relatorial empobrece a apresentação dos resultados da pesquisa e, no meu modo de ver, até mesmo reduz o alcance da explanação, da explicação sociológica. A intensidade dramática da anomia no meio negro, em *A integração do negro na sociedade de classes*, de Florestan Fernandes, não está propriamente nos dados coletados, mas na artesania da articulação e exposição dos dados. *Assombrações do Recife Velho*, de Gilberto Freyre, é narrativa que reteve a dimensão teatral dos fatos narrados na pesquisa, o que no fim das contas permitirá que o livro seja também apresentado como peça de teatro.[48] O mesmo posso dizer de *A aparição do demônio no Catulé*, de Carlo Castaldi, Eunice T. Ribeiro e Carolina Martuscelli, da USP, estudo transformado em peça de teatro pelo dramaturgo Jorge Andrade, montada por Antunes Filho, em 1964, no Teatro Brasileiro de Comédia, com o título de *Vereda da salvação*. No mesmo ano e com o mesmo título, foi convertido em filme por Anselmo Duarte. Já a dimensão literária de *Parceiros do Rio Bonito*, de Antonio Candido, inspirou em parte *A marvada carne*, filme de 1985, de André Klotzel. Clóvis Bueno e Paulo Betti, em 2005, fizeram *Cafundó*, filme inspirado na vida do curandeiro negro João de Camargo, de Sorocaba, e baseado num dos capítulos de *Mudanças sociais no Brasil*, de Florestan Fernandes, que apresenta os resultados de uma pesquisa de quando ainda era aluno de Roger Bastide. Textos, portanto, que, na exposição dos resultados da pesquisa sociológica, retiveram e incorporaram sociologicamente a dimensão propriamente teatral ou poética das narrativas de seus entrevistados.

Num caso, o próprio sociólogo, Duglas Teixeira Monteiro, viu e compreendeu, separadamente, o sociológico e o teatral e deles tratou em textos separados. Ele fazia pesquisa no norte do Paraná, sobre pequenos proprietários em crise e em processo de desenraizamento. Tanto observou e registrou as mudanças sociais envolvidas na situação, quanto o fenômeno religioso que as acompanhava. Os dados da primeira perspectiva foram trabalhados num texto publicado na *Revista Brasileira de Estudos Políticos* e os da segunda deram origem a uma peça teatral premiada pelo Serviço Nacional de Teatro. Aqui, claramente, o pesquisador enquanto tal não conseguiu manter no texto sociológico a dinâmica do imaginário do grupo estudado. Sua sensibilidade literária induziu-o, no entanto, a separar a literatura da ciência, expressão de uma Sociologia ainda de marcas positivistas claras.[49] Mas conseguiu perceber, ele mesmo, no trabalho de campo o que, em outros casos, como os indicados antes, só os teatrólogos conseguiram perceber – a poesia e o drama residuais dos textos propriamente sociológicos e antropológicos.

Quando o sociólogo faz pesquisa redutiva e de enquadramento em conceitos, ignora e descarta o imaginário da vida social, limita a observação ao factual e elimina da interpretação sociológica o que é propriamente belo e artístico, a estética do imaginário, isto é, a consciência social. Se viver é perigoso, imaginar é necessário. Foi Carlos Rodrigues Brandão, entre nós o antropólogo e poeta mais sensível a essa dimensão da pesquisa em Ciências Sociais, quem chamou a atenção para a estrutura poética do primeiro capítulo de *O Capital*, de Karl Marx. Convém lembrar que Marx quis ser poeta e que a suposta má qualidade literária de sua poesia foi criticada por seu pai, que o desaconselhou a seguir adiante. Brandão, como esclarece, simplesmente reordenou as frases do texto para nele descobrir um poema sobre o trabalho, que ali havia. Esse poema, "A trama da rede", é um dos belos capítulos de seu livro *Diário de campo: a Antropologia como alegoria*.[50] Em vários momentos de sua obra, Marx ressalta a poesia do real para dar-lhe a significação que tem. Vemos isso nos *Manuscritos econômicos e filosóficos*, em *O Capital*, nos *Grundrisse*. No fim das contas, a contradição fundante da sociedade contemporânea é a que se estabelece entre a dureza da produção no trabalho explorado, o homem possuído pela coisa que produz, e a poesia do próprio trabalho enquanto instrumento de criação e do possível. A relação capitalista é uma relação que opõe o sonho à privação; não é apenas uma relação de exploração econômica. É nessa oposição que está o fundamento da consciência crítica, que, sem poesia, seria impossível.

Há, nesse sentido, mais Sociologia em *Grande sertão: veredas*, de João Guimarães Rosa, do que no Censo de Minas Gerais, de 1950. Há muito mais gente envolvida na coleta de dados do Censo do que na coleta de dados de Rosa, observador solitário, disciplinado e sensível. O Censo sistematiza quantitativamente tendências numéricas do movimento populacional. Ele nos diz qual a distribuição etária da população, sua condição econômica, a proporção dos gêneros, sua localização espacial. Quantifica o que o senso comum já sabe. Reduz o todo ao tempo do atual, aplaina discrepâncias, harmoniza curvas estatísticas. Põe ordem no supérfluo.

Já Rosa decifra os mistérios do viver dividido, expõe os avessos da sociedade, desconstrói as harmonias censitárias, arranca o demo das profundezas do acontecer, revela-lhe a intimidade, as ocultações do vivido, seu lugar no desenrolar da vida e na trama da existência, expõe as formas do falso, o poder do imaginário e o imaginário do poder. E, no fim, descobre que o Danado, desafiado por um pactário, não existe nem vive em baixo de árvore maligna onde supostamente se espoja no limiar de ontem e hoje. O Cão habita dentro de nós, de onde nos ameaça e nos governa na peleja entre Deus e o diabo. Se o agente censitário foi a campo para enquadrar a população nas categorias de uma análise previamente configurada, Rosa foi a campo com seu artesanal caderninho de anotações, acompanhando um magote de tropeiros, para ser enquadrado nas categorias do pensar dos gerais, o senhor sabe. Foi encontrar o diabo do entendimento no meio do redemunho, para de Lúcifer receber a luz da compreensão da sociedade dos contrários, na desocultação do que os poderes enterram nas profundezas do desconhecimento. Foi a campo ouvir, aprender e anotar, ainda que viver (e pesquisar) seja muito perigoso, o senhor sabe.

Notas

[1] "O diabo cumpre as promessas do conhecimento". Cf. Henri Lefebvre, "Les metamorphoses du diable", *Introduction à la Modernité*, Paris, Les Éditions du Minuit, 1962, p. 68.
[2] Cf. Robert A. Nisbet, *Tradition & Revolt (Historical and Sociological Essays)*, New York, Vintage Books, 1970, pp. 143-62. Sou imensamente agradecido a Oriowaldo Queda, que, quando fazia seu doutorado na Universidade de Wisconsin, me pôs em contato com a obra de Nisbet.
[3] Cf. Ágnes Heller, *La Teoria, la Prassi e i Bisogni*, Roma, Savelli, 1978, pp. 124-43; Ágnes Heller, *La Revolución de la Vida Cotidiana*, trad. Gustau Muñoz, Enric Perez Nadal e Ivan Tapia, Barcelona, Ediciones Peninsula, 1982, p. 81.
[4] Cf. Henri Lefebvre, *Sociologia de Marx*, trad. Carlos Roberto Alves Dias, Rio de Janeiro, Forense, 1968, pp. 17-41.
[5] Cf. C. Wright Mills, *Sobre o artesanato intelectual e outros ensaios*, seleção e introdução de Celso Castro, trad. Maria Luiza X. de A. Borges, Rio de Janeiro, Zahar, 2009, pp. 7-19.
[6] O apreço de Octavio Ianni pelo artesanato intelectual foi assinalado numa elegia de Marcelo Seráfico, "Lições do artesanato intelectual: a herança do mestre", em *Sociologias*, n. 11, Porto Alegre, jan./jun. 2004, pp. 13-9. Cf., também, José de Souza Martins, "Ianni, a poesia na Sociologia", em *Tempo Social – Revista de Sociologia da USP*, v. 16, n. 1, jun. 2004, pp. 25-8.

[7] Cf. Roger Bastide, "Sociologia do sonho", em Roger Caillois e G. E. von Grunebaun (orgs.), *O sonho e as sociedades humanas*, Rio de Janeiro, Livraria Francisco Alves, 1978.
[8] Cf. Roger Bastide, *Impressões do Brasil*, org. Fraya Frehse e Titan Jr., Imprensa Oficial, 2011.
[9] Cf. Florestan Fernandes, *Mudanças sociais no Brasil*, São Paulo, Difusão Europeia do Livro, 1960.
[10] Cf. Florestan Fernandes, *Folclore e mudança social na cidade de São Paulo*, São Paulo, Anhembi, 1961.
[11] Cf. Octavio Ianni, *Industrialização e desenvolvimento social no Brasil*, Rio de Janeiro, Civilização Brasileira, 1963.
[12] Cf. Fernando Henrique Cardoso, "O café e a industrialização da cidade de São Paulo", *Revista de História*, n. 42, São Paulo, 1960, pp. 471-5; "Condições e fatores sociais da industrialização de São Paulo", *Revista Brasileira de Estudos Políticos*, n. 11, Belo Horizonte, 1961, pp. 148-63; "Tensões sociais no campo e reforma agrária", *Revista Brasileira de Estudos Políticos*, n. 12, Belo Horizonte, 1961, pp. 7-26.
[13] Cf. Maria Isaura Pereira de Queiroz, "Tambaú, cidade dos milagres", em Paulo Duarte (org.), *Estudos de Sociologia e História*, São Paulo, Anhembi, 1957, pp. 131-93.
[14] Cf. José de Souza Martins (org.), *(Des)figurações: a vida cotidiana no imaginário onírico da metrópole*, São Paulo, Hucitec, 1996; e José de Souza Martins (org.), *Vergonha e decoro na vida cotidiana da metrópole*, São Paulo, Hucitec, 1999. Sobre o desemprego, cf. José de Souza Martins, *O desemprego na vida cotidiana da região metropolitana de São Paulo*, inédito, 1998. Sobre a mentira, cf. José de Souza Martins, *O estudo sociológico da mentira na vida cotidiana*, inédito, 1999. Com base nos relatórios preliminares que os alunos prepararam com os resultados da pesquisa sobre a mentira, foi esquematizado um livro que seria publicado com o título de *Sociologia da mentira: a mentira como consciência crítica na vida cotidiana da metrópole*.
[15] Cf. Gilberto Freyre, *Assombrações do Recife Velho*, Rio de Janeiro, Condé, 1955.
[16] Cf. Florestan Fernandes, *Fundamentos empíricos da explicação sociológica*, São Paulo, Companhia Editora Nacional, 1959, pp. 1-44.
[17] Cf. Peter Berger, *Perspectivas sociológicas: uma visão humanística*, trad. Donaldson M. Garschagen, Petrópolis, Vozes, 1972, pp. 65-77.
[18] Cf. José de Souza Martins, *A aparição do demônio na fábrica: origens sociais do Eu dividido no subúrbio operário*, São Paulo, Editora 34, 2008.
[19] Cf. José de Souza Martins, *A aparição do demônio na fábrica*, cit., pp. 141-80.
[20] Cf. Karl Marx, *Selected Writings in Sociology and Social Philosophy*, ed. T. B. Bottomore e Maximilien Rubel, Harmondsworth, Penguin Books, 1963, pp. 210-8.
[21] Cf. Florestan Fernandes, "As trocinhas do Bom Retiro", *Folclore e mudança social na cidade de São Paulo*, cit., pp. 153-258.
[22] Sobre essa história real, cf. *Quase deuses* [*Something the Lord Made*], filme americano de 2006, dirigido por Joseph Sargent, roteiro de Peter Silverman e Robert Caswell.
[23] "[...] não posso interpretar o significado de outro sem modificar, ainda que seja de modo mínimo, meu próprio sistema de significados." Cf. P. L. Berger e H. Kellner, *La Reinterpretación de la Sociología (Ensayo sobre el método y la vocación sociológicos)*, trad. Ramón García Cotarelo, Madrid, Espasa-Calpe, 1985, pp. 59 e 68.
[24] Cf. Peter L. Berger e Thomas Luckmann, *The Social Construction of Reality (A Treatise in the sociology of knowledge)*, New York, Anchor Books, 1967.
[25] Cf. Tristram Hunt, *Comunista de Casaca*, trad. Dinah Azevedo, Rio de Janeiro, Record, 2010.
[26] Cf. Frédéric Engels, *La Situation des Classes Laborieuses en Angleterre*, trad. A. M. Desrousseaux Bracke e P. I. Berthaud, Alfres Costes, Paris, Éditeur, 1933.
[27] Cf. Hans Freyer, *La Sociología, Ciencia de la Realidad*, trad. Francisco Ayala, Buenos Aires, Editorial Losada, 1944, p. 113. Freyer se refere a F. Engels em *Ludwig Feuerbach y el Fin de la Filosofía Clasica Alemana*, Moscú, Ediciones en Lenguas Extranjeras, s.d., esp. pp. 41-3.
[28] Cf. Tristram Hunt, op. cit., passim. Cf., também, E. J. Hobsbawm, *Labouring Men: Studies in the History of Labour*, London, Weidenfeld and Nicolson, 1972, p. 114; Heinrich Gemkow (dir.), *Friedrich Engels: Biografía*, Dresden, Verlag Zeit im Bild, 1973, pp. 280-1.
[29] Cf. José de Souza Martins, *A aparição do demônio na fábrica*, cit., p. 194.
[30] Cf. José de Souza Martins, *Fronteira: a degradação do outro nos confins do humano*, 2. ed., São Paulo, Contexto, 2012, pp. 101-29.
[31] Cf. Adolfo Coelho, *Cultura popular e educação*, org. e Prefácio de João Leal, Lisboa, Publicações Dom Quixote, 1993, p. 251 e ss.

[32] Sobre a língua nheengatu e os ajustes práticos que sofreu na sociedade bilíngue em que persistiu, há um precioso documento de Ermano Stradelli, pesquisador que era fluente nessa língua e que fez registros etnográficos de seu uso pelas populações na região amazônica, onde viveu e morreu. Cf. E. Stradelli, *Vocabulário português-nheengatu/nheengatu-português*, Cotia, Ateliê, 2012.
[33] Cf. Ada Natal Rodrigues, *O dialeto caipira na região de Piracicaba*, São Paulo, Ática, 1974, pp. 186-7.
[34] Cf. Luigi M. Lombardi Satriani, *Il Silenzio, la Memoria e lo Sguardo*, Palermo, Sellerio Editore, 1980.
[35] Cf. Émile Durkheim, *As regras do método sociológico*, trad. Maria Isaura Pereira de Queiroz, 2. ed., São Paulo, Companhia Editora Nacional, 1960, esp. pp. 13-43.
[36] Cf. Karl Manheim, *Ideologia y Utopia: Introducción a la sociología del conocimiento*, trad. Salvador Echavarría, México, Fondo de Cultura Económica, 1941, p. 135 e ss., tradução nossa.
[37] Remeto o leitor para minha própria experiência de recurso à alteridade biográfica. Cf. José de Souza Martins, *Uma arqueologia da memória social: autobiografia de um moleque de fábrica*, Cotia, Ateliê, 2011.
[38] Maria Lúcia Garcia Pallares-Burke, *O triunfo do fracasso: Rudiger Bilden, o amigo esquecido de Gilberto Freyre*, São Paulo, Editora da Unesp, 2012; Maria Lúcia Garcia Pallares-Burke, *Gilberto Freyre: um vitoriano dos trópicos*, São Paulo, Editora da Unesp, 2005.
[39] Cf. Octavio Ianni, Entrevista, em Hélgio Trindade, *Ciências Sociais no Brasil*, Brasília, Anpocs/Líber Livro Editora, 2012, p. 72.
[40] Cf. Carlo Castaldi, Eunice T. Ribeiro e Carolina Martuscelli, "A aparição do demônio no Catulé", em Paulo Duarte (org.), op. cit., pp. 17-130.
[41] Cf. Harold Garfinkel, *Studies in Ethnomethodology*, Englewood Cliffs, Prentice-Hall, 1967.
[42] Cf. Gino Germani, "Prólogo", em C. Wright Mills, *La Imaginación Sociologica*, México, Fondo de Cultura Económica, 1961, p. 11.
[43] Cf. Robert A. Nisbet, *Tradition & Revolt*, cit., pp. 143-62.
[44] Cf. Idem, p. 154.
[45] Cf. Robert Nisbet, *La Formación del Pensamiento Sociológico*, trad. Enrique Molina de Vedia, Buenos Aires, Amorrortu Editores, 1966, v. I, p. 19 e ss.
[46] Geraldo Sarno, "Três emigrantes em São Paulo", *Teoria e Prática*, n. 1, São Paulo, Teoria e Prática Editora, 1967, pp. 124-5. Entrevistas orientadas por Octavio Ianni, Juarez Brandão Lopes e Candido Procópio Ferreira de Camargo.
[47] "A sociologia rural tem um pesado débito para com as populações rurais de todo o mundo. As gerações vitimadas por uma sociologia a serviço da difusão de inovações, cuja prioridade era a própria inovação, ainda estão aí, legando aos filhos que chegam à idade adulta os efeitos de uma demolição cultural que nem sempre foi substituída por valores sociais includentes, emancipadores e libertadores." Cf. José de Souza Martins, *A sociedade vista do abismo: novos estudos sobre exclusão, pobreza e classes sociais*, Petrópolis, Vozes, 2002, p. 219.
[48] Cf. Peter Burke e Maria Lúcia G. Pallares-Burke chamaram a atenção para o fato de que obras sociológicas de Gilberto Freyre, como *Casa-grande e senzala*, são também obras literárias. Cf. Peter Burke e Maria Lúcia G. Pallares-Burke, *Gilberto Freyre: Social Theory in the Tropics*, Oxford, Peter Lang, 2008, p. 160 e ss.
[49] Cf., respectivamente, Duglas Teixeira Monteiro, "Estrutura social e vida econômica em uma área de pequena propriedade e de monocultura", *Revista Brasileira de Estudos Políticos*, n. 12, Belo Horizonte, 1961, pp. 47-63; e Duglas Teixeira Monteiro, *Água da memória*, Rio de Janeiro, Letras e Artes, 1965.
[50] Cf. Carlos Rodrigues Brandão, *Diário de campo: a Antropologia como alegoria*, São Paulo, Brasiliense, 1982.

Estudo de caso
e conhecimento sociológico

A utopia comunitária, no mundo capitalista, não é um dado entre outros que caracterizem a situação do camponês. Nem o comunitário está restrito ao campesinato. Enquanto visão de mundo que norteia os relacionamentos sociais na formação social concreta, ela expressa integradamente a vida camponesa numa sociedade que tende à fragmentação e à corrosão dos valores de referência de grupos assim. Porque utópica, estabelece nexos entre os elementos da situação social como se não fossem referidos a outros componentes da formação capitalista. A comunidade constitui o elemento central da *realidade* do camponês e do que do camponês ainda subsiste nos deserdados da terra. Exprime o modo possível de como pode ele conceber sua existência. Mesmo nos dilaceramentos sociais próprios da expansão do capital, populações socializadas nas concepções da tradição comunitária tendem a preservar essas referências por mais tempo do que as propriamente urbanas, as reduzidas à precária e sempre provisória comunidade de vizinhança. O passado que persiste nessas orientações camponesas de vida é mais anseio do novo do que do velho, anseio por um retorno que é transformação do novo, escoimado de suas irracionalidades e degradações. Há, porém, alguns problemas teóricos relacionados com o tema da comunidade, que devem ser explicitados para o estabelecimento de um uso apropriado dessa concepção e do método que lhe corresponde.

Ela é empregada na Sociologia em três acepções diferentes que podem, como se verá, estar relacionadas entre si. Primeiramente, há o *conceito* de comunidade, que procura dar conta da "sociedade local" e suas características. Embora haja certa diversidade de concepções no emprego do termo, ele tem como núcleo de referência relações pessoais, face a face, os vínculos de vizinhança, em que o envolvimento interpessoal é integral, direto, sem a aparente mediação das objetivações (construções) que caracterizam, por exemplo, as relações contratuais, isto é, societárias.

Na Sociologia americana, a noção de comunidade é empregada preferentemente como sinônimo de sociedade local. A preocupação sociológica com esse tema foi suscitada pelo processo de *urbanização* e pela desagregação dos padrões de conduta e valores relativos à pequena localidade que marcou a elaboração da cultura americana.[1] Ali, a comunidade local nasceu das migrações, foi ajuntamento e construção social, de tradição relativamente superficial porque recente em comparação com outras referências da concepção de comunidade. Na cultura americana a comunidade não é só local, como é também paroquial e religiosa.

Já na Sociologia clássica europeia, no entanto, a concepção de comunidade está relacionada com a comunidade de sangue e a comunidade de espírito. Nela é forte a importância constitutiva da tradição, o que a remete para valores arquetípicos e a temporalidades remotas.

O tema da comunidade na reflexão sociológica emerge em face do processo de *racionalização* crescente derivado da expansão capitalista e da lógica que lhe é própria. Mais ainda, expressa o primado da ordem e da permanência, um valor referencial do positivismo. Mesmo onde os estudos de comunidade ainda não se haviam firmado, essa premissa do pensamento sociológico já definia um parâmetro de análise que tinha o comunitário como pressuposto. Expressa, pois, a resistência à perda da identidade, ameaçada pelas transformações sociais que desde o século XVIII afetavam o modo de vida e a visão de mundo das populações simples. Mas afetavam, também, o ordenamento social e se manifestavam nos temores em relação ao comportamento coletivo e seu poder de desordem. Menos a desordem de 1789, da Revolução Francesa, do que a desordem de 1871, da Comuna de Paris. Menos a desordem que pôs abaixo o Antigo Regime do que a desordem que poderia por abaixo a nova ordem política e econômica, republicana e capitalista.

O problema sociologicamente relevante, nesse caso, é que a comunidade não se exprime somente em relações interpessoais integrais, envolvendo a totalidade da pessoa. Constitui tanto um aspecto "natural" da existência humana, quanto um aspecto que por sua natureza intrínseca só pode ser compreendido exteriormente, através de um conhecimento fundado na racionalização crescente e no capitalismo que a negam. Na "sociedade local", há uma fundamentação psicologista da noção e da comunidade, sobretudo na acepção weberiana, por exclusão em face do conhecimento que se compromete com os supostos do capitalismo, a fundamentação é histórica ou, ao menos, o "natural" o é por confronto com um conhecimento historicamente produzido.

Em segundo lugar, a noção de comunidade pode ser encontrada como *forma social utópica* presente nos projetos que norteiam movimentos sociais, tanto conservadores como revolucionários. Nesse plano, a comunidade pode ser utopia tanto para o teórico, definindo a perspectiva de produção do conhecimento, como em Tonnies, quanto para o homem comum, constituindo a perspectiva de definição da realidade social na qual se situa. Exatamente porque essa utopia pode estar nas bases tanto do chamado conhecimento científico como do chamado conhecimento de senso comum é que neste ponto impõe-se a realização de uma análise que rebata a utopia comunitária para os seus fundamentos sociais. E, assim, possibilite separar conceito e utopia, de modo que esta última possa ser incorporada como dimensão da realidade na discussão sociológica.

Nas últimas décadas, têm surgido entre nós variantes da concepção utópica de comunidade. Tanto grupos neoconservadores e corporativos, que opõem comunidade a classe social em nome de valores religiosos e políticos, quanto grupos do crime organizado em busca de uma identidade que os diferencie do que a respeito do crime definem as leis penais. Nos dois casos, movimentos cujo fundo sociológico é o da afirmação da normalidade do anômico.

Finalmente, a comunidade pode constituir-se numa perspectiva de reconstrução sociológica da realidade social, isto é, pode constituir-se em *método*.[2] A meu ver, porém, uma certa indefinição no emprego do chamado "estudo de comunidade" tem sido responsável pelo descrédito com que um grande número de sociólogos encara esse tipo de abordagem. Por isso, procurarei demonstrar mais adiante que o estudo de comunidade só é legítimo, como outras modalidades de estudo de caso, em certas circunstâncias. E, por outro lado, o descarte sistemático do estudo de comunidade onde é legítimo, faz com que o tipo de conhecimento por outros meios obtidos sobre certos aspectos da realidade também padeça da mesma falta de legitimidade.

Retomando, então, a noção de comunidade, o que de imediato se coloca é saber que aspecto da vida social procura conceituar e, sobretudo, o que o conceito procura singularizar em face de outros aspectos. O mais importante da questão é o de que a *ideia de comunidade* emerge quando a comunidade como formação social básica, no sentido em que Freyer usa a expressão,[3] já não constitui o modo fundamental de organização da vida social. A ideia de comunidade surge quando esta já não é a matriz da existência, isto é, quando a matriz da existência é a sociedade. O confronto das duas noções – comunidade e sociedade – propicia as bases para um entendimento das significações desse surgimento "extemporâneo".

Tönnies estabeleceu uma distinção entre ambas apoiada no tipo de "querer" contido em uma e noutra: "faço uma distinção entre o querer enquanto contém o pensamento e o pensamento enquanto contém o querer".[4] Nesse plano, sociedade não tem conotação genérica e vulgar, mas representa relações que os homens estabelecem entre si com base no princípio da igualdade jurídica, o que as torna efetivamente relações sociais. Essas relações repousam em princípios, portanto, objetivados, isto é, exteriores aos participantes, mas interiorizados, de modo que o querer subjetivo traduza um querer objetivo, racionalmente constituído e probabilisticamente dado. Em suma, por trás da sociedade enquanto objetivação está presente a reflexão e o cálculo, dois componentes essenciais do capitalismo. O querer societário é, por isso mesmo, um querer burguês que traduz como querer humano o que é essencialmente necessidade da reprodução do capital.[5] Por tais razões, sociedade é "construção" e "abstração". A expansão da sociedade consiste na racionalização crescente do mundo ou no seu "desencantamento",[6] como forma de subjugação dos setores da existência social ou individual que permanecem à sua margem.

Comunidade é uma noção que, nesse contexto, procura dar conta das esferas não racionalizadas da vida social, em que, em seu estado puro, os homens "permanecem unidos apesar de todas as separações".[7]

> Com efeito, a comunidade de sangue como unidade de essência desenvolve-se e especializa-se na comunidade de lugar, que tem a sua expressão imediata na convivência local, e esta comunidade passa, por sua vez, à de espírito, resultado da mera atuação e administração recíproca na mesma direção, no mesmo sentido.[8]

A comunidade assim concebida apoia-se na suposição da sua existência real e na suposição de que nos interstícios do capitalismo *sobrevivem* remanescentes pré-capitalistas. Mannheim discutiu esse tema de modo a situar análises como a de Tönnies (sobre a comunidade como forma "natural" da vida social) em face dos seus fundamentos sociais.[9] Esse tipo de interpretação só faria sentido por referência a um modo de vida. A noção de comunidade em Tönnies assume, assim, o caráter de expressão do pensamento conservador, entendido como consciência do tradicionalismo, isto é, de um modo de vida intersticial sobrevivente no capitalismo. Da mesma maneira, a noção de sociedade é produto de um estilo de pensamento que está referido ao modo de vida capitalista.

Justamente nas relações que Mannheim estabelece entre modo de vida, intenções básicas e estilo de pensamento há lugar para supor-se a existência *real* da comunidade, suposição que advém da ideia de comunidade como expressão dessa realidade intersticial, traduzida num modo de vida. Embora ele próprio seja ambíguo, relativamente a essa última noção,[10] e fale em "periferia da vida capitalista",[11] nota que "o romanticismo tratou de resgatar as forças irracionais reprimidas, advogou por elas no conflito, mas não percebeu que o simples fato de prestar-lhes deliberada atenção significa uma racionalização inevitável". "O irracionalismo [...] só pode ser entendido em relação com o clima intelectual prevalecente. Quando esse clima geral é racionalista, até os elementos irracionais têm que ser submetidos à reflexão racional para serem entendidos."[12] Assim, pode-se estabelecer uma clara relação entre um modo de vida capitalista e o racionalismo como seu estilo de pensamento. Entretanto, um relacionamento semelhante é problemático entre modo de vida situado na "periferia da vida capitalista" e estilo de pensamento conservador. Esse modo de vida exprime-se através de um estilo de pensamento que está referido ao modo de vida capitalista. Na medida em que essas reflexões são norteadas por uma "análise de significações"[13] e que, portanto, o estilo de pensamento pressupõe o modo de vida, caberia indagar até que ponto modos de existência situados na periferia da vida capitalista não foram produzidos pelo próprio capitalismo.

Sob outro ângulo, a mesma problemática é abordada por Nisbet. Trabalhando com o que chama de ideias-elementos da Sociologia estabelece uma relação entre temas do pensamento do século XIX, que vieram a constituir o núcleo da Sociologia, e temas do século XVIII, isto é, da Revolução Francesa e da Revolução Industrial, aos quais se contrapuseram: comunidade/sociedade, autoridade/poder, *status*/classe, sagrado/secular e alienação/progresso. Essa contraposição do conservadorismo ao racionalismo foi incorporada nos alicerces da Sociologia, sobretudo através de Le Play e Durkheim, em combinação com a verificabilidade empírica na investigação sociológica.[14]

Através da análise de Mannheim o que se conclui é que o conservadorismo vale-se de um estilo de pensamento que não lhe é próprio para exprimir-se. E Nisbet mostra como o conservadorismo projeta sua sombra na constituição do pensamento sociológico, isto é, num tipo de pensamento que está referido a um modo societário de vida. Em ambos os casos, estamos diante da necessidade de explicitar a verdadeira significação do que aí é caracterizado como conservadorismo, na medida em que se tem uma combinação paradoxal de concepções pré-capitalistas com um tipo de conhecimento que adquire sua plena significação no capitalismo, que é a Sociologia.

Um aspecto essencial da Sociologia durkheimiana, apontado por Nisbet, pode servir de referência para essa explicitação. Esse aspecto consiste na noção de solidariedade e pode ser visto em dois planos. No primeiro, a distinção entre solidariedade mecânica, em que as semelhanças estabelecem a integração do todo social, e solidariedade orgânica, em que a divisão do trabalho social produz a interdependência das partes que gera, está fundada no pressuposto da *solidariedade* como elemento ordenador da vida social. No segundo plano, e em relação à solidariedade orgânica, esse elemento ordenador produz efeitos sociais objetivos, sob a forma de uma consciência coletiva referida a um substrato da vida social que é a divisão do trabalho. Tanto a noção de anomia quanto a noção de fato patológico procuram dar conta da quebra da solidariedade entre a consciência e o seu substrato social, num caso caracterizando o advento de um substrato sem as respectivas normas definidoras da consciência e noutro caso caracterizando a sobrevivência de normas estranhas ao substrato adventício.[15] A solidariedade, que é concepção de raiz comunitária e, portanto, pré-capitalista, não tem uma presença extemporânea nessa forma de conceber o social. E não a tem porque enquanto consciência coletiva objetivamente constituída tem a condição de *coisa*, de fato social, não só do ponto de vista dos artifícios de análise adotados para escoimar de valorações a análise sociológica, mas também do ponto de vista de que ela se impõe ao sujeito como objetivação.

O que se encontra aqui, enfim, não é a comunidade, mas a sociedade enquanto objetivação apoiada na exterioridade em relação aos sujeitos, isto é, na reificação capitalista das relações sociais, destituída, no entanto, das oposições que o cálculo e a razão possibilitam nas situações de interesse.

Portanto, o *conceito* de comunidade ao pretender exprimir uma realidade existente na periferia da vida capitalista se desvanece enquanto tal para ressurgir como perspectiva direta e essencialmente relacionada com a análise sociológica da sociedade, isto é, das objetivações sociais. Assim, o conceito de comunidade não tem uma contrapartida real. O que subsiste, como diz Mannheim, é o "conteúdo de um programa",[16] isto é, a comunidade utópica que o teórico supôs captar como realidade.

É enquanto utopia que a comunidade estipula um modo de conhecer a realidade e de contraposição ao presente. A utopia comunitária constitui uma perspectiva de avaliação da sociedade e das relações do grupo que a vivencia com a sociedade. A utopia "explica" o todo, as relações e os seus resultados. A comunidade como unidade de investigação é, pois, *constituída* por essa perspectiva utópica.

Com isso quero dizer que o estudo de caso pode e deve ser repensado quando o seu uso se dá no corpo de um esquema de conhecimento voltado para apreensão dos fundamentos concretos, isto é, históricos, dos fenômenos sociais. Via de regra, o estudo de caso tem sido discutido por meio de uma contraposição ao estudo de séries estatísticas,[17] fator que por si mesmo já introduz, na avaliação, um pressuposto sobre a natureza do conhecimento científico, pressuposto que indicia os compromissos do conhecimento. Uma afirmação de Lundberg é esclarecedora sobre esse pressuposto:

> As considerações sobre estudos de caso *versus* método estatístico também desaparecem com a reflexão de que todas as estatísticas consistem necessariamente de casos e de que, portanto, não pode haver antítese ou mútua exclusão entre os métodos.[18]

Na verdade, a estatística não consiste numa série de casos, mas em séries de traços abstraídos de "unidades" que poderiam eventualmente se constituir em casos.[19] Mesmo assim, o que está em jogo nessa afirmação é uma *modalidade de generalização científica*:

> [...] a generalização científica é sempre e necessariamente quantitativa [...] A ilusão de que a generalização pode ser feita a partir de um único *caso* parece provir do fato de que às vezes um único caso ilustra, tipifica ou coincide com os fatos como declarados na generalização.[20]

A partir desse ponto de vista é que se tem definido o *status* do estudo de caso nas Ciências Sociais. Desde que se dá o privilegiamento da generalização empírica e probabilística na produção do conhecimento científico, o alcance e a importância do caso ficam reduzidos, deslocado que é para um plano secundário. Por isso, às vezes, o estudo de caso é encarado como recurso de caráter exploratório, prévio à realização de uma pesquisa voltada para a confirmação (ou não) e para a generalização de características apreendidas no caso. Outras vezes, o estudo de caso é preconizado para permitir a apreensão da intensidade qualitativa dos fenômenos genéricos que a pesquisa quantitativa revelou. Mas, em ambas as situações, trata-se de um procedimento auxiliar e não essencial. Embora no estudo de caso se trabalhe muitas vezes com supostas generalizações desse tipo, elas dependem sempre de confirmação por meio de técnicas de investigação que determinem sua amplitude e sua tipicidade.

Ao mesmo tempo, essa ótica não distingue entre *diferentes modalidades de caso*, como, por exemplo, a história de vida e o estudo de comunidade. Na verdade não há aí a preocupação com os fatores que engendram o caso. E isso porque o liame interno do caso é supostamente natural. A história de vida, que parece ser o protótipo dos estudos de caso,[21] repousa na unicidade do objeto de referência constituída pela natureza, que é o indivíduo. Ainda que essa unicidade possa seguramente ser questionada, a partir das próprias contradições interiores do sujeito, resultantes das múltiplas definições que são socialmente produzidas sobre ele e do fato de que se realiza dividido na sociedade, um dos fundamentos dos seus dilemas está justamente na impossibilidade de romper a sua unicidade natural.[22] Mas, quando se trata de transpor semelhante suposição para outra modalidade de estudo de caso, como é o estudo de comunidade, o natural aparece em dois níveis igualmente discutíveis. De um lado, no caráter determinista da dimensão ecológica, isto é, da relação natureza-homem. De outro lado, na dimensão psicológica das relações sociais, isto é, relações face a face que são estabelecidas a partir do determinismo ecológico.

Nessas circunstâncias, a comunidade é tomada como equivalente de sociedade local, cuja unicidade advém de um fator geográfico. Seria demasiado insistir numa crítica já amplamente feita às concepções subjacentes aos chamados estudos de comunidade.[23] Embora essas críticas tenham entre si muitas discrepâncias, todas elas referem-se, aproximadamente, à concepção tribal subjacente à noção de comunidade e, portanto, à sua inadequação numa sociedade, como a capitalista, em que são características as relações de troca, isto é, as relações supracomunitárias. Entretanto, essa crítica deve ser levada mais além quando se pretende descobrir uma modalidade legítima de estudo de comunidade. E o mais além diz respeito ao caráter determinista da dimensão ecológica da sociedade local.

Essa é uma das três dimensões assinaladas por Redfield na caracterização da comunidade.[24] As outras duas são as relações sociais e as representações. Mas ambas estão fundadas naquela primeira, isto é, se determinam por ela. Entretanto, como afirmei antes, o campesinato na sociedade capitalista se determina pela renda territorial capitalizada. *A sociedade local não se constitui a partir da apropriação comum das condições de existência*[25] e não se constitui, portanto, por relações pessoais diretamente fundadas na relação homem-natureza. Ainda que as relações na sociedade local sejam relações sociais face a face, entre um homem e outro se interpõem as objetivações e as relações produzidas pela mediação da renda capitalizada, do capital, e dos vínculos extralocais gerados pela produção e circulação da mercadoria.

Objetivamente, um homem está separado de outro por relações invisíveis tecidas pela mercadoria, que deslocam a dinâmica da existência local para os centros de decisão econômica e política do capitalismo. Por essa razão é que os acontecimentos na sociedade local não se desvendam inteiramente, de modo necessário, para os seus membros, como aconteceria na relação determinista natureza-homem. Nesse último caso, a pauperização poderia ser imputada às oscilações da natureza e à ausência de domínio sobre ela. Mas, no quadro das relações mediadas pela renda capitalizada a atribuição de um caráter determinista à natureza resulta, tanto para o teórico quanto para o homem comum, de uma consciência objetivamente falsa sobre as condições da existência. Em suma, nem mesmo na sociedade local a natureza é uma determinação em última instância.

A natureza, como mediação, tanto se determina socialmente quanto determina de algum modo as relações sociais, o que é mais intenso nas situações em que a natureza é instrumental. No capitalismo, ela não é imune às determinações propriamente capitalistas de suas funções e de suas limitações, como a fertilidade do solo, as variantes condições climáticas, os produtos extrativos, como a borracha. Ainda que natureza se modifique como objeto redefinido pelas relações capitalistas que dela se apossam.

Analisei uma variante dessa redefinição em meu estudo sobre o núcleo colonial de São Caetano, uma das primeiras iniciativas desse tipo da província de São Paulo para funcionar como chamariz de imigrantes estrangeiros para as fazendas de café. Nele demonstro como as condições ecológicas adversas do núcleo colonial estão relacionadas com a pauperização dos colonos, uma pauperização programada. Mas demonstro também que os responsáveis pela política de colonização escolheram o terreno para criar uma mão de obra sazonal para a cafeicultura. Os colonos teriam acesso à terra própria, mas a uma terra que não lhes assegurasse a autossuficiência. Portanto, a colonização feita em função de pressupostos inteiramente vinculados à garantia da reprodução do capital na agricultura de exportação, na grande lavoura, carente de força de trabalho.

O que estipula a unicidade do caso no estudo de comunidade é, antes, a consciência que, de seus membros, se exprime na utopia comunitária, numa determinada consciência do nós. Sua territorialidade é adjetiva, embora não seja irrelevante. Ainda que não haja uma apropriação comum das condições de existência e não haja, portanto, comunidade no sentido estrito, conforme razões assinaladas anteriormente, a variavelmente peculiar existência do camponês é a condição de gestação da comunidade utópica. As tensões que o cercam, as crescentes ameaças à sobrevivência de seu mundo, a corrosão das relações sociais que lhe são próprias tendem a acentuar a relevância de seu imaginário referido ao que é propriamente a comunidade de referência, uma forma compensatória de sobreviver. É essa comunidade utópica que agrega o grupo local ou o grupo disperso numa unidade que é essencial para compreender sociologicamente a desagregação da comunidade real. À medida que se analisa cientificamente o grupo que se vê mediante a utopia comunitária, descobrem-se as relações em que se funda a utopia, isto é, descobrem-se os *vínculos de marginalização* do camponês, o fundamento do processo social, como consciência de uma crise recusada e como dimensão objetiva de um conflito. Aí a comunidade aparece como forma de consciência do camponês, mas também dos grupos que, camponeses não sendo, no utópico expressam uma carência identitária, engendrada pelas contradições da formação capitalista. O caráter científico do procedimento se explicita, então, não pela generalização empírica e probabilística do caso, mas pela *generalização que se alcança desvendando como o caso se configura a partir das mediações que estruturam a totalidade concreta, como um núcleo de contradições.* Tanto o caso quanto o conhecimento que a Sociologia pode produzir sobre ele têm entre si um vínculo sociologicamente explicativo, sua concreticidade.[26]

O estudo de caso tem a função metodológica de desconstruir explicativamente as generalizações que contrariam sua dimensão heurística. Ao relativizar, expõe possibilidades teóricas que não há como desvendar por outros meios.

Notas

[1] Cf. C. Wright Mills, *A elite do poder*, cit., esp. cap. II, "A sociedade local", pp. 43-61; Maurice R. Stein, *The Eclipse of Community: An Interpretation of American Studies*, New York, Harper & Row, Publishers, 1964.

[2] Cf. Octavio Ianni, "Estudo de Comunidade e Conhecimento Científico", *Revista de Antropologia*, v. 9, n. 1 e 2, junho e dezembro de 1961, pp. 109-19; Maria Sylvia Franco Moreira, "O Estudo Sociológico de Comunidades", *Revista de Antropologia*, v. 11, n. 1 e 2, São Paulo, 1963, esp. p. 33.

[3] Cf. Hans Freyer, *Sociologia, Ciencia de la Realidad*, cit.

[4] Cf. Ferdinand Tönnies, *Comunidad y Sociedad*, trad. de José Rovina Armengol, Buenos Aires, Editorial Losada, 1947, p. 119, tradução nossa.

[5] Cf. Ferdinand Tönnies, op. cit., passim; Max Weber, *A ética protestante e o espírito do capitalismo*, cit.; Carlos Marx, *El Capital*, cit., t. I, p. 44.

[6] Cf. Max Weber, *Ciência e política: duas vocações*, trad. Leonidas Hegenberg e Octanny Silveira da Mota, São Paulo, Cultrix, 1970, p. 51.

[7] Cf. Ferdinand Tönnies, op. cit., p. 65, tradução nossa.

[8] Idem, p. 32, tradução nossa.

[9] Cf. Karl Mannheim, *Ensayos sobre Sociología y Psicología Social*, trad. Florentino M. Torner, Fondo de Cultura Económica, México/Buenos Aires, 1963.

[10] Idem, pp. 99-103.

[11] Idem, p. 100, tradução nossa.

[12] Idem, p. 10, tradução nossa.

[13] Idem. p. 87.

[14] Cf. Robert Nisbet, *La Formación del Pensamiento Sociológico*, trad. Enrique Molina de Vedia, Buenos Aires, Amorrortu Editores, 1969, 2 v.; Robert Nisbet, *Tradition and Revolt*, New York, Vintage Books, 1970, esp. cap. 4.

[15] Cf. Émile Durkheim, *De la Division du Travail Social*, 7. ed., Presses Universitaires de France, Paris, 1960; Émile Durkheim, *As regras do método sociológico*, cit.; Émile Durkheim, *Sociologie et Philosophie*, Paris, Presses Universitaires de France, 1963.

[16] Cf. Karl Mannheim, op. cit., p. 101.

[17] Cf. Georg A. Lundberq, *Foundations of Sociology*, New York, David McKay Company, 1964; William J. Goode e Paul K. Hatt, *Métodos em pesquisa social*, trad. Carolina Martuscelli Bori, São Paulo, Companhia Editora Nacional, 1960; Pauline V. Young. *Scientific Social Surveys and Research*, 4. ed., Englewood Cliffs, Prentice-Hall, Inc., NJ., 1966, esp. pp. 246-73; Paul Horst, "The Prediction of Personal Adjustment and Individual Cases", em Paul F. Lazarsfeld e Morris Rosenberg (orgs.), *The Language of Social Research*, New York, The Free Press, 1955, pp. 173-74; Armand Cuvillier, *Introdução à Sociologia*, trad. Luiz Damasco Penna e T .B. Damasco Penna, São Paulo, Companhia Editora Nacional/Edusp, 1966.
[18] Cf. Georg A. Lundberg, op. cit., p. 55, tradução nossa.
[19] Cf. William J. Goode e Paul K. Hatt, op. cit., pp. 424-43.
[20] Cf. Georg A. Lundberg, op. cit., p. 61, tradução nossa.
[21] Cf. Florestan Femandes, "Psicanálise e Sociologia", *Ensaios de Sociologia Geral e Aplicada*, São Paulo, Pioneira, 1960, pp. 372-90.
[22] Cf. Everett V. Stonequist, *O homem marginal*, trad. Asdrúbal Mendes Gonçalves, São Paulo, Livraria Martins, 1948; Florestan Fernandes, "Tiago Marques Aipobureu: Um Bororo Marginal", *Mudanças Sociais no Brasil*, cit.; José de Souza Martins, *Conde Matarazzo: o empresário e a empresa*, cit., esp. cap 2.
[23] Cf. George M. Foster, *As culturas tradicionais e o impacto da tecnologia*, Rio de Janeiro, Fundo de Cultura, 1964, esp. cap. 2; Gioconda Mussolini, "Persistência e Mudança em Sociedades de 'Folk' no Brasil", em Florestan Fernandes (ed.), *Symposium Etno-Sociológico sobre Comunidades Humanas no Brasil*, Separata dos *Anais do XXXI Congresso Internacional de Americanistas*, São Paulo, 1955, pp. 33-55; Antonio Candido, "L'etat Actuel et les Problemes les plus Importantes des Études sur les Societés, Rurales du Brésil", em Florestan Fernandes, cit., pp. 322-32; Maria Isaura Pereira de Queiroz, "Uma Categoria Rural Esquecida", *Revista Brasiliense*, n. 45, jan./fev., 1963, pp. 85-97; Richard N., Adams, "La Etica y el Antropólogo Social en América Latina", *América Indígena*, v. XXVIII, n. 1, Instituto Indigenista Interamericano, México, jan. 1968, pp. 273-90; Antonio Candido, *Os parceiros do Rio Bonito*, Rio de Janeiro, José Olympio, 1964.
[24] Cf. Robert Redfield, *The Little Community*, Chicago, The University of Chicago Press, 1969, esp. pp. 1-51.
[25] Cf. Henri Lefebvre, *La Vallée de Campan*, Paris, Presses Universitaires de France, 1963, passim.
[26] Engels faz algumas considerações significativas sobre uma modalidade de estudo de caso, que se poderia chamar de "análise de acontecimento", na Introdução a "As lutas de classes na França de 1848 a 1850", de Marx. Nesse trabalho, a explicação científica, isto é, a generalização, é concebida em termos da vinculação entre os "acontecimentos" e as causas em última instância. Cf. K. Marx e F. Engels, *Obras escolhidas*, cit., pp. 93-4.

Quem tem medo de Mary Burns? A questão da relação entre teoria e pesquisa na Sociologia

Mary Burns foi uma irlandesa, analfabeta, operária da fábrica têxtil Ermen & Engels, em Manchester, Inglaterra, de que a família de Friedrich Engels era sócia e da qual o próprio Engels era diretor. Como é sabido, Engels foi o parceiro intelectual de Karl Marx, ambos considerados pais fundadores do socialismo científico. Engels tornou-se amante de sua operária, algo que os socialistas sempre criticaram nele e do que sempre se envergonharam. Era esse um modo dos patrões não só explorarem economicamente seus trabalhadores, mas de os explorarem moralmente através do desfrute sexual de suas filhas. Acabaram vivendo juntos.

Foi ela quem o conduziu pelos cortiços de Manchester onde viviam miseravelmente os trabalhadores irlandeses e onde ele nunca conseguiria entrar, dada a hostilidade dos trabalhadores aos patrões e aos não irlandeses. Foi ela quem, ao longo da vida, municiou Engels com os detalhes da mentalidade e do modo de vida dos operários locais, da miséria material e moral de sua vida cotidiana. Foi ela, sem o saber, quem revelou a Engels o que era a carne da ossatura filosófica das teses e ideias dos jovens hegelianos de que era um deles.

Nem Engels nem Marx jamais mencionaram em seus escritos que foi Mary Burns quem os alertou para a carência de dimensão empírico-indutiva no que hoje se chama, mais apropriadamente, de Sociologia marxiana. No entanto, a involuntária participação de Mary Burns na vida intelectual de Engels foi decisiva para a elaboração do primeiro estudo de Sociologia urbana, seu livro sobre *A condição da classe trabalhadora na Inglaterra*. Engels, aliás, contrabandeava as informações de Mary Burns para Karl Marx, em Londres, cujo desconhecimento da realidade empírica da classe operária, que ele pretendia explicar, atrasara em muitos anos o desenvolvimento de sua explicação científica sobre a formação e a dinâmica das classes sociais. Ele intuía filosoficamente, mas não conhecia sociologicamente. Aliás, essa é uma das razões pelas quais a classe operária do sedentário Karl Marx, não obstante Mary Burns, é uma classe operária filosófica, puramente teórica, como mostrou Agnes Heller, que foi assistente de Georg Lukács. Diferente do que ocorreu com a obra de Engels, aqui mencionada.

Se Engels tratou com deferência os pontos de vista de Mary Burns, levando-os em conta em seu trabalho, Marx em nenhum momento achou que uma proletária ignorante como ela pudesse ser levada a sério nem como intelectual nem como pessoa. A deplorável atitude que teve, de desdém pela pessoa, quando Mary morreu, quase levou ao rompimento da amizade que Engels tinha por ele, como mencionei antes.

Um diálogo com a antropologia, de que ambos estavam longe, teria mostrado tanto a Engels quanto a Marx que analfabetismo não quer dizer ignorância, como mostraria o antropólogo português Adolfo Coelho, em 1910, num ensaio seminal.[1]

Formulei o tema desse modo pela importância de voltarmos às preocupações com a relação entre teoria e pesquisa. A Sociologia brasileira vem passando por um complicado processo de perda de referência empírica. Os jovens sociólogos tendem a fazer uma Sociologia que desdenha a pesquisa empírica cuidadosa e tecnicamente consistente. Quase sempre têm aversão ao trabalho de campo, resistem a amassar o barro nas veredas do sertão e nas ruas imundas dos bairros pobres. Acabam no beco sem saída de uma sociologia dedutiva e filosofante de que resultam estudos em que não se sabe qual é a diferença entre Arapiraca e Paris. Por seu lado, os que valorizam a pesquisa não raro creem que a teoria é um luxo dispensável. O que conta mesmo é a coleta de dados primários, que se articulam em estatísticas ou em narrativas que não ultrapassam a barreira do visível.

Uma das fortes características da tradição sociológica é, justamente, a de trabalhar as singularidades de cada sociedade no marco de sua universalidade, nas enormes diferenças sociais, históricas e culturais que há entre sociedades. Mas também as diferenças significativas que possam existir entre categorias e grupos sociais, diferenças que escondem conflitos e tensões. Daí resulta uma Sociologia que, não raro, é mera cópia simplificada do já dito alhures a pretexto de ser densa interpretação teórica. O real que se encaixe no pretensamente teórico. Esquecem-se os pesquisadores que por aí enveredam que as grandes descobertas teóricas das Ciências Sociais foram feitas no trabalho de campo, como é o caso do *insight* de Lévi-Strauss numa conversa com um índio durante a pesquisa de campo no norte do Mato Grosso, que o levou à formulação do estruturalismo. Ou o *insight* de Henri Lefebvre sobre a tripla dimensão dialética do espaço quando fazia sua pesquisa sociológica sobre as cidades como motorista de táxi em Paris, sua técnica de pesquisa para penetrar nas incógnitas do vivido.

Em *A condição da classe trabalhadora na Inglaterra*, de Engels, um livro escrito em 1844-1845, um subtítulo acrescenta e esclarece: "a partir da observação pessoal e de fontes autênticas". Eric Hobsbawm, na introdução à edição inglesa de 1969, foi dos primeiros a lembrar, ainda que tímida e cautelosamente, que além das informações obtidas na convivência com seus colegas, homens de negócios, "não foi menor (o conhecimento) obtido através de suas relações com a jovem operária irlandesa Mary Burns e seus parentes e amigos".[2] O bem documentado livro do historiador Tristram Hunt, *Comunista de casaca*, sobre a vida de Engels, traz abundantes esclarecimentos sobre Mary Burns, operária da fábrica da família Engels, em Manchester, sua amante, nos termos vitorianos da época, sua companheira, nos termos mais civilizados de hoje.[3]

Foi ela quem o levou à Irlanda e, em consequência, lhe abriu os olhos para a mediação dos países periféricos e da renda da terra na constituição do capitalismo industrial de ponta na metrópole.

A convivência íntima, ainda que cautelosa, com Mary Burns, permitiu que Engels pesquisador tivesse uma pioneira e duradoura experiência de observação participante. O livro de Hunt comprova o quanto de sua obra teórica e mesmo partidária deve às informações e orientações daquela operária (e também de sua irmã, Lizzy, com quem Engels passou a viver quando Mary morreu, a Lizzy com quem se casou *in extremis*). Foi das observações de Mary Burns que de certo modo nasceu o que se pode chamar de primeiro estudo de sociologia urbana. Engels por sua vez foi o principal informante de Marx, tanto no que se refere ao que era propriamente o mundo do capitalista, já que era empresário, quanto repassando-lhe os dados que vinham da experiência pessoal de Mary e Lizzy Burns. O esqueleto interpretativo e filosófico do que era a sociedade capitalista em constituição, tanto na obra de Engels quanto na obra de Marx, ganhou corpo e substância, em boa medida, graças a Mary Burns. Marx compreendeu, é bem verdade, a enorme importância etnográfica dos relatórios dos inspetores do trabalho que narravam o terror fabril, especialmente em relação a crianças operárias. Mary Burns era a expressão viva das misérias do capitalismo, mas também da consciência social e crítica do operário.

A história do relacionamento de Engels com as duas irmãs deve ser situada no âmbito da importância que tem na ciência o interlocutor leigo capaz da decisiva narrativa etnográfica e documentativa. São as interpretações pré-sociológicas. Essa colaboração abrange os relatórios e escritos de funcionários coloniais e missionários e as etnografias paracientíficas de que são autores. A alta relevância desse tipo de documentação pode ser constatada em duas obras monumentais da Sociologia brasileira, de Florestan Fernandes: *Organização social dos Tupinambá* e *A função social da guerra na sociedade Tupinambá*.

Relatórios coloniais e etnografias exploratórias das sociedades coloniais abriram caminhos decisivos na Sociologia clássica, na obra de Émile Durkheim (*As formas elementares da vida religiosa*), de Max Weber (os estudos sobre religião) e de Marx (em especial os estudos sobre a periferia do capitalismo e sua função na acumulação do capital: caso da Irlanda e da Rússia). Mas também a documentação pessoal, como as cartas, pode revelar pré-interpretações de cunho sociológico decisivas no trabalho de diferentes sociólogos. Penso no estudo de Erving Goffman sobre estigma e a relevância que nele tem as cartas das vítimas de estigmatização.[4]

Tanto a interferência de Mary Burns na obra de Engels quanto a contribuição dos etnógrafos leigos na obra dos clássicos da Sociologia, quanto ainda os informantes referenciais na pesquisa sociológica, mostram como a sociologia qualitativa depende desses canais para penetrar nas profundezas da vida social. Nessas profundezas estão as realidades vividas, mas silenciadas, conhecidas em silêncio e raramente verbalizáveis em face das indagações do pesquisador profissional. Expressões de um ver silencioso e cego submergido pelos cerceamentos e repressões históricos, de que não raro os sociólogos são inadvertidamente coadjuvantes.

Nesse sentido, é decisivo o horizonte antropológico da Sociologia: estudar a própria sociedade como se fosse a sociedade do outro. Ou estudá-la pela mediação dos outros tempos ocultados pelo tempo do contemporâneo. Nós como primitivos de nós mesmos. Recurso para chegarmos às estruturas profundas da sociedade atual, as de mais difícil identificação e compreensão. A sociologia se propõe, num primeiro plano, como Sociologia do conhecimento pré-sociológico, isto é, dos métodos e da lógica do senso comum, a arquitetura do pensamento interpretativo do homem comum.

Justamente por isso a pesquisa empírica na Sociologia depende da coadjuvância da antropologia, sem o que o pesquisador fará no real que investiga uma depuração mutilante, uma redução que priva o objeto de sua singularidade. Compreender objetivamente e compreender na mediação da interpretação do outro sobre sua própria situação social faz do interlocutor um auxiliar de pesquisa, um companheiro e não um instrumento. Num certo momento de sua vida, Marx quis verificar empiricamente o acerto de suas interpretações teóricas. Nasceu assim a *"enquete ouvrière"*.[5] Nela Marx supunha que a classe operária, por sua situação social singular, tinha plena consciência, pleno conhecimento, do que era sociologicamente. Marx estava em busca de um portador empírico da consciência verdadeira. Supunha que na classe social podia haver o que não havia na sociedade. Buscava uma brecha na alienação obreira aberta pela práxis de classe. Não deixa de ser uma hipótese sociologicamente interessante, em relação a uma questão teórica que não se propunha desse modo no processo social e histórico. Mas havia aí uma intuição que terá melhor desenvolvimento na obra de Henri Lefebvre e na de Agnes Heller, na teoria das necessidades radicais.[6] Um retorno aos pressupostos teóricos de *A ideologia alemã*, que Marx e Engels, os autores, desprezaram, julgando-a obra mais apropriada para ser atirada aos ratos, como um deles declarou em certa ocasião.[7]

Historicamente, o grande desafio da Sociologia tem sido o de encontrar um substituto técnico para obter a informação sociologicamente relevante que, em casos como o de Engels, procede do vivencial. O que o estudo de Engels sugere e nele a intervenção de Mary Burns é que alguma modalidade de inserção ativa na realidade observada, vivencial, modifica significativamente a qualidade dos dados obtidos e da observação feita.

Na verdade, anomia e alienação estão no centro dos problemas teóricos da Sociologia. O processo social, como processo histórico, põe a história no cotidiano. Isto é, não a história divorciada do cotidiano, como se fossem duas realidades opostas, e sim como duas expressões do mesmo processo histórico. O invisível da realidade social, que se expressa na anomia e na alienação, chega cada vez mais perto da superfície visível da sociedade. A Sociologia tem tido uma função histórica nesse desvendamento, o que remete as ocultações que viabilizam a dinâmica social para um outro plano teórico.

Cada vez mais, a Sociologia é desafiada a admitir, sem medo, a relevância do que Antonio Gramsci, em relação ao homem simples, chamou de bom senso.[8] O bom senso de Mary Burns.

Notas

[1] Cf. Adolfo Coelho, *Obra Etnográfica*, org. e prefácio de João Leal, Lisboa, Publicações Dom Quixote, 1993, pp. 253-71, v. II – Cultura popular e educação.
[2] Cf. Eric Hobsbawm, Introduction, em Frederick Engels, *The Condition of the Working Class in England*, Frogmore, Panther Books, 1974, p. 15, tradução nossa.
[3] Cf. Tristram Hunt, *Comunista de casaca*, trad. Dinah Azevedo, Rio de Janeiro, Record, 2010.
[4] Cf. Erving Goffman, *Estigma: La identidad deteriorada*, trad. Leonor Guinsberg, Buenos Aires, Amorrortu Editores, 1970.

[5] Cf. Karl Marx, *Selected Writings in Sociology and Social Philosophy*, ed. T. B. Bottomore e Maximilien Rubel, Harmondsworth, Penguin Books, 1963, pp. 210-8.
[6] Cf. Henri Lefebvre, *La Proclamation de la Commune*, Paris, Gallimard, 1965, p. 20; Agnes Heller, *La Théorie des Besoins chez Marx*, trad. Martine Morales, Paris, Union Générale d'Éditions, 1978, pp. 107-35.
[7] Cf. Karl Marx e Friedrich Engels, *L'Idéologie Allemande* (*Premiére Partie: Feuerbach*), trad. Renée Cartelle, Paris, Éditions Sociales, 1962, pp. 7 e 25 e ss.
[8] Cf. Antonio Gramsci, *Selections from the Prison Notebooks*, ed. e trad. Quintin Hoare e Geoffrey Nowell Smith, London, Lawrence & Wishart, 1973, pp. 323 e ss. "Todos os homens são intelectuais, se poderia, portanto, dizer; mas nem todos os homens têm na sociedade a função de intelectuais." Cf. Antonio Gramsci, *Gli Intellettuali e l'Organizzazione della Cultura*, Torino, Editori Riuniti, 1975, p. 7.

A Sociologia entre dois caminhos

Nos anos 1960-70, os sociólogos começam a tomar consciência de que, apesar de combinações e hibridismos ecléticos, a Sociologia se debatia entre concepções opostas, as duas Sociologias do título de um artigo de 1970, de Alan Dawe, publicado em *The British Journal of Sociology*.[1] Apesar da polarização entre a Sociologia das coerções e a Sociologia da subjetividade, essas colocações ajudaram a tomar consciência de um dilema mal resolvido e de uma demanda teórica proposta aos sociólogos. O dilema dizia respeito à força das estruturas em face da força da subjetividade numa sociedade de crescente individualização. É verdade que desde o começo as polarizações marcaram a sociologia de diversos modos: comunidade e sociedade, estrutura e ação social, foram alguns dos casos.

Creio que se pode refletir criticamente sobre as várias polarizações e dualidades se compreendermos que desde o início a Sociologia desconfiou do homem comum e da sua vida cotidiana. Em Durkheim, propôs-se em oposição ao senso comum, ao centrar a análise sociológica no conceito de anomia, como estado de anormalidade na relação entre condutas desencontradas com os requisitos funcionais socialmente implícitos na estrutura social. Ou em Weber, na ação tradicional como ação social residual em relação à racionalidade da compreensão sociológica. Ou em Marx, cuja obra está centrada na noção de alienação. Mas diversamente do que ocorre com o conceito de anomia, a alienação na obra de Marx tem uma função dialética e dinâmica na socialização das pessoas e na personificação do social que ela possibilita.

A Sociologia tem evitado os impasses propostos nessas grandes orientações teóricas mediante a escolha de temas que a alinhem com uma ou outra orientação. Nesse sentido, tem evitado problematizações que lançam o pesquisador no perigoso terreno do hibridismo teórico e o expõem ao risco da infidelidade em relação a premissas áureas do método e das orientações de cada uma dessas correntes interpretativas.

É problemático que certos temas e problemas estejam sujeitos a impugnações dessa ordem, que são impugnações de fundo teórico e metodológico. São relativas a modos de produzir o conhecimento sociológico, mas não necessariamente expressões do que a sociedade é. Tanto que as diferentes perspectivas teóricas possibilitam diferentes interpretações sociológicas da mesma realidade. O que difere não é a realidade, mas o modo de observá-la.

A reificação teórica e a impugnação do encontro entre diferentes perspectivas e interpretações nos afastam da grande premissa, apontada por Hans Freyer, de que "a Sociologia se converte em autoconsciência científica de um presente humano, em teoria de uma existência".[2] E mais adiante:

> A Sociologia surge como a autoconsciência científica da sociedade burguesa, que se percebe a si mesma como época crítica. Por isso surge, de antemão, como ciência do presente. Só de maneira suplementar e como ajuda se estende, por assim dizer, sobre a totalidade dos acontecimentos e situações sociais.[3]

Um presente, no entanto, dinâmico: "A Sociologia se sabe ligada a uma época muito concreta da realidade histórica e necessariamente formada por ela: não como olhar retrospectivo e consciência do todo, mas como autoconsciência de trânsito e decadência."[4]

Esse endurecimento da Sociologia envolve o risco da ideologização do conhecimento e o aparecimento da mistificação da indevidamente chamada de "Sociologia militante", a Sociologia do que a sociedade deveria ser e não a Sociologia do que a sociedade é. O próprio Freyer estabeleceu a relação entre o querer socialmente e o ver sociologicamente:

> Mas tudo isso em nada afeta a necessidade de decisão a favor de uma certa linha de vontade em relação com o processo social. Constitui em sua transformação teórica o suposto a priori do sistema da Sociologia. Falando de maneira pontual: *só quem quer algo socialmente vê algo sociologicamente.*[5]

Freyer está se referindo ao caminho que leva do real ao explicativo e à Sociologia como ciência da realidade. Leva, de certo modo, aos fundamentos empíricos do conhecimento sociológico. Mas esse "quer" está longe do querer do militante e está muito perto da consciência sociológica do possível, o que nos remete de volta aos autores clássicos mencionados no início e ao modo como propuseram e interpretaram a necessidade social e histórica de uma ciência da sociedade.[6]

É nesse sentido que se pode ver os dois caminhos em outra perspectiva, o da inclusão do tempo na pesquisa e na análise sociológica, o que quer dizer: tanto o tempo real do agora como os tempos desencontrados que se ocultam nesse agora. A recusa da legitimidade do conhecimento de senso comum, a dificuldade teórica com a categoria residual da ação tradicional, os bloqueios interpretativos da concepção de alienação, podiam ser confinados como anomalias na Sociologia do século XIX, que só terminaria com a Primeira Guerra Mundial. Porém, já não podiam ser mantidos em confinamento na Sociologia do século XX, cujo campo se propõe a partir do fim da Segunda Guerra Mundial e o surgimento não da vida cotidiana, mas da cotidianidade. É o momento em que o cotidiano se sobrepõe à História, em que o reiterativo se sobrepõe ao inovativo. A cotidianidade propondo-se como o cerne da sociedade de reiterações. A história banida para o residual.

Essa mudança propôs novas tarefas para a Sociologia, associadas ao questionamento do que se pode chamar de sociologias absolutas, referidas ao estrutural e ao histórico, as sociologias opostas às orientações da Sociologia fenomenológica. A Sociologia passou a ter que compreender os processos sociais reiterativos e cotidianos na perspectiva de seu marco histórico. Retoma sua tradição de ciência do diagnóstico dos fatores de não mudança. Agora, mudança social é fingimento, é mesmice. O tempo social se amiudou nos detalhes da hora e do minuto, da anulação do tempo histórico.

O trato dessa questão aparece de maneira mais densa e sistemática na obra de Henri Lefebvre, que, justamente, propõe um retorno a Marx, isto é, um retorno à dialética. Esse retorno passa pela retomada da distinção entre métodos lógicos e métodos técnicos, entre o método de explicação e o método de investigação (uma distinção de Marx). Ao contrário do que em geral se diz e do que em geral se pensa, é nessa distinção que repousa a complexidade do método dialético na obra de Marx. Sua obra é toda marcada por um grande conjunto de estudos precedentes da obra principal, que são, na verdade, os relatórios de suas pesquisas e os documentos de seus métodos de pesquisa. Marx trabalhou com história de vida, preocupado que estava com a relação entre biografia e história – é o caso dos três estudos conhecidos, sobre os Heróis do Desterro, sobre Lord Palmerston, sobre Luís Bonaparte.[7] É o caso da pesquisa teórica sobre as teorias da mais-valia e é o caso do estudo sobre o desenvolvimento desigual do capital, estudos preparatórios de *O Capital*, um estudo sobre o desenvolvimento igual do capital. Em todos esses textos a questão do tempo está proposta na sua diversidade.

Henri Lefebvre, nessa retomada, também desenvolveu métodos técnicos que foram fundamentais em seus estudos sobre a sociedade contemporânea. O estudo sobre o Valée de Campan destaca uma história cronologicamente extensa, de mil anos, e ao mesmo tempo as persistências ao longo desse milênio, a questão das múltiplas temporalidades do presente e atual.[8] Sua observação participante como motorista de táxi nas ruas de Paris e a decorrente descoberta do espaço percebido, do espaço concebido, do espaço vivido, superpostos e contemporâneos, confirmam suas constatações sobre a coexistência, no tempo social, de desencontrados tempos históricos, momentos da temporalidade dominante. Nesse cenário, o real aquém do possível e, portanto, um objeto de conhecimento sociológico que propõe a combinada multiplicidade lógica do real. Nesse plano, a questão metodológica do dedutivo, do indutivo e do transdutivo, o teórico, o real, o possível.[9] Ao mesmo tempo, o incapturável do cotidiano, os resíduos dos poderes, a subjetividade historicamente determinada. Lefebvre encontra a metodologia e o objeto cindido pelas contradições do impossível e do insubmisso, nas brechas do virtual e do possível: as necessidades radicais nos resíduos do cotidiano e a coalizão dos resíduos, o novo e rebelde nascendo como todo no monturo social do descartável. Mas, também, a captura do incapturável e o retorno cíclico do reprodutivo. A dinâmica da história não leva a sociedade numa direção só.[10]

Nessa dinâmica, a Sociologia se defronta com um problema de fundo. Não só o caráter cambiante do objeto do conhecimento sociológico, mas também as exigências cambiantes com que se defronta o sujeito da investigação, o sociólogo. Ele é cada vez mais e mais frequentemente o estranho, em relação ao que é e ao que pensa ser. É o que lhe pede contínua requalificação para identificar e compreender o estranhamento que sempre se renova. Daí a importância da formação antropológica do sociólogo e da presença da antropologia nos métodos de pesquisa. As referências estruturais mudam todo o tempo, as inovações e mudanças são capturadas e institucionalizadas todo o tempo, todo o tempo gestando insurgências que alteram a configuração do objeto do conhecimento sociológico. A própria Sociologia, na interação do sociólogo com os pesquisados, promove mudanças na realidade, nos comportamentos e nas mentalidades, mesmo que esse não seja nem possa ser o propósito do pesquisador. Tudo é capturável pelas estratégias de repetição. A dinâmica social se torna mais facilmente compreensível nas várias orientações teóricas da Sociologia fenomenológica. A temporalidade, o objeto do conhecimento sociológico, é aí a do fragmentário, do tempo breve, do instante. No entanto, tensões e crises mostram que há um tempo histórico, mais lento e menos instável, subjacente a essa temporalidade do que é passageiro e instável. Esses tempos não se excluem. Antes, definem o que é peculiar da sociedade, a tensão entre ritmos desiguais, a desigualdade do desenvolvimento social.

As chamadas duas Sociologias indicam, na verdade, o caminho de uma terceira Sociologia, que se devota ao desvendamento do que é propriamente a práxis, a unidade do diverso, dos tempos e ritmos sociais desencontrados. O tempo simultaneamente do agora e do que é histórico.

Henri Lefebvre sintetizou essa unidade na sua teoria da práxis como fundamento da mudança social e da transformação social, o superficial e o profundo. A práxis deixou de ser compreendida como sendo apenas a da transformação para ser também a do repetitivo. Sua compreensão impõe o reconhecimento de níveis da práxis; o da práxis repetitiva, da mimética e da inovadora ou revolucionária. Níveis contidos no mesmo movimento e não três tipos de práxis, três decorrências. A práxis cria na repetição o possível e realiza ou não esse possível. É aí que entra a Sociologia (e sua dimensão antropológica) contra a ideologia.

A grande questão é a de saber onde o possível se propõe hoje de maneira reconhecível e saber, também, quais são e se existem as necessidades radicais.

Notas

[1] Cf. Alan Dawe, "The two sociologies", *The British Journal of Sociology*, v. 21, n. 2, The London School of Economics and Political Science, London, June 1970, pp. 207-18.
[2] Hans Freyer, *La Sociología, Ciência de la Realidad*, cit., p. 110, tradução nossa.
[3] Idem, p. 196.
[4] Cf. Idem, p. 251.
[5] Idem, p. 342 (grifo nosso).
[6] A propósito, Florestan Fernandes invertia essa formulação de Freyer dizendo: "só quer algo socialmente quem vê algo sociologicamente". Vouga sublinha as implicações dessa concepção: "Florestan coloca a sociologia acima de engajamentos, partidarismos, nacionalismos..." Cf. Claudio Vouga, "Evocações na contramão", *Revista Usp*, v. 29, São Paulo, mar./maio 1996, p. 24.
[7] Cf. Carlos Marx, *Héroes del Destierro*, trad. Isabel Fraire, México, Editorial Domés S.A. 1981; Karl Marx, *The Story of the Life of Lord Palmerston* [1853], Moscow, International Publishers, 1969; Karl Marx, "O 18 Brumário de Luís Bonaparte", em K. Marx e F. Engels, *Obras Escolhidas*, 2. ed., Rio de Janeiro, Editorial Vitória, 1961.
[8] Cf. Henri Lefebvre, *La Vallée de Campan: Étude de Sociologie Rurale*, Paris, Presses Universitaires de France, 1963, esp. pp. 105 e 113.
[9] Cf. Henri Lefebvre, *La Revolución Urbana*, trad. Mario Nolla, Madrid, Alianza, 1972, p. 11. Cf., também, Henri Lefebvre, *O Direito à Cidade*, tradução T. C. Netto, Editora Documentos Ltda., São Paulo, 1969, p. 39, 49 e 100. Sobre o *possível*, não como provável, mas como possibilidade na tensão possível-impossível, cf. Henri Lefebvre, *Une Pensée Devenue Monde...*, Paris, Librairie Arthène Fayard, 1980, pp. 32, 75, 216 e ss.
[10] Cf. Henri Lefebvre, *Métaphilosophie*, Paris, Les Éditions de Minuit, 1965, esp. pp. 152 e ss.; "Há sempre um *resíduo* que resiste. Um *irredutível*." Cf. Henri Lefebvre, op. cit., p. 176. "*O irredutível* se manifesta depois de cada redução." Cf. Henri Lefebvre, *La Vida Cotidiana en el Mundo Moderno*, trad. Alberto Escudero, Madrid, Alianza, 1972, p. 228.

As Ciências Sociais depois do vestibular. Do outro lado do espelho

Uma coisa é a travessia; outra coisa é ter chegado. Uma coisa é a entrada; outra coisa é a saída. É que, na chegada, uma nova travessia começa, que, de certo modo, desconstrói o já sabido e o já atravessado. Travessias são superações, não conclusões. Aprender, para aprender mais.

Do lado de lá da travessia social está o avesso. O avesso é um desafio. As Ciências Sociais lidam com os avessos: a anomia, a alienação. Não são o espelho que reflete, mas o espelho que desmente. Lewis Carroll, o matemático e religioso anglicano que criou as duas histórias de Alice – *Alice no País das Maravilhas* e *Alice do Outro Lado do Espelho* – de certo modo fez Sociologia, reconstituiu o imaginário da sociedade dos avessos, a modernidade que começava e da qual sua obra é um marco. Ele próprio um duplo: o matemático e o religioso, que viu o racional numa perspectiva mística, imaginária, o racional como absurdo, o infantil como a desconstrução do adulto. Franz Kafka fez a mesma coisa em *A metamorfose*, em *O processo*, escritos sobre a naturalidade do absurdo. O realismo fantástico da literatura latino-americana não recorre à modernidade para trabalhar o imaginário dos avessos. Percorre as temporalidades desencontradas das estruturas sociais profundas aprisionadas pelo nosso pretérito, um mover-se sem fim para permanecer prisioneiro de um maniqueísmo persistente que nos retém no agir da permanência. Riobaldo e Diadorim, em *Grande sertão: veredas*, de Guimarães Rosa, o diabo no meio do redemunho, tramando a captura dos pactários, o Outro que é o senhor do nós. Guimarães Rosa fez pesquisa de campo, percorreu o sertão, ouviu e viu e entendeu a dimensão literária da vida do homem comum. Literatura não existe só no papel – existe na vida. Sociologia e Antropologia não existem só na biblioteca. Existem como pré-interpretação no próprio senso comum, a intuição que o homem simples tem do mundo oculto que regula a trama do mundo visível, vivível, legível.

Conto-lhes casos para que não se perca o fio da meada.

Luigi Maria Lombardi Satriani, antropólogo italiano, da linhagem de Ernesto De Martino, escreveu um livro admirável sobre *Il Silenzio, la Memoria, Lo Sguardo* ("O silêncio, a memória, o olhar"). Recolheu histórias, contos e narrativas populares de sua mítica Calábria, onde ainda há aldeias em que os camponeses falam grego antigo. Histórias por meio das quais populações rústicas descrevem o social interpretativamente, descobrindo a estrutura antagônica da sociedade, suas polarizações constitutivas, suas classificações sociais, seu ordenamento do mundo, seu deciframento do invisível e do silêncio dos que foram ocultados e emudecidos pela História.[1]

Uma dessas histórias é relativa ao conflito entre o comer e o falar. Certo dia o falar queixou-se ao comer da inconveniência de que ambos estivessem condenados a ocupar uma mesma casa, a boca. E mandou que ele desocupasse a boca do vivente. O comer quis saber o motivo do falar. É que, sempre que quero me expressar, a boca está cheia, esse nojo que é o comer, atrapalhando minhas nobres funções – explicou o falar. Mas, respondeu o comer, se o vivente não comer não poderá falar! O litígio não se resolvia. Decidiram, então, ir ao rei Salomão e pedir-lhe justiça, que é sua especialidade. O falar tomou a palavra e explicou ao rei que se sentia profundamente injustiçado. O olhar tinha duas casas – os dois olhos; o ouvir tinha duas casas – as duas orelhas; o cheirar tinha duas casas – as duas narinas. E ele estava condenado a compartilhar uma mesma casa com o nojento e incômodo comer. Sempre que queria manifestar-se, encontrava a boca cheia de comida e de ruídos do comer. O rei deu a palavra ao comer, humilde e simples, que tentou defender-se dizendo que cada um poderia usar a boca em tempos diferentes e que as pessoas tanto precisam do falar quanto do comer. O rei Salomão pensou um pouco e tomou sua decisão habitual, que é a de dividir tudo pelo meio, dando uma metade a cada uma das partes. E sentenciou: Dou a boca dos ricos ao falar e a boca dos pobres ao comer. Porque o problema dos ricos é falar e não comer; e o dos pobres é comer e não falar. Até hoje é assim, desde que o rei Salomão deu a primeira lição de Sociologia aplicada sobre classes sociais.

Aí pelo começo dos anos 1980, fui convidado a dar um curso de três dias para trabalhadores rurais, boias-frias cortadores de cana-de-açúcar, no interior de São Paulo. Tinha havido uma recente alteração no critério de pagamento do corte da cana, que os prejudicara seriamente. Para "formar o salário", como diziam, era necessário cortar determinada tonelagem de cana. Como uma pessoa adulta, trabalhando um dia inteiro, não conseguia atingir a meta da produção, muitos trabalhadores tiraram os filhos da escola e passaram a levá-los consigo para o trabalho, "para completar o salário". Entendiam, porém, que a insuficiência do salário para as despesas de sobrevivência decorria do fato de que os donos de armazéns aumentavam o preço dos produtos mais do que cresciam os salários. Expliquei-lhes, então, que o que me narravam se chama exploração do trabalho, tirar de alguém mais do que se lhe dá. Privar alguém de algo que é seu pagando-lhe menos do que vale seu trabalho. E pedi a cada um e a cada uma que me dissesse se se sentia explorado e porque se sentia explorado. Uma das trabalhadoras, ainda jovem, me explicou que se sentia explorada porque quando fazia amor com seu marido, seu corpo doía. Não doía, porém, quando estava cortando cana no canavial, embora ficasse muito cansada. Entendia que isso acontecia porque seu corpo não era mais seu, mas do canavial. Uma primorosa interpretação do que é a alienação do trabalho.

Eu poderia estender-me aqui contando-lhes inúmeros casos recolhidos em pesquisas de campo, da boca de pessoas comuns, que são narrativas interpretativas, não apenas descritivas, da realidade social. Portanto, falas de desvendamento do avesso que é constitutivo dessa realidade. Matéria-prima de uma sociologia que não é apenas identificação, classificação e catalogação de fatos sociais, mas é, sobretudo, e sempre, sociologia do conhecimento de senso comum, do que as pessoas comuns já sabem a respeito de si mesmas e de sua situação social.

Durkheim, aliás, autor com o qual vocês devem estar se familiarizando nestes meses iniciais do curso de Ciências Sociais, estabelecia como uma das premissas do método sociológico que os fatos sociais devem ser tratados como coisas. Eles não são coisas como os objetos que nos cercam. Mas devem ser encarados e observados como se coisas fossem, dotados de uma coisidade que os torna passíveis de análise objetiva. O homem comum, as pessoas simples, as sociedades elementares também dispõem de critérios para distanciarem-se e compreenderem a sociedade em que vivem. Produzem o conhecimento primário, que é a matéria-prima da Sociologia e da Antropologia. Nesse sentido, a Sociologia é em larga medida uma Sociologia do conhecimento, como sugeriram Peter Berger e Thomas Luckmann, na linha de um autor referencial, Alfred Schutz.

Porém, não só na reconstituição das conexões de sentido dos relacionamentos que mantêm as pessoas juntas, mesmo em seus antagonismos. Mas também nas conexões de sentido entre a consciência social e as condutas sociais. Sobretudo entre as significativas conexões de desencontro do sentido explícito e explicitável com as significações ocultas da vida social, os nexos das contradições que movem a sociedade.

A sociedade, especialmente a sociedade em que vivemos, é constituída por uma diversificada tensão permanente, expressão das contradições que lhe dão vida. Isso pode levar à ilusão de que a sociedade existe para mudar, para ser revolucionada. Sim e não. Se a observarmos sociologicamente, veremos que os ímpetos de transformação são cotidianamente contidos pelos ímpetos de permanência das relações sociais e de reiteração das formas sociais. A sociedade contemporânea é mais conservadora do que revolucionária e todos, mesmo os revolucionários, são agentes involuntários da repetição e da permanência. O revolucionário Karl Marx nos costumes era um conservador. Seu braço direito (ou, melhor, esquerdo), Friedrich Engels, era conservador nos hábitos e na vida privada. As cartas entre Karl Marx e suas filhas mostram um homem vitoriano e repressivo cujas descobertas sociológicas sobre a sociedade contemporânea, estruturada sobre contradições que a revolucionam, não chegaram até sua vida cotidiana.[2] Tampouco chegavam até a vida cotidiana de seu parceiro de descobertas. Engels era um industrial rico, que vivia da extração de mais-valia de seus operários pobres. Não só, teve por companheira uma operária de sua fábrica, analfabeta, irlandesa e católica, Mary Burns, a quem nunca apresentou à sociedade de que participava.[3] Era membro de um clube exclusivo e praticante da caça à raposa, um esporte da nobreza.

A Antropologia muito deve aos relatórios de viajantes, missionários e funcionários coloniais, os etnógrafos não acadêmicos que estão na base do pensamento antropológico. A Sociologia tem débitos semelhantes com inspetores do trabalho e observadores leigos dos problemas sociais. Sem a observação empírica direta e indireta as Ciências Sociais não teriam sido viáveis. Porém, o material mais rico de que as Ciências Sociais têm disposto é o que vem do vivencial e de quanto o próprio pesquisador possa observar e registrar da realidade que observa, nela de algum modo se inserindo. Os antropólogos compreendem isso mais do que os sociólogos e muito mais do que os cientistas políticos. Isso quer dizer que a pesquisa empírica depende muito menos de fazer perguntas e registrar respostas e depende muito mais de que o sociólogo e o antropólogo se deixem ressocializar parcialmente pelas sociedades que observam e estudam. Conseguem, assim, decifrar e compreender os códigos de comunicação dos grupos que observam, cuja realidade tem muito a ensinar sobre as singularidades da condição humana e das sociedades. Modo de entender o subjacente, o implícito, o não dito, os mistérios que movem a vida, as estruturas sociais profundas em que se apoia a superfície visível e descritível. Para isso, é necessário deixar-se capturar, no intervalo da observação científica, pela lógica do outro, seu modo de viver e de ver. Capturar não só por sua fala, mas também por sua língua e seu modo de falar. Sobretudo por seus silêncios. Também por sua diferença. Sociologia que quer capturar o outro para convertê-lo ao eu do sociólogo não é ciência. Sociólogo que mais fala do que ouve está mais para a dominação do que para o conhecimento. A Sociologia não é para mandar e dominar; é para compreender e explicar aquilo que está muito além do senso comum.

Assim como na Antropologia, na Sociologia falar a língua da população que é referência de uma pesquisa constitui um requisito, algo indispensável. Se acho que as pessoas com quem converso falam a língua de maneira errada, estou errado e dificilmente compreenderei o que dizem. Como poderei interpretar a informação que me passam nas entrevistas que faço?

Se não se fala o nheengatu, tem-se muita dificuldade para ser sociólogo aqui. E Sociologia tem que ser enraizada. Não adianta saber muito sobre a Sociologia francesa se nada sei, de senso comum, da sociedade em que vivo ou estudo.

Quando menciono o nheengatu, falo da dupla linguagem que resulta da sobrevivência de seus resquícios na língua oficialmente portuguesa, mas de fato uma língua mestiça. Falo também de seus silêncios, os inevitáveis silêncios que há numa situação histórica como essa, em que a dupla linguagem expressa estruturas de dominação de um tempo cronologicamente ultrapassado, mas sociológica e antropologicamente atual. A fala do homem comum só pode ser compreendida nas notações contrapontísticas de seus gestos desconstrutivos, de seus silêncios meditativos, os gestos que desconstroem a língua dominante. Criança também faz isso. Nós mesmos, como observadores, somos sujeito e objeto. O passar do tempo define momentos de alteridade em nossa biografia, somos o eu e o outro que fomos e já não somos.

O pesquisador tem muito a aprender no diálogo investigativo e interpretativo com esse outro, memória que se oculta dentro de nós. Somos arquivos vivos de informações sociologicamente relevantes. Não só nossas próprias lembranças, mas a memória dos modos de ser e de pensar das pessoas através das quais nos socializamos ao longo da vida. É comum utilizarmos gestos, sotaques, atitudes, posturas de corpo que vêm do fundo dos tempos, em que repetimos os pais, os avós, gente viva e gente morta que continuam se expressando por nosso intermédio. Em nossa fala cotidiana, pode-se ouvir ainda hoje ecos da guerra das vogais contra as consoantes, sobrevivência da guerra étnica dos tempos da Conquista.[4] Um jovem descendente de alemães, de japoneses ou de russos, no português descansado de sua fala brasileira, batiza-se brasileiro enquanto falante da língua que venceu a guerra que nos constituiu como nação.

Um bom começo é exercitar a observação sociológica nos arredores, a começar da compreensão da dimensão de tempo da vida social, o tempo social, não o tempo cronológico. Isto é, as diferentes temporalidades contidas em nossos relacionamentos, dos mais próximos aos mais distantes. É o caso das diferentes concepções de ascensão social em nossa família, o processo que combina espera com esperança.

A escala da demora em "chegar lá" se altera de geração para geração. Nossos avós estavam mais dispostos a esperar e alguns nem tinham razões para esperar o que quer que seja em relação a si próprios e a seus descendentes. O conformismo era mais disseminado do que hoje. Já a geração de nossos pais tinha mais pressa, queria resultados já em sua própria biografia. A geração dos anos 60 tinha como palavra de ordem não confiar em quem tivesse mais de 30 anos de idade. Antecipava o envelhecimento da geração paterna, abreviava o tempo da juventude, tinha uma pressa que a geração de seus avós não tivera. Esta geração de agora tem mais pressa ainda. É a geração que estabeleceu como meta conseguir o primeiro milhão de dólares antes dos 30 anos, meta individualista e materialista, possível para uns poucos, impossível para a imensa maioria. E quem não tem como optar pela via do capital financeiro, opta pela via da suposta revolução social, a via de demolir as estruturas sociais, quebrar as fechaduras das instituições, remover os obstáculos sociais, disseminar o ressentimento contra supostas injustiças. São grandes as mudanças no tempo social, avaliadas facilmente pela observação das aspirações escolares de cada geração: bisavós queriam o neto na escola primária. Os avós, na secundária. Os pais, na superior. A abreviação na duração do tempo social, a aceleração de seu ritmo estão no centro da crise das utopias, do esvaziamento dos movimentos sociais, do declínio dos partidos políticos, da substituição das religiões pela religiosidade de uso prático e materialista, a religião adaptada às concepções da sociedade de consumo.

A paciência da espera, isto é, da espera histórica mediada pela práxis, vem diminuindo historicamente. Transitamos do mundo de quem faz a história para o mundo de quem usurpa a história. Estamos nos tornando uma sociedade impaciente e, portanto, uma sociedade do provisório, do breve, do que não dura. A sociedade do valor de uso vai sendo engolida pela do valor de troca. Tudo vai se tornando equivalente, até a fé, reduto pétreo das permanências. O avesso vai se impondo. Já não importa o desavesso, a contradição que move o tempo. Estamos deixando de ser a sociedade que semeia para colher para nos tornarmos a sociedade que colhe sem semear.

Uma das grandes tarefas das Ciências Sociais é decifrar o tecido do avesso e, já nesta altura, a busca do desavesso, o avesso do avesso, o ponto de partida também como ponto de chegada, o possível. A dialética da mudança em novos ritmos revaloriza o método.

Notas

[1] Cf. Luigi M. Lombardi Satriani, *Il Silenzio, la Memoria e lo Sguardo*, 2. ed., Palermo, Sellerio Editore, 1980; Luigi M. Lombardi Satriani, *Antropologia Culturale e Analisi della Cultura Subalterna*, Milano, Rizzoli Editore, 1980, esp. p. 117 e ss.

[2] Cf. José de Souza Martins, "As cartas de Marx", em Walnice Nogueira Galvão e Nádia Battella Gotlib, *Prezado senhor, prezada senhora: estudos sobre cartas,* São Paulo, Companhia das Letras, 2000, pp. 313-9.

[3] Na biografia "oficial" de Engels, publicada pelo Instituto de Marxismo-Leninismo, do Partido Socialista Unificado da Alemanha, Mary Burns não é apresentada como sua colaboradora intelectual, mas como militante política. Embora a verdadeira natureza do relacionamento entre os dois não seja omitida, várias vezes mencionada, os autores procuram explicar a dupla vida de Engels: "Essa 'dupla vida' já se manifestava em relação à moradia. Por mais ardentemente que desejasse viver de maneira permanente com Mary e por mais frequentemente que se encontrasse com ela, os conceitos morais burgueses dominantes e sua posição de dependência o proibiam de viver com ela sob um mesmo teto. Era indispensável que ele tivesse sua própria casa em que pudesse tratar com comerciantes, receber seu pai quando vinha a Manchester, enfim, um lugar em que pudesse se apresentar." Cf. Heinrich Gemkow (dir.), *Friedrich Engels: Biografia*, Dresden, Verlag Zeit im Bild, 1973, p. 241.

[4] Cf. José de Souza Martins, "A guerra das vogais contra as consoantes", *O Estado de S. Paulo* [Caderno Metrópole], 13 de outubro de 2008, p. C6.

A ressocialização do estudante de Ciências Sociais

Em graus variáveis, as profissões que lidam diretamente com os seres humanos como seres de consciência, vontade e decisão, reclamam algum tipo e grau de ressocialização de seus estudantes, no respectivo preparo profissional. De um modo geral, em nossas universidades esse processo tem sido deixado ao fluxo espontâneo dos relacionamentos no ambiente universitário e nos lugares de estágio e treinamento. Quase sempre limitado ao imitativo. Em todas as profissões há certa teatralidade necessária para assegurar a assimetria da relação entre o profissional e o cliente ou paciente. É a modalidade de teatro que assegura a veracidade da opinião do profissional e sua aceitação por aqueles que dela dependem. Há um roteiro ou um protocolo de atitudes e procedimentos que dão a impressão de que aquilo que está sendo feito é o que deve ser feito.

Na Medicina, no Direito, no Magistério, na Psicologia, na Engenharia, nas várias profissões, não só atitudes apropriadas asseguram o prestígio do profissional e o acatamento de sua opinião, mas também o asseguram os signos correspondentes. No geral, o avental é um item imprescindível do equipamento de identificação em várias profissões. Os estudantes de Medicina aprendem a manter o estetoscópio dependurado no pescoço como um signo de *status* profissional e pela mediação desse instrumento exercitam a teatralidade da futura profissão, mesmo que os médicos raramente usem o mesmo adorno. Os estudantes de Direito aprendem desde o início a usar terno e gravata, os do sexo masculino, e geralmente *tailleur*, as do sexo feminino, além da pasta de executivo.

O poder do equipamento de identificação na definição do teor do processo interativo já apareceu em processo judicial em que um pai de santo, por vestir-se inteiramente de branco, foi processado por exercício ilegal da Medicina, dado que a veste branca seria privativa dos que são habilitados ao exercício da profissão de médico. Esses detalhes são apenas minúcias da problemática do processo interativo singular de profissionais de profissões específicas e determinadas. No entanto, são um indicador, ainda que caricato, da importância da socialização específica associada a cada profissão. Essa característica não existe em relação aos profissionais das Ciências Sociais, o que talvez faça falta. Quando muito, os que são professores podem usar o guarda-pó como uma espécie de fardamento profissional que acarreta imediatamente respeito. Dos meus professores, o único que o usava era Florestan Fernandes, o que produzia imediatamente uma relação de afastamento com os alunos, cuja aproximação ele regulava segundo seus critérios, atenuando segundo suas normas o distanciamento proposital induzido pela veste.

A crescente tendência à uniformização cultural da classe média traz um problema à socialização profissional apropriada do estudante de Ciências Sociais, mesmo que persista uma estratificação social que reconfirme desigualdades sociais conhecidas. Reporto-me a Karl Mannheim e à importância que dá ao lugar social peculiar da *inteligentsia* como resultado de uma mobilidade social que guarnece o intelectual com a riqueza da diversidade de socializações.[1] É o que o habilita a adquirir uma visão do mundo devidamente desvinculada e protegida contra os estreitamentos de perspectiva próprios de castas e estamentos. Portanto, a mobilidade como instrumento de libertação, mas também de uma socialização que assegura a competência para neutralizar juízos de valor e visões redutivas do social.

Em suma, no caso dos sociólogos (e dos antropólogos), a capacitação para o exercício da alteridade e, em decorrência, a contrapartida da compreensão de significados de conduta, de ação, de relacionamento de mais difícil acesso sem esse distanciamento. Não só para ver de dentro e ver de fora, mas também para ver o que o próprio agente e informante observado não vê, não descreve e não compreende. É nesse plano que ciência é ciência e ideologia é ideologia. A ciência vê mais, porque vê o visível e o invisível, enquanto a ideologia vê necessariamente menos, porque limitado ao efetivamente visível. É nesse plano, aliás, que se põe a contradição, grave, e a incompatibilidade entre ciência e militância, regularmente rechaçada na disseminação da Sociologia, mas que ganhou anômala legitimidade entre nós a partir do período ditatorial.

A ressocialização do estudante de Ciências Sociais, como preparo para o futuro exercício da atividade científica e da atividade educacional, é tema que pede um retorno à preocupação dos responsáveis pelo ensino da Sociologia, mesmo, aliás no ensino médio. Não é demais invocar uma premissa sempre cara a Florestan Fernandes, reportando-se a Hans Freyer. Dizia este que "só vê algo sociologicamente quem quer algo socialmente", em texto já mencionado. À qual Florestan propunha uma formulação inversa: "só quer algo socialmente quem vê algo sociologicamente".[2] Concepções que se completavam. Florestan estava pensando numa Sociologia aplicada, o querer social mediado sociologicamente e, portanto, induzido por metas sociais de decisão política. A Sociologia, assim, como componente da consciência social na modernidade, na linha do mesmo Freyer de que a Sociologia é a autoconsciência científica da sociedade.

Entre nós a ressocialização do estudante de Ciências Sociais se propõe, também, e talvez muito mais, porque somos uma sociedade marcada por processos de desenvolvimento desigual: tempos e ritmos desiguais da mudança social e coexistência de temporalidades históricas desencontradas. Mesmo numa cidade supostamente cosmopolita como São Paulo, é o que faz com que nos vejamos falando línguas do século XXI com pessoas cuja estrutura de personalidade ainda está parcialmente determinada por línguas (da fala ao gesto e à mentalidade) dos séculos XVI e XVII.

Roger Bastide, em sua pesquisa sobre o sonho do negro, feita aqui em São Paulo, observou que o imaginário onírico de muitos negros ainda é autenticamente negro e africano, prévio à fratura identitária introduzida pela cultura cristã e pelo trabalho missionário católico que separou vigília e sonho, o dia e a noite, o corpo e a alma.[3] O que transformou o mundo onírico em mundo de terror e medo, das invisibilidades de um mundo dividido entre céu e inferno, entre deus e o diabo, entre a salvação e a perdição. Nossa própria fala cotidiana ainda contém remanescentes da língua nheengatu que alteram substancialmente o imaginário, como na questão do tempo (Ibirapuera, quirera, tapera, pacuera), o que foi mas ainda é, permanece transfigurado, mas não morto. O que mais claramente se expressa na lentidão de nossa fala, a indeterminação de frases e sentenças inacabadas para que o dominador, o senhor da conversação, complete o seu sentido para um sujeito que é, desse modo, ainda objeto.

A descoberta da alteridade, portanto, como instrumento de tomada de consciência de nossa singularidade cultural e identitária acobertada pelas uniformidades do senso comum da classe média. Um meio de nos prepararmos para a riqueza teórica da Sociologia como meio de compreendermos, por sua vez, a riqueza de diversidades da sociedade em que nos toca viver.

Notas

[1] Cf. Karl Mannheim, *Ideologia y Utopia: Introducción a la sociología del conocimiento*, trad. Salvador Echavarría, México, Fondo de Cultura Económica, 1941, p. 135 e ss.
[2] Cf. Florestan Fernandes, *Ensaios de Sociologia geral e aplicada*, cit., pp. 114 e 119; Florestan Fernandes, *A Sociologia numa era de revolução social*, São Paulo, Companhia Editora Nacional, 1963, pp. 95 e 309.
[3] Cf. Roger Bastide, "Sociologia do sonho", em Roger Caillois e G. E. von Grunebaun (orgs.), *O sonho e as sociedades humanas*, Rio de Janeiro, Livraria Francisco Alves, 1978.

A crise de uma Sociologia da sociedade sem crises

John Horton, em célebre artigo de 1964, no *British Journal of Sociology*, refere-se à ideologia da Sociologia e sua influência na redefinição de conceitos clássicos da teoria sociológica, que são o de anomia e o de alienação.[1] Entre nós, até onde sei, não há estudos sobre a ideologia da Sociologia que aqui se difunde e prospera.

No entanto, vai se tornando urgente a revisão crítica do pensamento sociológico brasileiro mais recente, à luz da premissa de que a Sociologia ciclicamente fica à mercê de equívocos interpretativos sugeridos por ela mesma. Numa sociedade historicamente dominada pelo primado da ordem, o vocábulo *revolução*, mais do que o conceito, tem na interpretação sociológica uma presença desproporcional aos indícios de que uma revolução social apenas aguarda o detonador da análise sociológica para que se processe. O mesmo se pode dizer da palavra *capitalismo*, mais do que o conceito, que domina negativamente o discurso sociológico. Fala-se mais em *capitalismo* do que em *sociedade*, como se o capitalismo estivesse, maliciosamente, tolhendo a revolução, que não sabemos exatamente qual é, quem fará e como será. Nós nos distanciamos, assim, do real, da revolução possível e necessária na vida cotidiana, no modo de viver e de pensar, a revolução que pode libertar nossa consciência social e nos restituir a nós mesmos.

Para apreciar essa tendência interpretativa, creio que se pode falar em rapto ideológico das noções clássicas da Sociologia, a que Henri Lefebvre se referiu quando falou em rapto ideológico da noção de comunidade por uma Sociologia voltada para o repetitivo e a reprodução das relações sociais.

O problema desse desencontro entre sociedade e conceito se agravou com a introdução da Sociologia no ensino médio. Foi ampliado com o notório esforço de simplificar e de induzir o aluno a aceitar que a Sociologia é a ciência da desordem e por meio dela buscar os indícios da desconstrução social. Na verdade, independente das matrizes clássicas que atravessam e definem o pensamento sociológico, no ensino médio a Sociologia só pode ser a ciência do nosso lugar na sociedade, na trama dos relacionamentos visíveis e invisíveis, ciência das mediações e das determinações sociais da nossa liberdade pessoal, do impossível e do historicamente possível. O objetivo da Sociologia na escola média é o de alargar o entendimento das novas gerações em relação ao que são, ao que podem ser e aos bloqueios que lhe tolhem o poder ser, e ao que não podem ser e não adianta teimar.

A Sociologia no ensino médio, e também na universidade, tem por função cognitiva desvendar e superar o ideológico e não a de se submeter a ele. Essa submissão vem esvaziando a Sociologia de sua competência explicativa, o alcance de sua análise. Cada vez mais condicionada por limitações ideológicas, é uma Sociologia que perdeu a referência básica da tradição sociológica, a de desconfiar de si mesma, a de pôr em dúvida o chamado "politicamente correto", de pôr em dúvida o senso comum político, como Durkheim, Weber e Marx punham em dúvida o senso comum. Tratar, durkheimianamente, o fato como coisa, para torná-lo livre de nossa volição, para que possamos compreendê-lo sociologicamente. Para que não nos coloquemos como cúmplices dos rumos do processo social, mas também não nos colocarmos como cúmplices de um querer que é pessoal e não necessariamente social.

Essas distorções, em nome de uma sociedade sem crises, em nome de certezas que nada têm a ver com as tensões, contradições e crises da sociedade, enganam o sociólogo e o induzem a uma Sociologia enganosa, inútil, porque, ao não se compreender, não permite compreender sociologicamente. Refiro-me às determinações da Sociologia enquanto consciência científica da sociedade. Refiro-me, também, ao fato de que a Sociologia, ao desvendar contradições, desencontros, estados de anomia, induz soluções, superações. Interfere no real, a partir de uma perspectiva sociológica. Mas Sociologia não é Engenharia. Portanto, a interferência interpretativa da Sociologia na realidade social altera as condições sociais do conhecimento sociológico do primeiro momento. A sociedade destituída de crises, das certezas sociológicas, põe no ângulo crítico a própria Sociologia.

Ao abandonar as premissas do conhecimento sociológico, da incerteza em face da realidade, da dúvida quanto ao que a realidade social é e quanto às tendências dos processos sociais, a Sociologia torna-se ciência da recusa do que é próprio da sociedade e torna-se, assim, ideologia, engano, desfazimento do que lhe é próprio.

A Sociologia deixou-se fascinar pelos movimentos sociais e tenta dotá-los de uma durabilidade que não corresponde à que lhes é própria, já que confundidos com o próprio processo histórico, marcados por uma linearidade evolutiva estranha às contradições desse processo. Uma Sociologia que teme a relatividade e a temporalidade desses movimentos atribui-lhes um tempo, o tempo da história, que lhes é estranho, que é outra coisa, fora do plano das intenções e dos chamados projetos. Ao mesmo tempo, nega-lhes a temporalidade que os governa, muito aquém das grandes e significativas transições históricas, sem deixar de afetá-las, de induzi-las.

Gostaria de destacar *dois problemas* nessa compreensão da realidade social, entre nós. O primeiro deles é o da dificuldade para compreender a história do presente e o processo histórico como processo de inovação histórica e social que só é processo porque mediado pelas tensões decorrentes dos mecanismos de reiteração das relações sociais e das mentalidades, a reprodução social. Não há reprodução de relações sociais, isto é, repetição, permanência aparente, sem uma certa produção de relações, ou seja, sem criação histórica, transformação, inovação, como observou Henri Lefebvre. A dialética pressupõe o desvendamento dos mecanismos sociais de negação do movimento, disfarce das mudanças como se mudança não houvesse. Nesse sentido, os momentos da práxis, na análise lefebvriana, se combinam, mudam sem mudar, disfarçam a mudança, criam formas sociais que escomoteiam a permanência no fingimento da imitação, da cópia dos grandes episódios da História. A revolução social também pode ser escamoteada quando se ignora as questões metodológicas relativas à compreensão do processo social como processo histórico.

Lefebvre, na perspectiva de seu método triádico, e não binário, que nega a concepção mecanicista da história como movimento pendular, distingue na práxis, na ação historicamente transformadora, a práxis repetitiva, a práxis mimética e a práxis revolucionária. São momentos da práxis que é repetitiva e inovadora ao mesmo tempo e que cada vez mais se torna mimética: imita a transformação e a mudança sem de fato ir além do teatral da permanência. No Brasil, tem crescido a dominância do mimetismo político, em grande parte em decorrência de que as forças da tradição conservadora não se propõem a representar e a encenar os motivos e as metas de seu lugar histórico. Mas, de certo modo, isso se dá em boa parte porque os portadores ideológicos do discurso da mudança foram capturados pelo conformismo da institucionalização, do poder. É nesse conformismo que se situa a ideologia da sociedade sem crises, a sociedade cujo destino já está traçado e não depende dos dilemas e das contradições da práxis. Nessa perspectiva a práxis é unilinear; não é dialética. A mudança não é para mudar; é para confirmar.

O segundo problema é o de uma reformulação ampla da história social do país segundo uma leitura ideológica que tem por objetivo destacar os movimentos sociais de hoje como manifestação e cume da história inconclusa. Uma história cujo legado estaria apenas nas mãos dos que lutam por transformações sociais hoje. Os que negam e recusam ao outro o direito de protagonizar mudança alternativa e diversa. Não pensam a História como superação, mas como paralização, seu momento como momento final. Nesse sentido, a História brasileira do século republicano é marcada por movimentos sociais aos quais se imputa o que não são. Um certo reducionismo na formulação dos fatos, uma simplificação das ocorrências e das estruturas, permite destacar a lenta e segura evolução de uma História que é, no fundo, expressão de uma visão milenarista.

A redução causal de todo o processo histórico brasileiro ao latifúndio domina hoje os mais inquietos movimentos sociais, já metamorfoseados em organizações de serviços políticos e partidários. Escamoteia a complicada relação social e econômica que teve nas escravidões o seu eixo, delas dependendo o que, no fim, das contas, com a Lei de Terras, de 1850, veio a ser propriamente o latifúndio. O centro da realidade estava na escravidão, não na posse da terra, que dela decorria. O regime sesmarial, que regulava a distribuição da terra, é bom lembrar, era um regime decorrente de uma lei de reforma agrária, de Portugal.

Nesse sentido, essa orientação suprime aspectos importantes das escravidões, como regimes de exploração do trabalho prenhes de recursos de cooptação do escravo, não raro empregado como capitão do mato e feitor. Sem contar o fato de que num quilombo emblemático como o de Palmares a escravidão era praticada, o que se compreende se se leva em conta que em países africanos ainda hoje se pratica a escravidão, umas etnias impondo o cativeiro a outras. E aqui mesmo, no tempo do cativeiro, diferentes etnias estavam em conflito, como se vê em episódios da história das Irmandades de Nossa Senhora do Rosário dos Homens Pretos.

Também se deve levar em conta que o trabalho escravo não foi substituído pelo trabalho assalariado, um pressuposto pseudomarxista que não leva em conta a importância da invenção de relações de trabalho livre, mas não salariais, pré-modernas, que asseguraram intensa acumulação de capital, maior do que a que haveria se o trabalho fosse realmente assalariado.

A Sociologia ideologicamente invadida, ao tentar analisar a realidade brasileira, passa por cima das grandes contradições que a dinamizam. Mas passa por cima, também, dos equívocos de sua definição e das designações que escamoteiam o que ela é. Polariza o real em confrontos imaginários e o traduzem em ficções conceituais que o reduzem a uma linearidade pobre. A crise da Sociologia tem se estabelecido onde a Sociologia foi invadida por essas suposições mecanicistas. Ao desconhecer a historicidade das contradições e suas expressões na vida cotidiana, supõe a sociedade sem crises. Como se as tensões do cotidiano fossem puramente conceituais e não proviessem das estruturas sociais profundas. E fossem, portanto, tensões de superfície, manipuláveis e administráveis. Temos visto isso todos os dias no Brasil pós-ditatorial. O que se reflete numa Sociologia indecisa quanto à definição de seus problemas sociológicos de investigação.

Nota

[1] Cf. John Horton, "The Dehumanizaiton of Anomie and Alienation: a Problem in the Ideology of Sociology", *The British Journal of Sociology*, v. xv, n. 4, December 1964, pp. 283-300. Cf., também, Jacques Guigou, "Le sociologue rural et l'idéologie du changement", *L'Homme et la Société*, n. 19, Paris, janvier-février-mars, 1971, pp. 93-100.

SEGUNDA PARTE
O ARTESANATO SOCIOLÓGICO EM SETE NARRATIVAS

A casa imaginária de Dona Fulana

Durante um curto tempo, ela morou na rua Jorge Ward, no Rio Pequeno, em São Paulo, quase na esquina da avenida Escola Politécnica. Ocupara a calçada cimentada de uma casa comercial desativada, de duas portas. Da esquina da padaria, do outro lado da rua, pude observá-la em dias seguidos. Era uma mulher de meia-idade, morena, os olhos fixos no chão ou nos objetos ao seu redor. Foi amontoando coisas na calçada, trastes catados no lixo e nas ruas.

Na sequência dos dias, no horário em que ali ficava, esperando minha filha, que voltava da escola no início da tarde, notei que os objetos eram recolhidos com critério: o ainda útil resto de uma cadeira, um colchão velho, latas, caixotes, vasilhas de plástico. Notei, ainda, que os objetos iam sendo distribuídos numa certa ordem, enfileirados. Ao cabo de alguns dias eles formavam dois quadrados contíguos, pegando toda a calçada. Na beira do meio-fio, na ponta do enfileiramento central de coisas, ela deixara, em cada quadrado, um espaço aberto correspondente à largura de uma porta.

Foi um dedicado trabalho, de dias inteiros. Após o término da "obra", notei que estava sempre ocupada dentro de um dos quadrados, limpando-o com o que fora um dia uma vassoura, tirando um objeto de um lugar e pondo em outro, aperfeiçoando a construção e a distribuição das coisas, limpando isto e aquilo.

Percebi, então, o que tinha diante dos olhos. Sempre que alguém tentava saltar por cima daquela tralha para continuar o trajeto pela calçada, a moradora de rua ralhava, apontava com o dedo a rua, para que a pessoa desviasse por ali. Quando ela mesma saía de um quadrado para entrar em outro, fazia-o pelos vãos que simulavam porta, como se houvesse uma parede entre os dois recintos. Aquela era sua casa, uma casa imaginária composta de dois cômodos: um quarto-sala e uma cozinha.

Os objetos estavam agrupados segundo essa classificação, que eu podia compreender agora no uso que ela lhes dava. Ora fingia que estava arrumando o quarto ou arrumando a sala para receber uma visita, ora fingia que estava ocupada com as tarefas da cozinha. Ao expulsar os transeuntes, tentava preservar a intimidade da casa contra os intrusos. Ela edificara, imaginariamente, sua casa e nela morava imaginariamente.

Era um caso extremo e doloroso de fuga da realidade. Uma evidência de que na cabeça de cada pobre ainda existe a casa de que foi privado um dia e na qual pensa estar vivendo ou para a qual pensa estar voltando. O discurso político-caritativo sobre o morador de rua é pobre de conteúdo porque ignora a competência imaginativa do pobre. O que nos põe diante da contradição que abre um abismo entre o pobre, que é dono de um imaginário rico, e os que dizem ajudá-lo, comparativamente ricos, que são pobres de imaginação sobre a pobreza.

Tio Patinhas no centro do universo

A grande esperança "de" cada um dos membros dessa incrível família de patos trajados de gente[1] é a de que o caminho que os leva educativamente de coloridas folhas de papel aos nossos olhos e à nossa mente seja um caminho sem retorno. Alojados na nossa inteligência, esperam demarcar aí a posse ilícita do terreno em que pretendem vegetar, na continuidade do imobilismo em que foram gerados e que constitui a razão de ser de sua existência. Nada de voltar às origens, enriquecidos pela crítica vital de seus hospedeiros, para, ao menos, comprometerem-se com a vida do mundo que os produz. Seu modo de ser impõe que, nesse plano, um par de aspas seja, por prudência, colocado nos extremos da palavra "educativamente". É que a existência autoritária das personagens é condição da ditadura dos quadrinhos. A reflexão crítica constitui inequívoca manifestação subversiva, pois democratiza a educação, transformando o hospedeiro-objeto de coisa passiva em pessoa. Nesse pequeno mundo fantasioso, não é apenas cada personagem uma coisa contemplada, mas o próprio leitor é coisa, repositório passivo que nele se integra para abrigar sem reflexão cada membro da sociedade centrada nessa família. Os patos de Patópolis brincam conosco e nos transformam em brinquedos, coisas. Nesse jogo, roubam-nos a humanidade e nos arrastam para a irrealidade dos objetos inanimados que, no entanto, falam. Tive oportunidade de ver isso na Disneyworld, quando professor visitante na University of Florida: bonecos falando e sendo aplaudidos por adultos e crianças. Como em *A revolução dos bichos*, de George Orwell, já não sabemos quem é porco e quem é gente.

Neste capítulo registro uma leitura sociológica das histórias cujas personagens são os habitantes de Patópolis, figuras criadas pela empresa de Walt Disney. Procuro descrever as relações sociais que vinculam seus vários tipos e, através do seu conteúdo, mostrar que elas hierarquizam os patopolitanos por meio de uma escala implícita de valores fundada na figura do capitalista clássico. Patinhas é o Adão desse novo Éden. Essa escala de valores é que se pretende educativa, por meio da definição do gosto do leitor, procurando incutir nele as noções morais de bom, ridículo, delinquente e louco, entre outras. Tal leitura seria impossível sem a constatação preliminar de que cada personagem é, antes de tudo, mercadoria, que se vende e se compra. Daí resulta o imobilismo que explica os vários tipos e a posição passiva do leitor "educando". Torna-se possível, desse modo, a leitura sociológica das historietas, uma vez que a substância das relações sociais não está primeiramente nos vínculos entre os personagens, mas sim na relação da empresa que produz e vende a história e o consumidor que a compra. A historieta sistematiza o universo simbólico que suporta e explica a relação entre produtor-vendedor e o comprador de história em quadrinhos, projetando-o, no entanto, para todas as outras relações, como se substantivamente fossem uma única relação e, em decorrência, os personagens se reduzissem a um.

* * *

Tio Patinhas, além das suas excentricidades de rico, tem parentes, amigos e inimigos. Cada um possuído por suas próprias características só consegue definir-se, no entanto, contraponteando com ele. Patinhas é a personagem única, que serve de referência na definição e constituição de todos os outros.

Donald, seu sobrinho, vem primeiro na lista dos circunstantes. Um dos herdeiros da fortuna de Patinhas, persegue dolorosamente a existência anômala de rico potencial, cuja vida oscila entre o desemprego e os empregos que o Tio lhe oferece. Quando empregado pelo Tio, vive, entre irado e apavorado, as humilhações que aquele o faz sofrer, desde o salário miserável até as artimanhas e engenhos utilizados para mantê-lo desperto e ativo, conforme as expectativas do patrão. Sua humilhação é maior porque o delírio acumulativista de dinheiro do Tio transforma-o numa das peças de um sistema de produzir riquezas, cujo caráter espoliativo consegue perceber, mas ao qual se conforma para não ser deserdado. Nesse sistema, o segredo da ordem não é ter, mas esperar ter. Excluído dos benefícios da riqueza que ajuda a crescer, com ela se compromete, como se por antecipação fosse sua. Vive o sonho de desfrutar a riqueza que, na realidade, lhe é vedada.

Seu drama é imenso. É um ser mutilado, como todos os seres de Patópolis, o próprio Patinhas, é bom que se diga, porque o materialmente ter o priva de humanamente ser. Donald é pai sem ter filhos. Huguinho, Zezinho e Luizinho, os três sobrinhos, representam para ele um encargo paterno e um pesadelo. Podem acompanhar, de modo adulto, toda a incompetência de Donald para o desempenho da maior parte das atividades a que o obrigam as circunstâncias, no emprego ou em casa. Sua determinação de vencer, a desesperada necessidade de ser capaz a que as expectativas inflexíveis de Patinhas o submetem, impedem-no de reconhecer-se incapacitado, bem como o impedem de aceitar sugestões e auxílio dos três sobrinhos. É na interferência oculta dos três que se apoia a maior parte das vitórias de Donald. São eles que, depreciando-o ainda mais, de fato se realizam segundo as regras de Patinhas. Isto é, segundo as regras da mutilação: sua realização é a de Donald e não a sua própria.

Embora os três correspondam melhor às esperanças de Patinhas do que Donald, eles não repetem o modo de ser, as táticas, as intenções, os recursos do tio senil. São de uma geração de tecnocratas, para os quais não é viável o projeto do enriquecimento pessoal pelo trabalho, pela sorte e pela astúcia. Isso já está ultrapassado. O capitalismo originário nunca mais será o mesmo. Por isso, agem coordenadamente. Nunca cada um deles é senhor de um pensamento completo. No mais das vezes cada um se limita a emitir uma única palavra que se junta à palavra do outro e à do outro para que surja uma sentença e uma ideia. Estão articulados entre si como peças ajustadas de um mecanismo rigoroso e impessoal. Não é coisa de gente, perdão, de pato. É coisa de técnica, de pato reduzido a peça e coisa. Eles têm o que falta a Donald – apenas os pedaços das ideias – enquanto Donald tem o que já é obsoleto – as ideias por inteiro. Isso seria paradoxal, em se tratando de ideias, se para eles o pensamento e a inspiração não fossem objetivamente determinados. Para toda nova situação não há uma ideia nova: há o "Manual do escoteiro", fonte inesgotável de informações que cobre todo o saber possível e do qual se pode receber qualquer resposta ou dado com rapidez, como se viesse de um computador. Para eles a situação é clara: não existem para repetir individualizadamente as mesmas palavras, os mesmos gestos e os mesmos atos que criaram o universo de Patinhas. Não nasceram para produzir o universo do velho tio, mas para reproduzi-lo.

É aí que representam um pesadelo para Donald, pois este é compelido a repetir sozinho palavras, gestos e atos do criador – Patinhas – sem efeito algum. Seus ataques de ira são indicativos de uma incapacidade fundamental para entender a causa de ser estéril sua atividade. É que sua condição de herdeiro obscurece sua condição de trabalhador. Não está entre os deserdados da terra. Não pode ver na riqueza o produto do trabalho, inclusive do seu trabalho, porque ela constitui a massa de bens que espera receber e que é totalmente desproporcional à sua pequena participação na tarefa de produzi-la. Não pode ver-se na condição de explorado porque se vê na de beneficiário da exploração. Esse é um dos grandes segredos da Patópolis contemporânea, do sistema. Por isso, sua indignação é sempre e justificadamente uma indignação pessoal, escoada para o nível da irritação descontrolada. Essa é a articulação adequada para transformar o pesadelo de Donald-trabalhador e Donald-desempregado em irritação cômica, em atividade comicamente desastrada. O drama do trabalhador é obscurecido pela comicidade do herdeiro.

Donald é também marido sem ter mulher. Sua namorada Margarida o submete ao regime duro do potencial parceiro de cama e mesa, sem as vantagens nem da cama nem da mesa, transformado no perene carregador de pacotes e fazedor de serviços. Também aí, Donald é um condenado à espera. Margarida não lhe oferece as penas cálidas e macias para que recoste a cabeça atormentada. Ela apenas o submete ao duro regime da exploração doméstica, em nome do que poderá ser, mas não é. De Margarida não se ouve ou vê uma palavra ou atitude de amor, de afeto desinteressado. Para ela, pata venal, a relação entre os sexos é assexuada e utilitária. Nesse plano, ela estabelece com Donald uma relação que amplia sua esterilidade: não se acasalam nem procriam. Margarida é a fêmea fútil à espera da doação e da rendição incondicional e material dos patos. Não trabalha. Afora o trato das três sobrinhas (Lalá, Lelé e Lili), resumido no adestramento que, por contraposição aos sobrinhos de Donald, as transformará em novas Margaridas, esgota seu tempo, acompanhada da galinha Clara, nas festinhas da sociedade, vivendo vicariamente a condição de consumidora, não se sabe a partir de quê. Seu estilo de vida é fruto de seu próprio estilo de vida. Para ela, Donald é importante apenas enquanto é servil.

Para manter Donald subjugado aos seus caprichos, não hesita em aceitar a corte de outros patos, enciumando-o. O primo de Donald, Gastão, pato de vida fácil, de características mais próximas às de Margarida, sistematicamente empenhado em cortejá-la, pode satisfazê-la em seu afã de consumo, representando sempre um desafio a mais para que Donald se empenhe na luta para preservar ou ganhar aquilo que deseja e nunca alcança: dinheiro ou companhia feminina. Só Margarida não perde – com Donald ou Gastão ela é herdeira virtual de uma parcela da fortuna de Patinhas.

Gastão é, porém, dotado de um dom: ele tem sorte, que lhe é dada por um infalível pé de coelho, desde que o tenha sempre consigo. Para ele, tudo se resolve graças aos eflúvios desse talismã, suporte mágico que legitima seu modo de ganhar a vida e até a futura herança de parte da riqueza de Patinhas. O talismã tem aí uma importância muito grande, pois Patinhas também tem o seu – a moedinha n. 1, a primeira moeda que ganhou na vida, sua primeira economia, o fundamento de sua sovinice e de sua imensa riqueza: o segredo da sociedade de consumo é não consumir! A presença desse componente mágico no universo de Patinhas constitui como que a fonte de um direito natural, o direito de enriquecer. Já que todos trabalham (ou são inutilmente ativos) – Donald trabalha, Huguinho, Zezinho e Luizinho trabalham e vários outros membros do universo trabalham –, é preciso explicar por que uns têm a riqueza ou a terão e outros não a têm e temem não tê-la. Esse componente mágico institui uma diferenciação interna fundamental no universo de Patinhas e no capitalismo que ele representa: há os predestinados e escolhidos, cujos talentos se multiplicam (estou aqui trocadilhando com a palavra bíblica "talento", usando-a, ao mesmo tempo, no sentido de moeda e de dom, cf. Mateus 25:14-24[2]), e há os demais, os que não são servos nem bons nem fiéis, de tal modo que misteriosa entidade sobrenatural neles não confia. A sorte representa, portanto, um chamamento mágico, apoiado em símbolos externos. Com isso, nem Gastão nem Patinhas parecem senhores de si mesmos, pois ambos estão subjugados pelos objetos mágicos que lhes garantem a sorte e a riqueza, com a diferença de que um é predestinado a gastar e outro é predestinado a entesourar. Dessa maneira, a excepcional riqueza de Patinhas torna-se legítima em face, por exemplo, da modesta existência de Donald. O componente mágico instaura a ordem no universo, pois, do contrário, o Pato Donald subversivamente declararia guerra a seu Tio, dando estrutura e direção à sua irritação perene, efetivando, pois, a profecia de que no fim dos tempos filhos lutariam contra pais, irmãos contra irmãos. O mistério gozoso da riqueza é essencial para que ela esteja nas mãos de uns e não nas mãos de outros.

Aparentemente, a sorte de Gastão é destinada a contrabalançar as adversidades de Donald, através de um contraste que torna a este último mais uma vez cômico, para não parecer que Donald seja vítima de uma injustiça, que faz dele um pobre em face do tio muito rico. Quase sempre, no entanto, a ajuda tecnocrática e secularizada dos sobrinhos de Donald, senhores de um "talismã" moderno, o já referido "Manual do escoteiro", mediante recursos que separam o pé de coelho de seu dono, atenua, desvia ou inverte a privilegiada sorte de Gastão. Essa personagem serve, a um só tempo, para reforçar os fundamentos mágicos da existência de Patinhas e sua negação, que é o recurso tecnocrático ao "Manual". O "Manual" é a esperança dos desesperançados. Num mundo crescentemente secularizado, o reinado absoluto dos talismãs na distribuição dos bens produzidos pelo trabalho comum poderia fazer com que o Donald irascível se transformasse no Donald consciente, descobrindo que a mágica supremacia dos talismãs poderia ser questionada e até destruída. O "Manual", mais do que o acesso à riqueza, "democratiza" a convivência com a distribuição desigual da riqueza, pois restaura, no plano secular, o princípio ordenador da vida social que encontrara sua primeira eficácia na sorte justificada pelos talismãs.

O Pato Donald não cumpre sozinho as adversidades do universo de Patinhas. Seu primo Peninha acompanha-o, de modo diverso, na trajetória desfavorável. Enquanto Donald é essencialmente um cumpridor de ordens, um pato no trabalho ou em busca de trabalho, Peninha é um pato cheio de imaginação e iniciativa. Sua imensa submissão e boa vontade, no atendimento das ordens do Tio, leva-o à constante tentativa de inovar. Entretanto cada iniciativa e cada inovação revelam-se sempre desastrosas. Ao contrário de Donald, não amarga a impossibilidade do cumprimento formal do que lhe é determinado. Não consegue entender por que suas intenções nunca se realizam, por que levam sempre a atos que produzem resultados opostos aos desejados. Peninha não consegue entender nunca o que faz, pois entre a intenção, o ato e o resultado intrometem-se outros componentes da situação que não estão sob seu conhecimento e seu controle, desvirtuando seus objetivos. Por isso, não pode decifrar o sentido do que faz. Em termos mannheimianos, Peninha está mergulhado na racionalidade funcional de um universo instituído que "dispensa" os patos e os homens, absorvendo-os apenas no cumprimento do ritual de papéis sociais rigidamente demarcados. A sociedade que Patinhas criou para as gerações seguintes é uma sociedade teatral, que se consome na teatralidade de gestos, movimentos, intenções, palavras, desconectados entre si. A sociedade da pura performance.

Peninha e Patinhas estão, pois, contrapostos no plano da criatividade. Enquanto Patinhas é criador e criatura na gênese do universo, é senhor das ações e das consequências das ações, tem o domínio do que faz, com Peninha se dá o contrário. É que a criatividade de Patinhas se torna impessoal na medida em que ele se submete ao querer objetivo representado pela "Moeda n. 1". Ele criou a moeda, cujo fetiche o criou. Ele se criou nela. Nesse processo, submetido ao reinado das coisas, ele se torna instrumento e agente e não sujeito da reprodução das coisas e do universo coisificado. Patinhas não é senhor do dinheiro, mas servo do dinheiro. Não é ele quem "diz" ao dinheiro o que deve ser feito, mas é o dinheiro que precisa do cérebro de Patinhas, de todos os seus músculos e sentidos, para cumprir sua lei natural que é a reprodução crescente, incessante e inexorável. Sendo entesouramento, o dinheiro não é mediação da produção e do lucro: o dinheiro nasce, anomalamente, do próprio dinheiro. Por isso Patinhas é um homem atormentado com a segurança do seu dinheiro, pois está irremediável e totalmente identificado com ele. Patinhas é a pessoa de seu próprio dinheiro, sua personificação. Peninha inverte a imagem de Patinhas. Tomado de iniciativas, é vitimado por elas constantemente, pois o mundo já não é do empreendedor e sim do empreendimento.

É que essas iniciativas não são canalizadas para o leito natural do que nesse universo é concebido como criação. Peninha quer criar soluções. Patinhas quer criar dinheiro. Peninha não sucumbiu ainda à desumanização que a posse impessoal do sujeito pela riqueza impõe. É que as possibilidades de criar de novo o mesmo universo já estão esgotadas. A fase da acumulação originária encerra-se com Patinhas. Portanto, a alienação de Peninha, na teatralidade inconsequente de sua vida, preserva sua humanidade.

Donald, Gastão e Peninha nascem num mundo já constituído e integrado. Nenhum pato pode possuir mais a envergadura heroica do civilizador Patinhas porque no momento histórico de sua origem os dons podiam ser encontrados no mesmo pato. Já seus sobrinhos receberam fatias de um mundo fragmentado em especializações, funções e vocações: o trabalho para Donald, a sorte para Gastão, a iniciativa para Peninha. A associação entre eles, porém, nesse mundo dividido, não reconstitui o pato heroico que Patinhas foi um dia: já estão confrontados e em conflito, à espera da herança que virá com a morte do tio sovina e obsoleto, com suas suíças e polainas à antiga. Os pedaços não podem ser juntados para começar de novo porque cada um deles ainda está tomado pelo mito do capitalista-herói e considera, pois, que o seu próprio dom fragmentário é o dom essencial. Desse modo, as frequentes associações entre Donald e Peninha resultam em fracasso, pois cada um tenta a seu modo assumir individualmente a totalidade do mundo. Os pedaços podem ser juntados apenas para reproduzir o já produzido, como fazem Zezinho, Huguinho e Luizinho. Não pode criar de novo quem não tem acesso à Moeda n. 1 e à sua "vontade" impessoal. Os sujeitos misturam-se aos objetos, sem distinção entre uns e outros. Os sujeitos estão sobrecarregados de exigências e significações que não decorrem deles mesmos, tornando-se, portanto, estranhos em relação a si próprios. A natureza humana é subvertida pela mediação dos objetos criados pela atividade humana.

Somente quando essa família volta à natureza é que pode encontrar a sua paz. É na fazenda da Vovó Donalda, no retorno ao mundo natural, que Patinhas, aparentemente, deixa de reinar. Vovó Donalda o substitui. Aí ela é a senhora do mundo. A natureza dadivosa atenua a exploração dos patos pelos patos. Gansolino, o empregado da fazenda, pode tranquilamente tirar suas sonecas nos montes de feno sem que por isso a vida animal e vegetal do estabelecimento rural sofra grandes consequências. Nem por isso Vovó Donalda deixará de fazer suas tortas, sempre disponíveis para todos, mesmo para o preguiçoso Gansolino. No mundo de Vovó Donald reparte-se por regras de generosidade e não por regras de pão-durismo. Por essas razões, as únicas reuniões familiares, em que todos confraternizam são presididas por Vovó Donalda, apesar da completa anomalia na estrutura familiar: ela é avó sem ter tido filhos; Patinhas é tio sem ter tido irmãos e o mesmo se dá com Donald: os três sobrinhos não conhecem pai e mãe. A trágica esterilidade biológica de todos os membros da família só é possível porque na verdade estão em diferentes graus destituídos de humanidade. Vovó Donalda encarna apenas a recomposição simbólica e num certo sentido artificiosa do mundo natural e original. Ainda aí, por trás das aparências, é Patinhas quem reina. A unidade familiar em face da natureza é apenas utopia que ocasionalmente se concretiza para logo mais ser desfeita em consequência de processos substantivos que separam em vez de unir, que conflitam em vez de harmonizar.

É que a unidade do universo de Tio Patinhas não é garantida pela apropriação comum das condições de existência. Por isso, os parentes não formam uma comunidade, nem mesmo uma comunidade familiar, e por isso não formam uma família de verdade. Os vínculos familiares mais constantemente presentes não são de parentesco por consanguinidade ou afinidade, mas são vínculos dominados pela linha de herança das riquezas. Entre um parente e outro interpõem-se os bens tidos ou esperados. Estão juntos porque a riqueza foi acumulada, foi juntada. Em consequência, as relações sociais que produzem outros personagens do universo, não parentes – amigos e inimigos –, em nada diferem das relações aparentemente familiares.

Maga Patalójika, auxiliada por Madame Min, está obcecadamente voltada para a captura da Moeda n. 1. Deseja para si o que ela supõe ser a fonte mágica da riqueza e acredita que a posse do talismã fará com que ela, que já dispõe de tantos e variados poderes, possa reproduzir em seu benefício a riqueza de Patinhas. Nesse plano, ela e Patinhas são iguais. Ambos acreditam na importância transcendental do talismã como fonte da produção e reprodução de riquezas. O talismã representa aí, para Patinhas e Maga, os riscos imponderáveis do capitalismo: a sorte de um é a desgraça do outro. Preservar a dimensão mágica da reprodução da riqueza não é apenas um elemento de coerência interna na ditadura dos quadrinhos, mas é também a tentativa de mostrar que o talismã, embora necessário, não é exclusivo. Maga tem poderes excepcionais, pode fazer e desfazer, mas não pode criar e recriar o capital, pois os outros dois componentes presentes na consciência burguesa de Patinhas – a iniciativa econômica e o trabalho – não podem ser substituídos por bruxaria. Com Maga, reforça-se o princípio do direito natural à riqueza, ao talento. No fundo, Maga serve para situar nos limites da ordem o pretenso caráter mágico da acumulação da riqueza. Não é o pato que escolhe o talismã, mas o talismã que escolhe o pato.

Enquanto Maga deseja apossar-se do que ela supõe ser a fonte da riqueza, os irmãos Metralha buscam apossar-se diretamente da riqueza já acumulada nas mãos de outros. Por isso são delinquentes. É significativo que sejam cães e não patos, como é significativo que um animal reconhecidamente inteligente, o cão, apareça na sociedade patopolitana como transgressor e ladrão. No universo de Patinhas eles representam a conduta anômica dos que aceitam os fins do sistema, mas não os meios institucionais para alcançá-los. Tanto quanto Patinhas, estão sedentos de riqueza. Mas repudiam os meios e caminhos institucionais para obtê-la. Na verdade, as experiências de cada um dos outros membros do universo, parentes, amigos e inimigos de Patinhas, constituem a reiterada demonstração de que os Metralha têm razão. Acontece, porém, que a mesma riqueza gerada para as mãos de Patinhas cria os outros componentes do mundo, inclusive os recursos de defesa da apropriação privada da riqueza. A diferença entre Patinhas e os Metralha é que Patinhas chegou primeiro e criou o imaginário dessa precedência. A institucionalização dos canais de acesso à riqueza legitimou essa primazia, transformando em ilícitas todas as outras formas de apropriação dos bens materiais. Daí que a vida livre dos Metralha seja sempre apenas curta temporada fora da cadeia. Estão sempre retornando à prisão. Basicamente são iguais a Patinhas, concordam quanto à acumulação da riqueza, discordando apenas quanto aos detalhes na forma de fazê-lo. Estão certos de que a melhor coisa do capitalismo é ser capitalista. O grau de organização dos Metralha para obtenção da riqueza chega a ser empresarial. Os ardis que são interpostos por Patinhas em relação a eles mostram que entre este e aqueles o que há é uma verdadeira competição. A qual é frequentemente decidida através da polícia, que responde pela observância da conduta institucionalizada, que, garantindo a igualdade jurídica, garante ao mesmo tempo a desigualdade econômica. Em suma, os amigos de Patinhas são amigos do capital. Seus inimigos são inimigos das formas institucionais e dos mitos de sustentação do capital, embora na verdade sejam amigos do capitalismo.

As histórias se tornam atraentes e engraçadas na medida em que os seus vários cômicos, como Donald e Peninha, retiram sua comicidade das discrepâncias que há entre suas condutas e o personagem-padrão: Patinhas. A trama das historinhas é una e sólida, amarrada pela valorização do capitalista-herói chamado Patinhas. Ora, Patinhas, sabemos, personifica o capital, assumindo a vida da coisa, vivificando o que é morto, o que é trabalho morto, social, acumulando em suas mãos particulares. Portanto, cada um é ridículo, delinquente, ingênuo ou louco na medida em que a sua razão particular não é a razão pela qual o capital se institucionalizou socialmente.

É nesse tipo de contraste que o cientista também tem a sua parte na degradação moral que vincula cada um ao Tio Patinhas. O professor Pardal, inventor desastrado, desespera-se na tentativa de solucionar com sua inteligência, suas pesquisas e sua incansável dedicação à invenção e à descoberta os grandes e pequenos problemas de Patópolis. Seu desligamento do mundo é proverbial nos quadrinhos, em que o cientista é frequentemente apresentado como louco, ingênuo, alienado, sonhador, perigoso enfim. Por isso, Pardal não pode ter no universo de Patinhas senão a tolerância que piedosamente a nossa hipocrisia burguesa e pequeno-burguesa dedica aos alienados mentais. Ele se preocupa com pequenas coisas (e nisso está sua humanidade quase infantil), como a invenção de um pula-pula que facilite o transporte das pessoas, ou de um combustível que torne mais rápidos os meios de transporte, ou de uma banheira voadora. Vive, enfim, na esperança de resolver aflitivos problemas do dia a dia dos patopolitanos ou na esperança de antecipar e solucionar os problemas que os patopolitanos provavelmente enfrentarão no futuro. Só que Pardal esquece frequentemente de uma coisa muito importante no universo de Patinhas: é que aí não há lugar para a primazia da utilidade dos objetos. Cada objeto tem que ser, antes de mais nada, uma mercadoria, tem que ser lucrativo. Por isso, as loucuras de Pardal só desaparecem quando são absorvidas pelo delírio acumulacionista de Patinhas. Ou quando faz uma encomenda ou solicita uma invenção que resolva um problema crucial para o capital, como uma defesa contra os Metralha ou um equipamento que o torne mais rico. O cientista só deixa de ser doido quando trabalha para o capital, quando perde de vista a perspectiva tola e infantil da condição humana dos patos para atender à demanda da reprodução do dinheiro pelo dinheiro. Aí ele se torna racional, porque a racionalidade é a dos objetos e a do enriquecimento que eles propiciam quando são comprados e vendidos.

Entre Pardal e Peninha há semelhanças e diferenças. As semelhanças dizem respeito à crença ineficaz na atividade criadora. As diferenças dizem respeito a que um se apoia na gratuidade do pensamento científico e o outro no senso comum para pôr em prática o impulso criador. Ambos são iguais, porém, quando ignoram que tudo "já está criado", se levamos em conta que a dinâmica do universo é regulada pela riqueza acumulada que insaciavelmente precisa crescer.

De fato o universo de Patinhas é educativo se tomamos a educação como veículo impositivo de valores. Diante dele as crianças e os adultos podem descobrir como são estúpidos, como são ridículos e alienados quando toleram que na sua personalidade se manifestem grotescos traços humanos, como o do agir desinteressado, solidário e generoso. Nessa trama, ridícula é a humanidade ingênua dos humanos. Patinhas constitui um chamado à razão: a razão que faz com que as coisas se relacionem umas com as outras como se fossem dotadas de condição humana e que faz com que as relações entre os homens pareçam relações entre coisas, conforme já observou um incompreendido sábio alemão, chamado Karl Marx.

Notas

[1] Neste capítulo não pretendo parafrasear o inovador estudo de Ariel Dorfman e Armand Mattelart (Dorfman, Ariel, e Mattelart, Armand, *Para Leer al Pato Donald*: *Comunicación de masa y colonialismo*, 2. ed., Buenos Aires, Siglo XXI Argentina, 1972), sobre o conjunto das personagens das historietas de Walt Disney. Apenas retomo uma análise que fiz, em sala de aula, em 1970, como recurso didático da disciplina de Sociologia para alunos de cursos diferentes do de Ciências Sociais, na Faculdade de Filosofia da USP. Recebi de diversas pessoas, especialmente de ex-alunos, a sugestão para sistematizar e escrever minhas formulações sobre o tema. Faço-o agora por várias razões, a principal das quais é a de que, fundando-se o trabalho na mesma perspectiva que orientou aqueles autores, decorrendo daí vários pontos de contato, guarda, no entanto, uma identidade própria que sugere a exploração de outros aspectos do mesmo tema, como notará o leitor. No uso didático deste texto, tomei como referência os seguintes autores: Ralf Dahrendorf, *Sociedad y Libertad*, Madrid, Tecnos, 1966; Lucien Goldmann, *Dialética e cultura*, trad. Luiz Fernando Cardoso, Carlos Nelson Coutinho e Giseh Vianna Konder, Rio de Janeiro, Paz e Terra, 1967; Karl Mannheim, *Libertad y Planificación Social*, trad. Rubén Landa, México, Fondo de Cultura Económica, 1946; Robert K. Merton, *Teoria y Estructura Sociales*, trad. Florentino Torner, México-Buenos Aires, Fondo de Cultura Económica, 1964; Henri Lefebvre, *Sociologia de Marx*, cit.

[2] "O que tinha recebido cinco talentos trouxe os outros cinco e disse: 'O senhor me confiou cinco talentos; veja, eu ganhei mais cinco'. O senhor respondeu: 'Muito bem, servo bom e fiel! Você foi fiel no pouco, eu o porei sobre o muito. Venha e participe da alegria do seu senhor!'"

O estudo sociológico da mentira no cotidiano

A mentira tem sido uma prática comum em diferentes sociedades por razões culturais diferentes entre si.[1] Seu estudo sociológico é possível, em nosso caso, desde que se leve em conta a peculiaridade de sua ocorrência em situações sociais determinadas. Em sociedades tradicionais, como as sociedades camponesas, a mentira parece ter um lugar bem demarcado. Do mesmo modo que a figura do mentiroso é aí bem definida, um estereótipo de contornos precisos, distinto do estereótipo do insano e do louco. Entre nós, o arquétipo de mentiroso parece estar na figura do Pedro Malasartes. Contra as diferentes formas de dominação, de constrangimento e controle, ele opõe a sua astúcia. A mentira tem aí conotação positiva. A espertza de Malasartes o sobrepõe aos privilégios de mando e dominação dos que o cercam. Malasartes mente para transgredir e transgride para expressar sua insubmissão e a independência de sua pessoa. Não raro, as peças que Malasartes prega nos outros carregam consigo um certo sentido de justiça na relação injusta e opressiva. Isso, evidentemente, não faz dele um paladino da justiça. Apenas indica os recursos e ardis que o homem comum é obrigado a empregar, até rotineiramente, para se defender contra os outros.

Nesse sentido, Pedro Malasartes, com suas trapaças e suas espertezas, ao enganar os outros, revela uma consciência crítica de suas relações sociais imediatas, uma certa recusa de um relacionamento desigual em que por razões estranhas à situação o outro participa do relacionamento em condições de impor sua vontade. Mentir, no caso de Malasartes e da cultura popular que ele personifica, é *assumir a condição de duplo*. A astúcia mentirosa se impõe como parte de uma estratégia de dissimulação daquilo que se é e, sobretudo, daquilo que os outros querem que sejamos. Nessa mentira, esse querer do outro não só é ludibridado: ele é aparentemente aceito e dissimuladamente recusado. A mentira é componente de uma estratégia de dissimulação. Ela indica que as pessoas estão vivendo uma situação social para elas insuportável, mas à qual não podem opor sua própria concepção das coisas e das relações entre as pessoas.

Um caso emblemático de dissimulação é o de Galdino, um trabalhador rural, líder messiânico, preso e processado no interior de São Paulo, durante a ditadura militar, porque organizou um "exército divino" que mobilizava seus membros em favor da restauração da ordem na moralidade das pessoas e na natureza. Absolvido pela justiça comum, foi processado pela Justiça Militar, julgado inimputável e encaminhado ao Manicômio Judiciário. Ficou ali por mais de oito anos, sua permanência renovada a cada dois anos por decisão médica, que o consideravam perigoso. Em seu relacionamento com os médicos, Galdino tinha uma conduta conformista, mas seus gestos (sorrisos, expressões de rosto, movimento das mãos) indicavam inconformismo com seu conformismo. Galdino, portanto, usava uma *linguagem dupla*: com a fala dizia e com os gestos desdizia, decodificando a palavra falada com movimentos e expressões. Expressava, assim, sua descrença naquilo que a circunstância o obrigava a dizer. Com seu conformismo verbal, sua mansidão e sua submissão, Galdino mentia para os interlocutores. Mas, com os gestos, dizia para si mesmo que estava mentindo, que sua verdade não estava no que explicitamente dizia, mas também no gesto que desdizia: sua religiosidade moralista não lhe permitia mentir nem lhe permitia contestar e enfrentar o outro, reconhecer no outro um inimigo, um adversário.[2]

No mundo urbano e moderno, as condições do uso da mentira nas relações entre as pessoas têm características obviamente diversas. De um lado porque os que mentem, aparentemente, não chegam a alimentar uma precisa definição do mentiroso urbano. Enquanto no mundo rural "mentiroso" é praticamente um predicado associado a determinadas pessoas, na cidade é mais comum alguém dizer que "fulano está mentindo" (numa situação definida e momentânea) do que dizer que fulano é um mentiroso contumaz.

A figura do mentiroso não se constitui aparentemente porque a possibilidade de sustentação da mentira, em sociedades urbanizadas, é muito reduzida para ser posta em prática por longo tempo; a multiplicidade das relações sociais sugere maior número de informações cotidianamente chegadas a cada pessoa; a possibilidade de confrontar informações é maior e mais frequente.

Nesse sentido, a possibilidade de encenação não é generalizada nem alcança as situações sociais fundamentais. A encenação de que trata Goffman funciona apenas nos encontros circunstanciais. Provavelmente, não funciona em situações que se renovam, que se repetem, e em relações sociais distribuídas por mais de uma única e transitória situação social. Se as pessoas se encontram frequentemente em *diferentes situações sociais*, situações demarcadas por cenários entre si diferentes, que reclamem diferentes encenações, um certo contexto de bastidor acaba por se difundir nessas diferentes situações. Denuncia, assim, critérios e padrões de fingimento adotados pelos protagonistas. Isso fragiliza a encenação.

Mas isso se põe no outro extremo em relação ao mundo rural que tomei como primeira referência. No caso de uma cidade como São Paulo, lugar de migrantes, de muitas pessoas que procedem do mundo rural ou que procedem de agrupamentos urbanos ainda fortemente ruralizados, é necessário considerar aquilo que, em outros tempos, sociólogos e antropólogos definiam como situações de transição. Minha suposição é a de que casos como o de Galdino são extremos e expressam justamente os desencontros próprios de um moderno insuficientemente constituído. Com isso quero dizer que a cidade, em nosso caso, não ressocializa completamente o migrante; não o integra no mundo propriamente urbano. Seguramente, a pobreza e a marginalização social (o que hoje se chama exclusão) é um poderoso fator dessa inserção precária no mundo urbano e moderno. Porque essa inserção depende dos meios e instrumentos que exigem gestos, condutas e concepções próprios da modernização urbana. O acesso limitado e precário às mercadorias e aos recursos que impõem a transição acaba respondendo por uma inserção ambígua na realidade urbana. Isso pode ser visto desde o equipamento doméstico (incluindo a casa e sua localização em face das casas vizinhas) até o uso que se faz dos ícones da modernidade, como a televisão (geralmente colocada num nicho privilegiado da casa, como ocorria com os oratórios domésticos das casas de roça).

Portanto, numa pesquisa assim, deve-se trabalhar com dois grupos de situações que envolvem o uso da mentira e a conduta mentirosa. De um lado, pessoas integradas no mundo urbano, as de classe média e rica, sem tradição rural recente. De outro lado, as que estão em transição, com frequência envolvidas em situações que exigem duplicidade de conduta. A *hipótese básica* da pesquisa é a de que *a mentira é uma forma de conhecimento crítico da situação social imediata e das relações sociais vivenciadas por quem dela se vale para evitar que a verdade macule quem mente ou quem o uso da mentira pretende resguardar*. Nessa perspectiva, as pessoas mentem porque querem evitar o constrangimento e a vergonha que poderia advir do confronto, pelo outro, de conduta imprópria em face do que os outros presumivelmente consideram a conduta adequada. Provavelmente, o mentiroso mente para preservar sua autoestima, para manter sua coerência interior em face de certa impossibilidade ou mesmo incapacidade para lidar com a sociabilidade própria das situações que as circunstâncias o obrigam a viver. Estamos em face do desencontro entre o que a pessoa é e o que a sociedade diz que ela precisa ser. O mentiroso mente porque sua concepção das relações sociais é por ele mesmo admitida como frágil, imprópria. Mente para obter vantagens que a insuficiência do seu equipamento cultural de identificação não lhe permitiram obter se não mentisse. Ao mentir, ele reconhece a precedência e a superioridade da concepção do que as coisas deveriam ser, que imputa ao outro, àquele a quem a mentira é dirigida. Há aí, certamente, uma relação de poder. A mentira é, nesse caso, estratégia dos socialmente frágeis (não por acaso é preferentemente atribuída aos pobres, às crianças, aos "inferiores"). É, também, expressão de um modo de ser que deve ser ocultado e que não tem condições de se traduzir numa proposta (política) de transformação de toda a sociedade. Não tem condições de se tornar padrão de conduta e modo de vida de todos.

A consciência crítica que a mentira expressa é crítica em relação ao modo dominante de ser. Nesse sentido, é uma *consciência crítica documental*, que pode ser estudada como documento dos padrões dominantes de conduta e sociabilidade de uma sociedade determinada. Mas a mentira é também aguda consciência crítica da inserção social problemática e frágil dos que mentem porque não se rendem.

Notas

[1] Especificamente sobre a mentira, cf. J. A. Barnes, *Um monte de mentiras: para uma sociologia da mentira*, Campinas, Papirus, 1996. Para uma crítica desse livro, cf. José de Souza Martins, "Sociólogo faz estudo duvidoso sobre a mentira", *Jornal da Tarde*, 1º de fevereiro de 1997, Caderno de Sábado, p. 7.

[2] Cf. José de Souza Martins, *A militarização da questão agrária no Brasil*, Petrópolis, Vozes, 1984, esp. "O boiadeiro Galdino – do Tribunal Militar ao Manicômio Judiciário", pp. 113-27. Sobre a dissimulação na cultura de transição do campo para a cidade, cf. José de Souza Martins, *Capitalismo e tradicionalismo*, São Paulo, Pioneira, 1975, esp. "Música sertaneja: a dissimulação na linguagem dos humilhados", pp. 103-61.

A religiosidade intersticial no Brasil contemporâneo

O estudioso que observa a sociedade brasileira no marco das grandes mudanças sociais notará que essas mudanças são, de certo modo, cíclicas. A partir de vários indicadores sociais, notará que estamos entrando num período de fim de ciclo. Mesmo dotadas de uma durabilidade larguíssima e distante em face do tempo menor e próximo da vida cotidiana e do tempo brevíssimo da cotidianidade metamórfica, as crenças também estão sujeitas, e cada vez mais, às determinações históricas de sua circunstância. Portanto, as metamorfoses e adaptações formais igualmente cíclicas, menos pelos fatores que lhes deram e dão origem. Certamente por essa espécie de mimetismo que incide poderosamente sobre as formas sociais da prática religiosa, sobre a arquitetura de seus rituais, sobre o modo de estabelecer a conexão entre as vicissitudes da vida comum e o transcendente, o que a ultrapassa e supera. A Reforma Protestante mudou a forma do culto para expressar uma diferente arquitetura da fé. A estética de colagem da pós-modernidade tem tido efeitos e expressões no modo de organizar o culto e as celebrações do neopentecostalismo. Em muitas situações, quanto à forma do templo e do culto, é fácil observar neles a invasão de uma estética de shopping center. Trata-se de uma religiosidade que não pode deixar de dialogar com os marcos da sociedade de consumo e seus valores relativos a uma visão *kitsch* do mundo. É um modo legítimo de trazer o diálogo propriamente religioso para o âmbito do cotidiano e do banal, aquele em que a maioria vive a maior parte do tempo, numa sociedade em que o atual é exacerbação do secular e da descrença.

Nossos ciclos históricos, desde que o Brasil se constituiu como nação, têm tido uma duração de aproximadamente 50 anos, um pouco mais ou um pouco menos. No interior de cada ciclo situações se consolidam – sociais, políticas, econômicas, culturais, de mentalidade, de visão de mundo – para atingir um pico e em seguida se decompor. Abre-se um período de transição, de incerteza e de acomodação. Sobretudo, incerteza quanto a um marco consolidado. Nossa durabilidade estrutural é relativamente curta e incerta.

O Império durou 67 anos, durante o qual a sociedade e a economia se consolidaram em torno da escravidão para serem transformadas com a crise justamente da escravidão. A República Velha durou 41 anos para ruir pelo esgotamento do sistema de poder que a firmou e pelo esgotamento do modelo econômico centrado na economia de exportação e no latifúndio. A República do nacional-desenvolvimentismo, com os altos e baixos de suas crises, durou 34 anos, politicamente alicerçada no populismo. Foi nossa primeira forma de reconhecimento do povo como protagonista político, não pela mediação de ideologias partidárias, mas por meio da tutela e da concepção messiânica de um pai da pátria. A economia voltada para dentro sucumbiu à força da economia voltada para fora e globalizada e o populismo também entrou em crise enquanto forma de dominação política. A nova ordem econômica e política da Ditadura de 1964 durou pouco mais do que 20 anos e gerou uma nova ordem que se estende até nós, com prevalência do mercado na definição de orientações de conduta, de prioridades e de aspirações, as da sociedade de consumo. No plano político, tivemos o advento de ideologias partidárias, que nos fizeram, finalmente, modernos. O modelo de uma modernidade superficial e postiça, porém, vem se esgotando rapidamente. As corrosões alcançaram também as crenças religiosas, fragmentando-as, diversificando-as e multiplicando-as.

Cada mudança dessas pede uma nova legitimidade, um conjunto de crenças e convicções, de valores compartilhados e convergentes, um reconhecimento que a sociedade, ainda que de diferentes modos, tem lugar assegurado para todos. Mesmo a escravidão teve o seu fator de legitimidade. Não só a chibata e o tronco criaram um sistema de obediência, mas sobretudo os pequenos e sutis mecanismos de liberdade possível, os intervalos do mando e da obediência. Houve escravos que compraram sua própria liberdade, já que o sistema jurídico continha um pequeno número de brechas, suficientes para assegurar a fantasia de uma liberdade possível. E o próprio sistema instituíra brechas sociais e econômicas no direito ao trabalho próprio nos dias santos de guarda, dias em que a religião dominante era também colocada entre parênteses pelo trabalho proibido aos brancos, mas permitido aos negros.

Com a Lei Áurea, em 1888, e a consequente disseminação do trabalho livre, a possibilidade de formar pecúlio e ter a própria terra alimentou a grande ilusão que sustentou a sociedade brasileira até 1964. A ideologia da ascensão social pelo trabalho operou como recurso para adiar e estender por pelo menos três gerações o conformismo necessário à reprodução das relações sociais, econômicas e políticas. Um mecanismo duradouro de preservação e reiteração da ordem social e política como recurso para garantir o desenvolvimento econômico e a transformação social na direção de uma estrutura de igualdade jurídica e desigualdade social. Foi o que permitiu ao Brasil se transformar de um país de renda concentrada, e socialmente retrógrado, de exportação de produtos agrícolas e coloniais de sobremesa, como o café e o açúcar, num país industrial voltado para o mercado interno, dependente, portanto, de redistribuição de renda.

A modernização a partir de 1964 vem abreviando o tempo do conformismo social e introduzindo mudanças no conformismo político. Os brasileiros já não estão dispostos a esperar três ou quatro gerações para passar lentamente da enxada alheia ao carro próprio. Se antes era possível reunir lentamente os meios da ascensão social e ao mesmo tempo granjear a certeza de que ela ocorreria, desde então a possibilidade da ascensão diminuiu, em seu lugar vingando o consumismo e, portanto, a ilusão de que se participa, comprando. Ganha-se de manhã e gasta-se à tarde. Ou gasta-se à noite e ganha-se no dia seguinte. Uma nova temporalidade foi inaugurada no lugar da temporalidade da espera, a da impaciência. Como diz Henri Lefebvre, na modernidade as pessoas não têm mais tempo. Surge uma nova pobreza, a pobreza de tempo. Historicamente, as necessidades sociais que movem a história são as necessidades radicais, como as definem o mesmo Lefebvre e Agnes Heller, as necessidades que não podem ser satisfeitas senão através de grandes transformações sociais.[1] Isto é, a criação de novas referências socialmente estruturais, novos marcos das relações sociais, da consciência social e da conduta. No entanto, caminhamos para um modelo de sociedade em que as necessidades radicais não chegam a se configurar porque os muitos mecanismos econômicos e políticos da sociedade moderna permitem que as rupturas sejam antecipadas e administradas. A consciência social vem sendo substituída pelo imaginário manipulável. Num certo sentido, a sociedade está deixando de ser protagonista de seu próprio destino, e o lugar clássico da ação social e política dos movimentos sociais está encolhendo significativamente.

Não obstante tais mudanças cíclicas, cada período contribuiu para desagregar relações arcaicas e lentamente criar as condições de gestação de uma sociedade mais moderna, menos por nela prevalecer o pressuposto da razão e muito mais por prevalecer o pressuposto da conciliação. Somos uma sociedade de história lenta porque os momentos estão descompassados, numa espécie de esquizofrenia histórica. Se houvesse entre nós uma consciência política do desenvolvimento desigual e do descompasso entre as instâncias desencontradas do processo histórico, nosso ritmo de mudança e atualização dessas instâncias seria mais rápido, as desigualdades superadas mais depressa e, provavelmente, com mais justiça social. Nossa lentidão é, por enquanto, um fato e é nela que se propõem nossas diferentes modalidades de consciência social, aí incluídas as crenças religiosas. É também aí que se propõe o lugar social das crenças, que é o da vida cotidiana e não primariamente as doutrinas e as grandes estruturas da religião.

Na perspectiva da vida cotidiana e da cotidianidade que dela decorre, como mundo e visão de mundo, o tema da religião se torna, sociologicamente, o tema da religiosidade. A cotidianização das religiões na sociedade brasileira as dilui nas urgências do tempo que vai deixando de ser o tempo da História para se tornar o tempo do momento, do agora. Essa religiosidade vem se tornando álibi para a descrença, enquanto religiosidade tópica em contraste com o utópico das religiões. A religiosidade de consumo, trocável e descartável, está evidenciada no item das religiões no Censo de 2010.

O início da divulgação dos dados do Censo de 2010, quanto às religiões, abala convicções estabelecidas a respeito da crença religiosa como atributo estável da sociedade e mesmo dos indivíduos. O Censo confirma tendência já observada em censos anteriores, a de que o Brasil está deixando de ser um país católico. Indica que mais de 900 brasileiros por dia deixam de ser católicos, no geral movendo-se para outras religiões. O censo indica ainda que a tendência ao deslocamento para as grandes igrejas evangélicas da religiosidade de massa também começa a refluir em favor de pequenas igrejas evangélicas. Depois de um período de triunfo da religiosidade de espetáculo, das demonstrações religiosas de massa e, portanto, de uma pós-modernidade religiosa, o brasileiro de paróquia começa a ressurgir.

Essa tendência não se limita à religiosidade. Uma ressurgência de sentimentos comunitários e de uma visão comunitária do mundo vem se dando em vários âmbitos da sociedade brasileira, até mesmo em tentativas de inovação econômica nos movimentos populares em prol da reforma agrária. O caráter relativamente postiço de valores e orientações societárias, que pareciam o apanágio da modernização da sociedade, se revela nessa tendência. Um recuo em direção a referências socialmente conservadoras. Nesse movimento, há como que uma nota de rodapé: o hoje expressivo número de brasileiros que têm fé, mas não têm religião. Ou seja, os que se orientam em direção a valores opostos a esse movimento anterior, os valores propriamente societários e modernos. Mas também uma conciliação contraditória entre o moderno e o tradicional, a dos pés em dois barcos que se movem desencontradamente. Um, que se move em direção à razão, à impessoalidade, à liberdade pessoal, a uma sociedade organizada em torno de relações de interesse. Outro, que se move em direção aos sentimentos e afetos, às emoções do transcendente e aos valores da comunhão nele contidos.

Poderíamos mergulhar nos detalhamentos estatísticos dessa curiosa característica da religiosidade brasileira. Convém nos atermos, por enquanto, à importância histórica e sociológica dessas alterações de convicção religiosa, se é que estamos em face de efetivas alterações. As mudanças de mentalidade, como essas, são sempre indícios de que as mudanças sociais profundas, e nem sempre visíveis, finalmente chegam à consciência dos indivíduos, que as traduzem em reorientações de conduta, de postura e de relacionamentos. São as mudanças sociais, que têm causas nos fatores de alteração da estrutura social, longe das volições conscientes. Causas que estão nas crises econômicas, nos desastres naturais, nas supressões de condições para que determinadas condutas continuem ou se realizem. Por diferentes meios, acabam chegando à consciência individual e dirigindo a conduta de cada um e de todos, seja para confirmar um modo de ser, seja para reorientá-lo de modo a suprimir a tensão coletiva e individual que pode resultar dos estados de anomia. Penso que se pode falar em anomia para caracterizar o passo maior do que as pernas que tem sido característico da sociedade brasileira no último meio século. Tanto no plano político-ideológico-partidário quanto no plano religioso. Penso nos grandes projetos de mudanças sociais bem mais amplas do que as condições sociais propícias ao seu acompanhamento pelo homem comum.

Em algum momento, os processos anômicos tendem a resolver-se na harmonização da conduta com os requisitos estruturais do equilíbrio social. Mesmo os estados de alienação, no impulso de superação e de desalienação, acabam criando novos patamares de alienação. Ou seja, de ilusões necessárias a que os valores que regulam a vida social se atualizem e se harmonizem para que a estrutura social se reorganize e as tensões, seja as da anomia, seja as da alienação, possam ser temporariamente superadas na provisória espera que é própria da vida em sociedade.

Estamos, provavelmente, no final de um ciclo histórico de vontades e de opções que não se cumpriram porque o querer foi maior do que o historicamente possível contido na situação social. Nesse sentido, estamos numa situação social de transição entre as desagregações e crises de meio século atrás e um novo momento de perfil incerto e indefinido. Uma nova sociedade está surgindo no Brasil e nós não sabemos que sociedade é essa. Uma nova acomodação com seus elementos de crise já instalados. Essa crise se dá a ver na impaciência, na intolerância e no ressentimento que vêm se tornando característicos da consciência social e das ações correspondentes nessa conjuntura histórica. Uma consciência de falta de rumos e de incerteza.

Essas considerações têm a ver com o fato de que decisões de conversão religiosa ou de não conversão se dão no plano subjetivo e consciente, ainda que possam, rotinizadas, distanciar novamente o indivíduo dos fatores, causas e condições de sua crença. O que, à primeira vista, parece um amplo movimento de desfiliação e refiliação religiosa pode, no entanto, ser apenas mudança na forma de manifestação de uma religiosidade historicamente superficial. Na verdade, a identificação religiosa católica e majoritária nunca foi, aqui, nada parecida com a religiosidade dos países europeus, tanto nos países católicos quanto nos países protestantes. Nas sociedades de convicções religiosas alicerçadas, no geral, a religião é parte da tradição e, portanto, do pertencimento arraigado. Mesmo quem não é "praticante", não deixará de indicar sua identidade religiosa de acordo com a tradição da família. Aqui, quase que se pode dizer que ocorre o oposto.

O Censo parece indicar uma peregrinação entre religiões, o que envolve mais de uma mudança de opinião religiosa em tempo relativamente curto. Isso indica uma busca, mas não necessariamente uma busca de religião. Provavelmente, a religião é, nesse caso, um substituto ou um complemento de elementos societários faltantes ou incompletos. O que lembra esta antecipadora observação de Claude Lévi-Strauss sobre os índios nhambiquaras, em *Tristes trópicos*: "a estrutura social nhambiquara vive em estado fluido".[2] Embora ele estivesse limitando essa observação a uma específica sociedade tribal, os estudos posteriores de Zygmunt Bauman sobre a "modernidade líquida"[3] parecem indicar que em outros tipos de organização social também há possibilidade de que, em determinadas situações históricas ou antropológicas, haja um dilaceramento das referências de conduta. Em seu último trabalho, uma entrevista realizada seis meses antes de sua morte, Henri Lefebvre observa que "estamos muito longe de uma visão determinista da história, pois é a indeterminação que caracteriza o nosso tempo."[4] Um estado de incerteza relativa emerge nesses momentos que passam a ser momentos de busca, de tentativas de encontro de um eixo de referência para a organização social.

Justamente o caso das religiões e da flutuação religiosa no Brasil sugere que a religião, mais do que outros âmbitos da organização social, constitui uma espécie de marcador de processos de desagregação social e de reordenação social. Minha impressão é a de que estamos vivendo esse momento, o que em outra linguagem pode ser definido como um momento histórico de fim de ciclo. São vários os indícios de esgotamento do ciclo político gestado no interior do regime militar e contra ele e que ganhou vida nas incertezas da Nova República, como a batizou Tancredo Neves. Ainda não está claro, mas são fortes as indicações de que o radicalismo de esquerda gestado durante a ditadura em contraposição à esquerda tradicional, a do Partido Comunista, esgotou suas virtualidades do período pós-ditatorial e o país reflui para orientações políticas aquém da social-democracia, mais características do que poderia ser definido como neo-populismo. Em outras palavras, o país se distancia das grandes transformações sociais de bandeiras políticas historicamente propostas além do possível, a utopia se esgotando à medida que vencida pela concorrência de programas sociais tópicos. É o caso da mobilização pela reforma agrária que vem sucumbindo à concorrência do Bolsa Família, para ficarmos num programa de natureza estrutural e histórica e, portanto, significativo no que se refere à atenuação do ímpeto de mudança.

Em outros âmbitos sociais e políticos, os sintomas de desagregação são fortes e significativos. O sistema de normas e valores se fragilizou, o que deu lugar a ações substitutivas que indicam claros retrocessos. Não posso deixar de citar a acentuada ocorrência de linchamentos no Brasil. Há cerca de quatro ocorrências semanais de linchamentos e tentativas de linchamento, com destrutivas manifestações de crueldade. A estrutura do linchamento brasileiro está muito próxima das formas de punição que foram adotadas pela Inquisição, desde a mutilação até a queima da vítima ainda viva. Os linchamentos constituem um dos mais importantes indicadores da latência das estruturas sociais profundas. Elas se manifestam quando os valores de referência, cotidianos e de superfície, da sociedade atual, entram em crise, são corroídos e deslegitimados pelas situações de irracionalidade e de anomia. Essa reformulação de valores atinge as instituições profundamente. O linchamento anula o sentido do Judiciário pela prática da justiça direta, a vingança no lugar da justiça restitutiva. A descrença na justiça que pune em nome da sociedade para em seu lugar propor a justiça que pune em nome da vítima. Além disso, a vítima como grupo – família e comunidade. Os linchamentos são aqui majoritariamente comunitários, sendo poucos os casos de linchamentos praticados por multidões.

A comunidade é o sujeito que emerge nesse cenário. O fenômeno religioso mostrado pelo Censo de 2010 vai na mesma direção. A divulgação dos dados sobre religião tumultuou as concepções firmadas sobre as opções religiosas do povo brasileiro e sobre o lugar que as diferentes religiões têm no rateio da fé. Inquietação de alguns e euforia de outros já dizem a quantas anda a firmeza da crença, sobretudo em face dos fatores sociais cambiantes que a regulam como mediações próprias de todo fenômeno social.

É sociologicamente importante, na compreensão das funções extrarreligiosas das religiões entre nós, a tendência ao deslocamento dos crentes em direção às pequenas igrejas, as igrejas comunitárias no lugar das igrejas de massa. Mas essa é apenas uma tendência: no outro polo, vige a sociedade do espetáculo, da exibição, do prazer, do momento, do instante, a sociedade do aparecer no lugar da sociedade do ser, o egoísmo narcisístico, o entorpecimento. A esperança reduzida ao imediato, ao consumir e ao consumir-se.

Nesse sentido, as categorias de referência social já não são eficazes ou estão perdendo a eficácia. Penso particularmente na de classes sociais. No Brasil, a retórica política ainda é a retórica das classes sociais, a retórica da produção. No entanto, a sociedade já não se move, no cotidiano, por essas categorias. Elas estão referidas a uma estrutura social que foi profundamente alterada nos últimos cem anos e particularmente nas últimas décadas. O imaginário da sociedade da produção foi vencido pelo imaginário da sociedade de consumo, o amanhã foi antecipado para o hoje. A sociedade brasileira tende a se mover cada vez mais no âmbito de temas e questões do cotidiano. A vida cotidiana e, portanto, o meramente reprodutivo, se sobrepõem ao que é propriamente histórico e disruptivo no processo social. E, do mesmo modo, o banal se sobrepõe ao solene. É nesse processo que as religiões históricas se desgastam. A religião-espetáculo correspondeu plenamente a esse momento, como religião do supérfluo, do teatral. A religião da inautenticidade.

A tendência revelada pelo Censo, quanto às religiões, é no sentido da busca das formas comunitárias de agrupamento e de exercício da fé. Nos linchamentos também se observa a tendência à prevalência do comunitário, a comunidade como sujeito da justiça, o justiçamento como sucedâneo da justiça, com fortes componentes de recriação ritual do sacrifício humano como forma peculiar de justiça. Nesses planos, há uma busca da sacralização do cotidiano, uma religiosidade ativa e retrógrada.

Estamos passando de uma religiosidade de identidade para uma religiosidade de refúgio. A religião tem sido, na história brasileira, máscara para crenças diversas dela, caso do famoso sincretismo, não só o das religiões africanas embutidas na católica, mas também o das crenças e mitos indígenas reduzidos às crenças e concepções católicas. A religiosidade volúvel do brasileiro impõe o álibi religioso para descrer. O que se compreende a partir da premissa adotada por um dos mais distintos fundadores do catolicismo no Brasil, o padre Manoel da Nóbrega. Foi ele quem disse, no século XVI, que este é um povo que só pode ser sujeito pelo medo. Religião proposta para subjugar e reduzir as populações nativas à fé e à escravidão, não é estranho que tenha sido o fundamento de uma cultura da duplicidade de religião e de comunicação na linguagem de duplo e reciprocamente desconstrutivo código. Tanto na fé quanto na fala uma dupla e contraditória linguagem, cujo único terreno palpável é o da incerteza.

Notas

[1] Cf. Henri Lefebvre, *La Proclamation de la Commune*, Paris, Gallimard, 1965, p. 20; Agnes Heller, *La Théorie des Besoins chez Marx*, trad. Martine Morales, Paris, Union Générale d'Éditions, 1978, pp. 107-35.
[2] Cf. C. Lévi-Strauss, *Tristes trópicos*, trad. Wilson Martins, São Paulo, Anhembi, 1957, p. 327.
[3] Cf. Zygmunt Bauman, "A sociedade líquida", entrevista de Maria Lúcia Garcia Pallares-Burke, *Folha de S.Paulo*, 19 out. 2003, Caderno Mais, n. 609, pp. 5-8.
[4] Cf. Patricia Latour e Francis Combes, *Conversation avec Henri Lefebvre*, Paris, Messidor, 1991, p. 17.

A música sertaneja entre o pão e o circo

Alguns equívocos cercam a existência da chamada música sertaneja como manifestação cultural popular, que encerra, além disso, algumas ciladas políticas. É comum o entendimento de que se trata da mais popular dentre as formas de expressão musical popular. Os divulgadores da música sertaneja, que são, geralmente, também, os seus manipuladores, costumam insistir na ideia de que se trata da música brasileira mais genuína. Supõem e, sobretudo, querem fazer supor que se trata de música autêntica, originada do que existe de mais puro na sociedade brasileira, que seria o mundo rural. O engano é completo. Essas ideias encerram uma boa dose de mistificação ideológica, na tentativa de fazer passar como popular e autêntico o que é puramente industrial e inautêntico.

Já tive oportunidade de escrever sobre o assunto e mostrar que a *música sertaneja* não deve ser confundida com a *música caipira* e com formas correlatas de expressão musical rural. A música caipira é característica da região Sudeste e do Centro-Oeste. Formas similares podem ser encontradas em todas as regiões do Brasil, não raro originadas de manifestações religiosas antigas, ainda hoje encontradas na religião popular, como é o caso da Folia do Divino, da Folia de Reis, da dança de São Gonçalo e, até mesmo, do cateretê, uma dança religiosa masculina. Aqui falarei na música caipira, pensando, também, nessas outras formas similares, características de outras regiões do país, embora o nome não lhes seja apropriado. Nesse sentido, a música caipira está genuinamente associada a algum ritual, religioso ou profano, e tem, portanto, certo caráter institucional que a música sertaneja não tem. Esta última caracteriza-se, justamente, pela ampla liberdade temática, rítmica e melódica. Mesclas de toda ordem são feitas pelos compositores, muitas das quais, do ponto de vista dos valores da *música caipira*, não seriam lícitas. Lembro aqui dos cateretês profanos dos tempos de Torres e Florêncio, uma dupla de grande sucesso nos anos 1940. Ou das "Folias de Reis" cantadas por Moreno e Moreninho, nos anos 1960 e 1970. Ou mesmo a conhecida e, a seu modo, bela "Divino Espírito Santo", de Canhotinho e Torrinha.

Embora nesses últimos casos as letras possam conservar e resgatar da música rural antiga os ritmos e melodias, a rigor é nenhum o parentesco com a música caipira, a não ser o revestimento formal exterior. Nesses casos, aliás, as músicas não expressam um momento ritual da visita da folia, com toda sua importância religiosa. Em vez de serem músicas da folia, são muito mais músicas sobre a folia. Já não são *músicas caipiras*, mas tão somente *músicas sertanejas*.[1] Sua lógica é outra. Já não celebram os momentos religiosos e festivos de ruptura do trabalho no tempo cíclico e cósmico da relação do homem com a natureza. Já não é lógica da festa e da celebração. A lógica da música sertaneja é a lógica da música-mercadoria, que não pode durar mais do que um determinado tempo, porque é música para ser comprada e vendida, antes de ser ouvida. O seu tempo está limitado pelo tamanho do disco, pelo preço do tempo de audição no rádio e na televisão. Quem compra um disco, um CD ou ouve um programa de rádio não apenas compra ou ouve determinada música, mas também determinada *quantidade* de músicas. Nesse caso, a lógica quantitativa muda completamente a referência na própria produção da música.

A música sertaneja aboliu a separação que havia, na cultura tradicional, dos momentos da festa e do trabalho. Diferente da música caipira, a música sertaneja é música da vulgaridade do cotidiano. O momento da música já não é unicamente o momento da festa. Pode ser, também, o momento do trabalho. É que a música sertaneja circula num outro universo – o da mercadoria e do dinheiro. E a tendência de qualquer mercadoria é a de se apossar de todo o tempo e de todo o espaço. Além disso, por sua ritualidade, a música caipira ocupa outros sentidos da pessoa – não só o ouvido e a audição. No mínimo, também, a visão, os olhos. Não é música para ser apenas ouvida, mas sobretudo para ser *vivida*. Não ocupa só o tempo, mas também o espaço.

Já a música sertaneja ocupa o ouvido e dissocia a audição dos outros sentidos do corpo – no bar, na oficina, na roça, na rua, é possível ouvir música sertaneja e estar fazendo outra coisa ao mesmo tempo. Isso também se deve ao fato de que a música sertaneja não é participativa. Quem a ouve o faz passivamente, é apenas ouvinte. Ao contrário da música caipira, que é participativa, geralmente associada a algum ritual ou a alguma forma de dança coletiva. A sertaneja, quando trata de ocupar os olhos e a visão, o faz na simulação sem graça e descabida por meio de roupas e cenários que, acima de tudo, denunciam o caráter mercantil dessa manifestação cultural violada e empobrecida. Com facilidade ela tende a ser o lixo do luxo. Porque o visual sequer é vestuário. Trata-se, apenas, de revestimento, simplesmente embalagem. É o que se vê nos anos recentes nas vestes de cantores de música sertaneja, "embrulhados" em chapéus de vaqueiros americanos, roupas de *cowboy*, até com cartucheira e revólver, tudo imitação de uma concepção do rural difundida pelos chamados filmes de "bandido e mocinho". Lembro de Leo Canhoto e Robertinho, que nos anos 70 misturavam roupa de *cowboy* com instrumentos de rock para cantar música sertaneja. E não foram poucas as duplas que passaram a cantar misturas de *rancheras* mexicanas com *guarânias* paraguaias.

Há, provavelmente, quem veja aí uma certa criatividade cultural, um certo ecletismo de formas e temas que poderia ser tomado como início de superação de arcaísmos musicais. Não creio, porém, que seja essa a melhor interpretação. Das mudanças sofridas pela música sertaneja, desde seu aparecimento, em 1929, pela iniciativa de Cornélio Pires, esse falso ecletismo expressa a transformação mais pobre e menos criativa. Trata-se de mera junção de fragmentos musicais de várias origens, simples montagem, sem qualquer imaginação ou criatividade. É a repetição do já existente, mera reprodução de formas, quando muito atenuada por temas aparentemente novos. Leo Canhoto e Robertinho, no meu modo de ver, expressaram essa ambiguidade: por trás da casca modernosa e vulgar do visual – as roupas de "cowboy" e os cabelos compridos, de roqueiros, com velhas formas musicais. De modo menos aberrante, isso também ocorria, de vez em quando, e cada vez mais, com Tonico e Tinoco, no luxo simulado e de mau gosto, uma espécie de luxo de periferia, nos trajes pretensiosos que contrastam com a fala mansa de quem aprendeu na roça as primeiras e duras lições da vida. Ou, no caso da mesma dupla, na viola, que ainda chamam descabidamente de "pinho", não mais da cor natural da madeira, mas de cor viva e berrante, para simular um moderno que é inteiramente falso e cafona.

Porque, na verdade, as empresas gravadoras, os diretores de programas de rádio e de televisão, os empresários de música sertaneja, estão hoje usando essa modalidade de música para negar a origem rural de cantadores e ouvintes. Esse é, desde sempre, o ponto central das ambiguidades da música sertaneja. Ela sempre foi instrumento de preconceito contra o pobre, o trabalhador rural e o migrante. É verdade que houve, também, a interferência indireta dos ouvintes, quase sempre trabalhadores rurais e, sobretudo, urbanos de origem rural, que atenuou o referido preconceito. Interferência, porém, que introduziu outras deformações. Esses ouvintes, muitas vezes assalariados, são também consumidores e compradores. E, como tais, agentes da mercantilização da música e do gosto musical. Nesse sentido, instrumentos da concepção de que a música não é para ser *criada*, mas para ser apenas *reproduzida* como apêndice da difusão e multiplicação das mercadorias produzidas pelo patrocinador e, portanto, como meio de reprodução ampliada do capital. São exemplos conhecidos os programas de Zé Béttio, em que o tempo entre uma música e outra é recheado pela maciça propaganda de remédios para todas as dores e doenças.

Os primeiros passos da música sertaneja surgiram com Cornélio Pires, que era um misto de escritor popular, empresário de circo e contador de anedotas. Ele costumava recrutar duplas caipiras autênticas, como Mandi e Sorocabinha, para se apresentarem no circo em cidades do interior, onde ele próprio se apresentava contando anedotas, muitas delas sobre caipiras, como se vê nos livros que escreveu. Com base nessa experiência é que começou a gravar discos em 1929. Pode-se dizer que o disco definiu um aspecto essencial da música sertaneja, que foi o tempo de sua duração – não mais os demorados ritos e danças rurais, mas o tempo correspondente ao tamanho do disco. Além disso, definiu a temática dessa modalidade de música que nascia: o "sertão", isto é, as regiões interiores, a vida rural, especialmente, a vida na pequena cidade do interior. Nesse sentido, a música sertaneja nasce como celebração ideológica da nostalgia do interior, cultivada pelo migrante na cidade grande. O interior é positivo e a capital é negativa. Por isso, desde o início e durante muito tempo, a música sertaneja carregará consigo duas marcas importantes – de um lado, ela anuncia e proclama a grande cidade como lugar de desagregação da vida social, como lugar que é o contrário do interior: nela as relações mais sagradas são rompidas, como a do casamento ou a da família. A cidade é denunciada como o lugar do desencontro entre as pessoas, lugar do desafeto, da deslealdade, do sofrimento, da falta de solidariedade.

Mesmo quando não fala da cidade e fala do campo, projeta aí a decomposição dos vínculos e sentimentos. A belíssima "Maringá", de Joubert de Carvalho, que nada tem a ver com a cidade homônima, e que foi escrita pelo autor na sala de espera do ministro da Viação, enquanto aguardava ser atendido para pedir um emprego, constrói pela mediação da visão de mundo da grande cidade a (falsa) visão da tragédia da seca e do campo. Não é a seca que lança Maringá fora da senda de seu amado. É a mediação ideológica da cidade, a concepção de desagregação do afeto, do amor, da paixão, que a recusa ideológica do urbano transformou na perspectiva obrigatória de todas as avaliações sobre a cidade, mas, também, sobre o campo. Já não é o campo concebido pelo campo, mas o campo concebido pela cidade.

Nesse sentido, a música sertaneja é clara expressão do conservadorismo ideológico das classes dominantes no momento da sua maior crise, às vésperas da Revolução de 1930, que reduziria o poder político das oligarquias rurais e arruinaria sua concepção de vida. É a Revolução que dá sentido político a essa modalidade de música. Sobretudo com a política industrialista de fundo militar, após o golpe de 1937, a Revolução promoverá a expansão exatamente daquilo que a música sertaneja já estava denunciando como lugar da desordem. Isto é, da des-ordem, da falta de ordem e, consequentemente, da falta de moral, de princípios, de respeito, como lugar de confusão e desencontros – a grande cidade industrial e moderna, porto e lugar de chegada de todos os desenraizados da terra.

De outro lado, a música sertaneja mobiliza a figura do caipira, cujo contraste com a cidade o torna instrumento da crítica conservadora à cidade industrial e moderna. A "Moda do Bonde Camarão", antiga, daqueles primeiros tempos é, nesse sentido, bem expressiva. Um caipira que viaja pela primeira vez de bonde, em São Paulo, sofre lá dentro todos os horrores imagináveis, contra todos os seus princípios de decoro, forçado, pela máquina que o conduz, a um sem-número de encontros e encontrões, que são, na verdade, os desencontros que o moderno produz. Se, por um lado, a ingenuidade e a ignorância do caipira servem para denunciar as inadequações do moderno, por outro lado servem, também, para fazer rir. E aqui quem ri, ri do caipira, ao mesmo tempo que nesse riso compartilha a crítica conservadora ao mundo urbano e moderno. Esse riso implica duas recusas: a recusa do moderno, mas também a recusa do caipira. Basicamente, é o riso do preconceito social contra os pobres do campo, embora seja também o riso dos pobres da cidade contra os meios da sua coisificação pela máquina e da sua alienação. Essa tendência ao deboche acabou se fixando na bem conhecida dupla de Alvarenga e Ranchinho (quem não se lembra da ironia do refrão de "São Paulo da garoa"?), que teve suas dificuldades com a polícia política do Estado Novo.

O conservadorismo da música sertaneja expressa-se bem nessa ambiguidade ideológica e política, que usa o caipira (e, portanto, o trabalhador rural e o migrante da roça) para fazer a crítica do urbano e do moderno. Mas que, diabolicamente, usa o urbano e o moderno para disseminar o preconceito contra o caipira, o trabalhador rural, o migrante. E proclamar, assim, que na cidade só há lugar para sua força de trabalho, mas de modo algum para seu modo de pensar, sua maneira de viver e de se relacionar com as outras pessoas. Sua viola e suas toadas já não servem para celebrar a alegria da festa e da devoção, a rica unidade do corpo e do espírito. Serve, ao contrário, tão somente para fazer rir e, no riso, negar a humanidade do caipira e do migrante. Aparentemente, pois, a música sertaneja proclama as belezas e alegrias do interior e do campo, a nostalgia de todos os migrantes, contra sua desumanização na cidade. Porém, ao usar o caipira como instrumento desse riso denunciador, anuncia também que o mundo nostálgico do campo que ali se celebra *não é o dele*. É nesse sentido que a música sertaneja não é a música da nossa suposta autenticidade nacional, das nossas raízes rurais, dos nossos migrantes, dos nossos trabalhadores. Ela é, desde as origens, apenas o instrumento da manipulação ambígua dessas origens camponesas na consciência e na alma dos desenraizados do campo, que foram parar nos limites indecisos da periferia da cidade grande.

Essa ambiguidade manifesta-se, também, na falsa criatividade que a música sertaneja tem experimentado às vezes. Além do modernoso protesto das vestes de algumas duplas sertanejas, como mencionei, há outros modos de tentar o novo. Um caso exemplar é o de Sérgio Reis. Penso que nele todo o conservadorismo ideológico da música sertaneja ganha pleno sentido. Um disco de 1977 ("Sérgio Reis – Disco de Ouro") já promove mudanças de interpretação que tentam resolver as ambiguidades antes mencionadas. O cantor regrava alguns clássicos da música sertaneja (como "Menino da porteira", "Mágoa de boiadeiro", "Saudade de minha terra", "João-de-barro", "Chalana"), corrigindo o português – as palavras são pronunciadas com todos os esses e erres, ao contrário da tendência das duplas sertanejas, de fingir a suposta pronúncia do caipira, que substituem o cantar pelo cantá. Essa mudança interpretativa, aparentemente inocente, inaugurou uma nova época na música sertaneja. Eliminou o caipira como mediador da crítica à cidade grande. Proclamou abertamente a saudade do pequeno mundo do interior, o desencontro de sentimentos no mundo gerado pelo grande capital, como motivação maior da música sertaneja. Esta deixava de ser a recusa da cidade para se constituir na afirmação e busca do modo de vida criado pela grande fazenda. Nessa orientação ideológica, a burguesia dos fazendeiros e seus aliados nas cidades do interior passaram a patrocinar a música sertaneja em festivais, apresentação de duplas, programas de rádio, rodeios etc. Não é a afirmação do trabalhador rural, o explorado e o expropriado. É a afirmação do fazendeiro que, ele sim, nessa ideologia, é trabalhador e rural.

Essa foi, aliás, a retórica recente dos grandes proprietários de terra na resistência contra a reforma agrária e, mais especificamente, a retórica da UDR (União Democrática Ruralista), um dos mais agressivos redutos da direita rural no país. Não é por acaso que o mesmo cantor Sérgio Reis, que também é grande fazendeiro e pecuarista, tenha se vinculado a essa entidade, tendo, em diferentes ocasiões, lhe oferecido importante ajuda financeira para combater a reforma agrária que tiraria da miséria e da opressão alguns dos seus ouvintes e admiradores mais sinceros.

É claro que a música sertaneja tem tido compositores e intérpretes de grande e notável criatividade. "Disparada", de Geraldo Vandré, foi um marco. Além de resgatar, com grande beleza literária, a contradição entre o peão e o fazendeiro, na rica mediação do trabalho, que no peão engendra o seu contrário, o cavaleiro,[2] Vandré dá um lugar de destaque aos acordes da viola, retirando-a do posto subalterno de acompanhamento às vezes quase que apenas rítmico. Depois de Vandré, no meu modo de ver, foi Renato Teixeira quem reabriu o caminho de um reencontro criativo e belo entre a música sertaneja e a música caipira, como em "Alforge". Por seu lado, "Romaria" é uma construção fina, que conjuga a beleza da viola caipira com a beleza da elaboração literária. Nela as palavras rebrotam dos fragmentos de palavras, que resultaram da violação e mutilação do mundo caipira e na própria desfiguração da linguagem do trabalhador rural ("Sou caipira Pirapora, Nossa Senhora de Aparecida ilumina a mina escura e funda o trem da minha vida"). Mais, a força do sentido brota do sentido contrário ("ilumina a mina escura e funda", que é escura e mina), o pequeno e pobre ganha sentido na força da divindade ("Sou caipira Pirapora, Nossa Senhora de Aparecida...") – a toada mansa levanta o caipira-fragmento-de-mundo, a obscura pessoa do pobre da terra, na imensidão da luz da divindade. É a toada e a fala do reencontro do homem do campo consigo mesmo, com a força da origem nos ritos e crenças religiosos. Mas é também o reencontro da música sertaneja com sua raiz caipira – aqui não se fala *sobre* a Santa; aqui a Santa reentra na música no ritual das palavras fragmentadas, que querem dizer uma coisa e acabam dizendo outra, maior, mais densa, que reintegra o homem na sua esperança. As palavras que perderam o sentido se recombinam no sentido da força maior do que a do cantador. Há uma força funda que captura a palavra desgarrada, refunda o seu significado e lhe restitui a musicalidade na pauta de sonho e de pó.

Notas

[1] Cf. José de Souza Martins, "Música sertaneja – a dissimulação na linguagem dos humilhados", cit.
[2] No século XVI, momento da mestiçagem de índios e brancos, que até o século XVIII engendrará o caipira, sua cultura e sua mentalidade característica, havia uma distinção básica e primordial de pessoas: *peões* e *cavaleiros*. Cavaleiros eram tão somente os homens de qualidade. Os homens sem qualidade – índios, bastardos – eram peões, andavam a pé e descalços. Essa distinção estamental persistiu com todo seu rigor até, pelo menos, o final do século XVIII. A conversão do peão em cavaleiro, como indicado na música de Vandré, representa uma transgressão e a epopeia de uma libertação nos quadros simbólicos de referência da sociedade estamental.

A crise do imaginário rural brasileiro

Nesta reflexão, inspiro-me no imaginário contido em duas palavras originárias de duas línguas diferentes, que convivem entre nós como língua brasileira: a palavra "roça", da língua portuguesa, e a palavra "tapera", da língua nheengatu. Um título, uma frase, não constitui, simplesmente, uma junção de palavras. As palavras têm sentido, têm data, têm história, também quando reunidas na harmonia de seus desencontros. Como instrumentos de consciência, elas retêm suas determinações históricas, o que pode ser observado quando se explicitam em ações ou em duplas expressões, como é comum no Brasil entre as populações caipiras e sertanejas, cujo falar é construído nas contradições do nosso bilinguismo. Em relação a essas palavras, uma é da língua do conquistador; outra é da língua do conquistado. Elas retêm e ocultam poder e sujeição e a história da proibição linguística, de 1727, ordenada pelo rei de Portugal contra o uso da língua geral, a língua propriamente brasileira, impondo aos brasileiros uma língua estrangeira, a língua portuguesa. A brasilidade reprimida se contorcia na gênese de dilemas que anunciavam a nacionalidade e o vocabulário do seu desenvolvimento desigual no duplo dizer e do duplo ser. Gestava-se ali a língua dos nossos desencontros, não a do nosso encontro como povo e nação.

Quero, justamente, destacar a tensão que preside a linguagem por meio da qual expressamos nossa consciência social, o que ela revela e o que ela oculta, o que diz e o que não diz e até mesmo desdiz. Destaco a precisão que pode haver na imprecisão das nossas designações de senso comum e os dilemas interpretativos que, em consequência, se propõem à Sociologia. Porque a Sociologia tem como sua matéria-prima mais do que a eventual factualidade dos fatos sociais, mais do que o fluir dos processos sociais e mais do que as significações objetivas que dão sentido às ações sociais. Tem como matéria, também, o elaborado sistema protoconceitual do senso comum, os pré-conceitos que oferecem ao sociólogo a primeira abordagem do que a sociedade é naquilo que ela pensa ser. A Sociologia é, de vários modos, uma Sociologia do conhecimento, mesmo sendo uma Sociologia do conhecimento de senso comum, como se propõe na perspectiva de Peter Berger e Thomas Luckmann.[1] Mas o é também na perspectiva de Karl Mannheim, enquanto conhecimento que expressa determinações propriamente históricas do conhecer, a tensão das temporalidades desencontradas da realidade social tais como se manifestam nas mentalidades de época. Relembro aqui o exuberante ensaio mannheimiano sobre o pensamento conservador, que disso trata.[2]

Porque mais presentes no mundo rural e nas sociedades agrícolas tradicionais e porque menos contemplados pelo interesse sociológico, os silêncios também deveriam entrar no elenco da informação primária de que se vale a Sociologia como expressão significativa dos emudecidos pelas circunstâncias históricas adversas. Aqueles cujo destino é a ausência de destino, porque condenados ao silêncio do não poder ou não saber dizer o que pode e o que precisa ser dito. O que, no meu modo de ver, deveria indicar aos sociólogos a importância do diálogo permanente com a Antropologia e a História. Especialmente num país como o nosso, singularmente caracterizado pela coexistência de temporalidades que fazem do contemporâneo menos a harmonia do que o conflito que nos divide, não só quanto às diferenças sociais, mas também quanto à datação dos momentos da nossa consciência social. O nosso atual se perde no emaranhado das pendências do passado e nas incertezas do nosso futuro. A Sociologia não é a ciência das certezas e das clarezas, ainda que possa ser a ciência das certezas equivocadas, ideológicas, as certezas anômicas e as ilusões da alienação. Sociologia é a ciência que enche de luz os recantos escuros da vida social, instrumento do que Hans Freyer e Florestan Fernandes, cada um a seu modo, definem como "autoconsciência científica de um presente humano, em teoria de uma existência" ou como consciência sociológica da sociedade.[3]

Se "roça" nos fala claramente sobre a terra cultivada, "tapera" nos fala de terra que já foi habitada e cultivada, hoje em pousio e só aparentemente em abandono. "Tapera" preenche o vazio linguístico da língua portuguesa em relação a algo que difere do que em português poderia ser simplesmente definido como terra abandonada. "Tapera" é o que foi, mas continua sendo, na qualidade temporária e substantiva de uma espera tanto na ocupação da terra quanto no seu cultivo. Tapera não é o abandono, é a espera, coisa que em português não se pode dizer senão com o recurso barroco de várias palavras. A força simbólica dessa singularidade em nosso imaginário pode ser vista na expressão "fazenda taperada", que João Guimarães Rosa usa em certo momento de *Grande sertão: veredas*. É tapera, mas continua sendo fazenda.

Antes da Lei de Terras, de setembro de 1850, que instituiu no Brasil a moderna propriedade fundiária, fazenda não tinha o sentido que tem hoje, de grande propriedade. Nos inventários e testamentos do período colonial e imperial, fazenda era tudo o que fora feito pela mão do homem, o que excluía a terra bruta e não cultivada. Portanto, algo estranho à concepção atual de propriedade, até porque o Estado, a Coroa, detinha a posse eminente, o domínio, de todas as terras do país, sendo as terras das fazendas não mais do que benevolente concessão do rei. Concessão temporária, porque, não cultivada, a terra caía em comisso, retornava ao domínio real, devoluta, para nova concessão. A terra era para ser cultivada e não para ser possuída. Uma arqueologia das mentalidades, se isso fosse possível, nos revelaria que a concepção de posse da terra dos nossos movimentos sociais de hoje reaviva justamente a concepção que era integrante do regime sesmarial, de 1375, que combatem e questionam como responsável pela injustiça fundiária no Brasil. Esquecem-se de que as injustiças sociais neste país estão fundadas na escravidão que deu sentido ao latifúndio e não propriamente no latifúndio. Latifúndio é mero e poderoso resíduo de uma estrutura social arcaica que a Lei de Terras modernizou, promovendo a associação entre terra e capital e suprimindo, portanto, as bases estruturais de uma questão agrária no Brasil. Isto é, do conflito entre terra e capital, que foi característico de outras sociedades e impregnou a literatura marxista ao tema relativa, entre nós importada como contrabando, sem passar antes pela aduana da revisão crítica e do confronto histórico com as nossas singularidades, requisito aliás do método científico de Marx.

Fazenda designava o que era concretamente produto do trabalho humano. Portanto, a "fazenda taperada" do *Grande sertão*, obra literária construída com base na pesquisa de campo e pesquisa da linguagem sertaneja, era patrimônio e bem econômico. Ainda que no seu arcaísmo, situado tanto na ordem do cálculo quanto na ordem do lucro, mesmo que o lucro se desfigurasse nos meandros barrocos das mediações pré-modernas. Se investigarmos a história do uso das palavras, descobriremos que roça faz parte tanto do vocabulário dos ricos quanto dos pobres e que tapera é palavra do vocabulário dos pobres.

Portanto, uma estrutura social oculta na combinação híbrida de palavras originárias de diferentes línguas, cujas respectivas lógicas são diversas entre si. Juntas enunciam o enraizado conflito de significados que expressa mais tensões ocultas do que reveladas.

Em suas diferentes correntes interpretativas, a Sociologia é a ciência que desbasta os enganos do senso comum, a falsa consciência, para identificar as condições e estruturas que dão sentido aos processos sociais. Mesmo que desse sentido não tenham clareza os agentes da dinâmica social e se movam orientados por enganos que dão direção e significação ao que fazem.[4] A consciência verdadeira é mera abstração, pressuposição teórica que só se confirma em momentos muito particulares da história, como observou Georg Lukács. A problemática da consciência se define por referência à totalidade concreta, ao processo social. É, pois, uma possibilidade objetiva, pendente entre o real e o possível.[5] Desse modo, como toda ciência, a Sociologia tem seus próprios enganos, o que pede que também ela seja objeto de conhecimento sociológico, a chamada Sociologia da Sociologia, uma Sociologia do conhecimento.

A Sociologia é a ciência do questionamento do senso comum, que, no entanto, do senso comum depende na elaboração de suas interpretações. Mesmo que esse senso comum fique ocultado na linguagem científica, é, no entanto, contra o senso comum orientada e contra as ideologias, os modos deformados e não raro interesseiros de compreender e interpretar a realidade social. É verdade que a Sociologia nasceu, com Émile Durkheim, como ciência da rejeição do senso comum, isto é, de sua superação, como ciência dos fatos sociais, como contraposição do conhecimento científico às insuficiências do conhecimento vulgar. Mas a diversificação das correntes sociológicas mostrou que a própria concepção durkheimiana de que os fatos sociais devem ser tratados como coisas, embora não sejam propriamente coisas, já contém o pressuposto de uma sociologia que é também, desde a origem, objeto de conhecimento.

A Antropologia tem explorado novos campos de conhecimento nas chamadas etnociências: a Etnoastronomia, a Etnobotânica, a Etnomatemática, a Etnomedicina, a Etnoagroecologia, a Etnomusicologia e até a Etnofilosofia. Campos de investigação das elaboradas formas de conhecer e interpretar a realidade que hoje se propõe como território de disciplinas especializadas, consagradas, aliás, nos currículos de nossas universidades. Essas disciplinas têm um passado, no mais das vezes cultivadas por pessoas analfabetas. As etnociências representam um esforço crescente de libertação do conhecimento dos constrangimentos e limitações que foram impostos às ciências pelos códigos da sociedade moderna. Abrem perspectivas de estudos comparados que ampliam o âmbito da compreensão que temos desses diferentes campos de conhecimento. A ampliação da compreensão do conhecimento não científico possibilitada por essas descobertas antropológicas desafia a própria Sociologia a admitir a validade referencial do senso comum, como conhecimento a ser conhecido e não como conhecimento a ser contrariado. A urgência de uma etnoagricultura constitui meio de salvar um amplo capital social e cultural, representado por saberes que os preconceitos dos cientistas e dos técnicos condenaram à perda e ao desaparecimento. Já no século XIX, o eminente linguista, antropólogo, filólogo e educador português Francisco Adolfo Coelho, que por mais de meio século foi influente no Brasil, chamava a atenção para o fato de que uma pessoa analfabeta não é necessariamente uma pessoa inculta. Ao contrário, obras fundamentais da literatura universal foram salvas para o nosso tempo por pessoas iletradas, que as passaram de geração em geração, decorando-as e recitando-as. Os extensionistas rurais têm, no geral, larga experiência de confronto com um conhecimento popular, de agricultores de roça, cuja validade só pode ser questionada na perspectiva da produtividade, mas não da qualidade e da importância no processo geral de acumulação do conhecimento agronômico.

Penso que, nesta altura, deveríamos estar falando numa etnossociologia, como já se faz em alguns lugares. Isso nos ajudaria a nos livrarmos das limitações de conhecimento que nos foram impostas pela adesão incondicional à ideologia desenvolvimentista e do progresso a qualquer preço. Sobretudo os estudos rurais, desde que a Sociologia se difundiu entre nós, ainda pagam tributo à polarização sociedade tradicional-sociedade moderna, aprisionados nos estreitos limites da concepção de transição entre um tipo de sociedade e outro. Quando surgiu a consciência sociológica das limitações dessa polarização, houve esforços teoricamente importantes para decantá-la e livrá-la do positivismo que a limitava ao propriamente evolutivo, dela erradicados dilemas e conflitos. Um certo evolucionismo dificulta a compreensão de que as contradições da sociedade moderna geram, elas próprias, o atraso de que essa sociedade carece para contrariar e se desenvolver. A concepção evolucionista de capitalismo, tomado como se fosse equivalente de sociedade moderna, que não é, ou não o é necessariamente, impregnou certas correntes paraideológicas da Sociologia de preconceitos interpretativos, de recusas e de impugnações que empobrecem o alcance das análises e esvaziam o real de suas determinações propriamente históricas.

O conhecimento referencial de senso comum relativo ao mundo rural e agrícola está em crise no Brasil. Seu sistema de noções populares vem perdendo a solidez, disputado ideologicamente, questionado pela ciência. Há alguns anos começou-se a falar, em textos acadêmicos, em "o rural", o adjetivo havia se transformado em substantivo. Mas um substantivo indefinido, residual, dotado de vida própria, embora abstrato. De geográfico, o conceito passava a ser sociológico, para se referir não mais, propriamente, ao espaço até então definido como rural, mas sim a um sujeito político, um sujeito territorial, dotado, como alguns preferem, de territorialidade. No plano político surgiram as organizações e os movimentos sociais que falam em nome do rural. Os sujeitos de demanda social e política já não são categorias propriamente sociais, mas sujeitos abrangentes porque dotados de territorialidade. Rural é categoria que chegou até nós através dos geógrafos e a partir deles se difundiu para outros campos de conhecimento.

Na reordenação do imaginário espacial proposta pela Geografia, o rural é o que não é urbano. Uma enorme inversão numa sociedade por longo tempo caracteristicamente rural. O eixo do imaginário brasileiro se deslocou da roça para o urbano, ainda que a imensa maioria da população continuasse vivendo na roça. Na verdade, essa mudança de eixo é do século XVIII quando surge no Brasil uma primeira redefinição do espaço. Nos séculos XVI e XVII, a população vivia na roça, em suas fazendas, politicamente organizada nos bairros, assim designados, de povoamento disperso.

A categoria "bairro" rural chegou até nós como resquício de uma toponímia política, cuja relevância e atualidade sociológicas são encontradas na obra magistral de Antonio Candido *Os parceiros do Rio Bonito*. Os mais abonados, daqueles tempos antigos, tinham casa nos povoados e vilas apenas para as desobrigas religiosas e as obrigações do dever público para a minoria que as tinha. Eram aglomerações na maior parte do tempo de casas de portas fechadas. Nos dias santos de guarda, a família se deslocava para as povoações, ocasião também de comércio e deveres de uma sociabilidade emergente, parcialmente inviável no campo.

No século XVIII, os documentos municipais começam a falar em arrabalde e subúrbio. Havia, portanto, um centro urbano imaginário constituído pela Sé ou pela matriz e pela casa da câmara e cadeia. O poder disperso dos dois séculos anteriores ganha um espaço de poder, o urbano, porém hierarquizado. Arrabalde era, no geral, a periferia próxima desse centro de poder, não raro distante apenas algumas dezenas de metros do núcleo central. O subúrbio era a periferia distante, dentro do rocio da Câmara ou dele próximo, porém em contato cotidiano com o centro. Rurais eram os bairros distantes, também no século XVIII politicamente organizados sob o comando de um capitão de ordenanças, para os trabalhos de mão comum e do bem público, a abertura e conservação de estradas, caminhos e pontes, os faltosos punidos com penas pecuniárias e até prisão.

A trajetória das palavras nos fala da dinâmica do imaginário que, de forma cambiante, tem definido esse mundo. Podemos começar por uma das mais emblemáticas palavras do imaginário brasileiro, a palavra *sertão*. Já está lá no documento inaugural do Brasil, a Carta de Pero Vaz de Caminha, duas vezes. Diz ele: (Esta terra) "Pelo sertão nos pareceu, vista do mar, muito grande, porque, a estender olhos, não podíamos ver senão terra com arvoredos, que nos parecia muito longa."⁶ Sertão foi durante séculos a concepção de "fundo" do terreno em relação à frente, de comprimento em relação a largura – frente para o mar, para o rio, para o caminho, para a estrada.

No entanto, com o correr do tempo e dos usos, o sertão foi sendo mitificado como lugar da memória e como tempo da utopia. Em Euclides da Cunha, não é casual que a obra maior do pensamento social brasileiro pré-sociológico tenha por título *Os sertões*. Nem é casual que o sertão seja aí visto como refúgio da barbárie, dos inimigos da civilização. Sertão passou a ser um conceito político. Terra de gente residual do processo civilizatório, gente de historicidade lenta, atrasada, arredia ao mundo moderno e civilizado, na concepção de então.

Euclides da Cunha foi atraído por uma expressão comum na boca dos prisioneiros da guerra movida pelo Exército contra os moradores do povoado de Canudos: "E eu sei?" Ele não entendeu o significado desse responder perguntando, na boca de populações, segundo todos os indícios documentais, majoritariamente de ascendência tapuia, os índios mais arredios e insubmissos da história colonial. Ele poderia estender sua surpresa a outras expressões comuns na fala popular ainda hoje, como a de dizer não, dizendo sim: "Ele é seu parente? É, não". Modo de falar de quem viveu historicamente a experiência do cativeiro, dos condenados a concordar, dos privados do direito de discordar, de dizer apenas e simplesmente "não sei", "não é". Há alguns anos fui convidado pelos índios Xokó, de Sergipe, para visitar sua aldeia na ilha de São Pedro, no rio São Francisco. Eles já não falavam uma língua xokó. Alguns deles ainda se lembravam de que eram surrados sempre que usavam sua própria língua para falar. Entende-se, portanto, o português invertido, porque submisso, dos sobreviventes da Conquista.

Canudos foi o primeiro e trágico episódio das consequências genocidas do desencontro linguístico no Brasil, entre a língua de quem manda e a língua de quem obedece. Na insegura República nascente, os inimigos do regime eram vistos em todos os cantos. Ainda no navio que o levou à Bahia, para cobrir como jornalista a guerra que se desenrolava no sertão, Euclides da Cunha já interpretava e dava nome ao episódio: "a nossa Vendeia", alusão à reação camponesa contra a Revolução Francesa. Aqui, monarquistas contra republicanos. Qual monarquia? Qual barbárie?

A Guerra de Canudos começou com uma denúncia de monarquismo contra o crescente número de habitantes do povoado até então quase abandonado. Mas o monarquismo de Canudos e do Conselheiro era o da monarquia do Divino Espírito Santo, o do advento da Terceira Era. Avizinhando-se o início do último século do milênio, difundia-se no Brasil a inquietação milenarista. O sertão esperava o fim dos tempos. O milenarismo luso-brasileiro combinava a expectativa do retorno do rei Dom Sebastião com a concepção joaquimita sobre o Quinto Império e o fim do mundo. Essa associação está documentada no processo em que o padre Antonio Vieira, acusado de sebastianismo pela Inquisição, explica-se perante seus acusadores.[7]

O joaquimismo difundia as ideias de Gioacchino Da Fiore, monge cisterciense, calabrês, do século XII, que propusera uma releitura da Bíblia. Nela constatara não a existência de dois testamentos, mas de três, o Velho, o Novo e o Novíssimo, o do tempo do Pai, o do tempo do Filho e o do tempo do Espírito Santo, o testamento de Pentecostes e do Apocalipse. Cada tempo nascendo da consumação e realização do outro. Gioacchino é reconhecido como o formulador da moderna concepção de História.[8] Influiu na formação dos milenarismos de várias regiões da Europa e chegou ao Brasil por conta da difusão das santas casas da misericórdia, criadas em Portugal pela Rainha Santa Isabel, seguidora do joaquimismo. Ganhou a devoção popular na Festa do Divino, uma festa regulada pelo ciclo agrícola, porque é a festa da fartura, da liberdade, da justiça e da alegria, a festa da comida e da comunhão. Sua figura simbólica é a do imperador do Divino. Em alguns lugares o imperador ainda é um menino, porque a utopia do Espírito propõe a inversão do mundo no seu contrário, despojando os poderosos de seu poder e entregando-o aos inocentes. A Guerra do Contestado, de 1912 a 1916, em Santa Catarina, foi claramente um conflito inspirado no joaquimismo e foram agentes da repressão muitos dos que já haviam combatido em Canudos os místicos do Conselheiro. Ali, o imperador que comandou a primeira derrota das forças de repressão foi um menino.

Mas há uma outra vertente do joaquimismo. Robert A. Nisbet, o grande sociólogo americano, ressalta a influência das ideias de Gioacchino na formação do pensamento sociológico e mesmo nas ideias de Augusto Comte.[9] Portanto, nos fundamentos da Sociologia. Henri Lefebvre, na orientação marxiana, na reconstituição da formação das ideias relativas ao que se consumará no pensamento de Marx, encontra Gioacchino. É nesse âmbito que surge, em tempos recuados, a necessidade histórica "de uma nova encarnação, a do Espírito, terceira pessoa da Trindade [...] que se prepara nas ações subversivas que inspiram esse Espírito".[10] O curioso divórcio entre o não reconhecido joaquimismo dos nossos movimentos populares, o da utopia camponesa, e os fundamentos teóricos e sociológicos de sua compreensão, o de sua historicidade, não obstante a origem numa mesma matriz de compreensão da sociedade e do mundo, constitui um desses desafiadores silêncios do conhecimento sociológico no Brasil.

O sertão mítico se constituiu não só como centro de uma religiosidade, que perdura nos movimentos messiânicos e milenaristas, mas também como centro de uma concepção residual do Brasil, antagônica em relação ao Brasil dominante, urbano e moderno, politicamente impolítica. No mesmo momento em que o sertão é vencido militarmente, no final do século XIX e início do século XX, ele é capturado como referência da identidade brasileira, não raro associado a nomes indígenas e a uma expressa e tardia recusa de uma identidade luso-brasileira. Em meados do século XX, o sertão já terá se tornado o espaço imaginário de uma identidade nacional épica, em obras emblemáticas da literatura, como o já mencionado *Grande sertão: veredas*, de Guimarães Rosa, mas também *O tronco*, de Bernardo Élis, e *O tempo e o vento*, de Erico Verissimo. O cinema novo dará intensidade ao imaginário do sertão, especialmente nos filmes de Glauber Rocha.

Porém, a forma mais popular e significativa do imaginário referido ao sertão é a da música sertaneja. Reelaboração industrial da música caipira, surge em 1929, no momento da crise do café e das grandes migrações da roça para a cidade. Torna-se o fundamento da crítica social popular, ao contrapor a natureza e o autêntico da roça ao postiço e artificial do mundo urbano e industrial, a pessoa ao indivíduo, a comunidade à sociedade, para traduzir sociologicamente o conjunto dos sentimentos nela expressos. Foi e tem sido a nossa versão do que em outros países foi idealização romântica do passado rural quando a sociedade tradicional começou a se desagregar. A música sertaneja foi, desde a origem, música urbana, que teve nos migrantes seus consumidores preferenciais, e foi expressão da consciência social do proletariado industrial que se formava. Foi a forma anômica de expressão da compreensão da cidade e da indústria como recusa, como repulsa, como consciência infeliz do desenraizado. Floresceu politicamente associada ao populismo político, centrada numa visão patriarcal e tradicionalista do mundo.

O transplante mecanicista de conceitos da sociedade industrial avançada para explicar aqui a situação das populações urbanas e da própria formação da classe operária, produziu entre nós uma concepção desenraizada do que foi a nossa industrialização. Explicou sem explicar.

Temos, portanto, um quadro histórico de situações sociais que nos vem desde o advento da República, em que tendem a ser explicadas por esquemas interpretativos e sistemas conceituais não raro divorciados daquilo que se explica. Uma certa sociologia da cópia reduz o alcance da compreensão de como se propõe aqui o processo histórico, aquilo que nos é propriamente singular.

É nesse plano que nos defrontamos com a crise do imaginário rural brasileiro, crise que se manifesta no que Henri Lefebvre chamou de rapto ideológico, o das noções explicativas fundamentadas para explicar o que não está propriamente referido a esses fundamentos. Isso pode ser notado em alguns desdobramentos contemporâneos da centralidade mítica do sertão nas concepções de grupos sociais que têm com o mundo rural um relacionamento mediado pelas ideologias políticas e partidárias. Canudos, que foi considerado, em seu tempo, reduto de fanáticos monarquistas, que não era, passou a ser reinterpretado como organização de resistência socialista ao latifúndio e ao capitalismo, que tampouco foi. O comunitarismo religioso do povoado do Conselheiro foi relido como socialismo pré-político. Num debate com o professor José Calasans, historiador baiano e o melhor conhecedor dos detalhes da história de Canudos, alguém mencionou esse suposto socialismo para situá-la nos embates ideológicos da atualidade. Calasans, com bom humor, lembrou que havia comerciantes no povoado sertanejo. E mencionou, entre outros, os irmãos Vilanova, que ficaram ricos com o quase monopólio que receberam para manter na localidade loja de porta aberta e balcão, ao lado do santuário. O próprio Antonio Conselheiro, além de rábula e professor, havia sido comerciante.

Estamos, neste momento da história brasileira, em face do que, valendo-me de Sigmunt Bauman, poderíamos chamar de liquefação não só da sociedade, mas também do sistema conceitual,[11] os conceitos raptados politicamente por grupos ideológicos e mesmo grupos religiosos para explicar e assumir a hegemonia dos movimentos sociais e das inquietações sociais. Isso ocorreu com a concepção sociológica de comunidade. Até o crime organizado se utiliza dessa noção, desdobrando-a em ritos de iniciação e lealdade que lhe dão consistência e eficácia. A restauração da comunidade tem sido a utopia dos movimentos sociais ligados ao trabalho da terra e à reinvenção da sociedade segundo valores de um mundo agrícola idealizado, o mundo da fartura, da religião, da família, da pessoa, do trabalho coletivo, da recusa do mercado e até do dinheiro. O dimensionamento político dessa bandeira conservadora está hoje no centro da ação e das reivindicações dos movimentos sociais que atuam na questão agrária. A contrapartida e os antagonismos gerados pela ação dos movimentos sociais que por essa utopia se orientam não são menos problemáticos. A verdade é que a utopia conservadora proposta como bandeira revolucionária apenas indica que a sociedade resiste às consequências mais corrosivas e destrutivas da modernização sem limite. Mas o faz como negação da ideia de que a sociedade contemporânea é uma sociedade de mediações, em que não há lugar para refúgios utópicos. Sua fragilidade está no fato de que é uma utopia de recusa e não uma utopia de superação. Ela se decompõe na sujeição ao meramente conceitual, negando-se ao substancialmente explicativo. Isto é, ao que é propriamente sociológico.

Notas

[1] Cf. Peter L. Berger e Thomas Luckmann, *The Social Construction of Reality*, cit.
[2] Cf. Karl Mannheim, *Ensayos sobre Sociología y Psicología Social*, cit., pp. 84-202.
[3] Cf. Hans Freyer, *La Sociología, Ciência de la Realidad*, cit., p. 110; Florestan Fernandes, *A Sociologia numa era de revolução social*, São Paulo, Companhia Editora Nacional, 1963, p. 309.
[4] Uma outra dimensão da relevância ideológica e da falsa consciência é indicada por Freyer, a seu modo, em Marx: "Precisamente as ideias 'falsas', isto é, aquelas que não estão de acordo com a realidade econômica, têm eficácia histórica: a classe dominante adquire, confirma e prolonga por seu intermédio o seu poder político." Cf. Hans Freyer, *La Sociología, Ciencia de la Realidad*, cit., p. 130.
[5] Cf. Georg Lukács, *Histoire et Conscience de Classe*, trad. Kostas Axelos e Jacqueline Bois, Paris, Les Éditions de Minuit, 1960, pp. 71-4.
[6] Cf. *Carta de Pero Vaz de Caminha a El-Rei D. Manuel sobre o Achamento do Brasil*, Publicações Europa-América, Mem Martins, 2000, p. 117.
[7] Cf. Padre António Vieira, *Apologia das coisas profetizadas*, org. e fixação do texto de Adma Fadul Muhana, trad. do latim de Arnaldo Espírito Santo, Lisboa, Cotovia, 1994, pp. 183-96.
[8] O pensamento propriamente histórico de Gioacchino é analisado por Herbert Grundman, *Studi su Gioacchino da Fiore*, trad. Sergio Sorrentino, Gênova, Casa Editrice Marietti, 1989, p. 63 e ss.
[9] Cf. Robert Nisbet, *History of the Idea of Progress*, New York, Basic Books, 1980, p. 94 e ss., esp. p. 252.
[10] Cf. Henri Lefebvre, *Métaphilosophie*, cit., pp. 290-1.
[11] Cf. Maria Lúcia Garcia Pallares-Burke, Entrevista com Zigmunt Bauman, *Tempo Social*, v. 16, n. 1, Departamento de Sociologia da Faculdade de Filosofia, Letras e Ciências Humanas da Universidade de São Paulo, São Paulo, jun. 2004, pp. 301-25.

Os embates da língua e da linguagem

Com a exceção do anexo sobre os ciganos no Brasil, em *Os ciganos de Portugal*,[1] Francisco Adolfo Coelho, em princípio, interessou-se "lateralmente" pela extensa presença portuguesa na cultura popular brasileira, embora seja ela, com a língua, comum aos dois países. Jogos infantis, provérbios, crenças, medicina mágica, técnicas artesanais, romances populares, tudo teve no Brasil decisiva influência de Portugal, com acentuada mescla de elementos culturais indígenas, de diferentes nações, e elementos culturais africanos, de diferentes etnias. Com o fim da escravidão e o começo da grande imigração das últimas décadas do século XIX e das primeiras do século XX, rapidamente se difundiu nas áreas de atração do imigrante, em cidades como São Paulo, no Sul e no Sudeste, o folclore de outros países, especialmente da Espanha e da Itália. Folclore convergente com o luso-brasileiro, muitas concepções sendo comuns a várias culturas europeias, reforçando-se reciprocamente.[2] Penso nas crenças e ritos relativos ao mau-olhado e ao quebranto, de que Adolfo Coelho tratou em esclarecedor ensaio, o *malocchio* da Itália meridional, que no Brasil encontrou cultura similar trazida pelos portugueses, tanto no diagnóstico quanto no tratamento.[3] Mesmo que no Brasil se tenha acrescentado às manifestações malignas da fascinação a interferência do feitiço de origem africana, o trabalho feito, o intuito do dano proposital a outrem.[4]

Provavelmente, aspectos da cultura popular brasileira são remanescentes perdidos da cultura popular portuguesa, já desaparecidos em Portugal, o que deveria atiçar a curiosidade de qualquer pesquisador do tema. Uma espécie de resíduo arqueológico enterrado nos costumes de além-mar.

Um indício desse interesse limitado é o de que na publicação de *Leituras escolares brasileiras*, coligidas e organizadas por Adolfo Coelho para a editora paulista de Teixeira & Irmão, a reduzida presença propriamente brasileira tenha merecido reparos dos leitores, como o de que "nas fábulas figuram muitos animais estranhos à nossa fauna", conforme comentou um crítico. Reparos cuja procedência o próprio Adolfo Coelho reconheceu.[5] Foi o que motivou o editor a pedir ao autor e a publicar uma segunda série do livro destinado às crianças da escola primária, com a inclusão de trechos de autores brasileiros e de histórias brasileiras.

Já no plano da Linguística, Adolfo Coelho tinha consistente conhecimento das variações da língua portuguesa falada no Brasil, como se infere de *Os dialetos românicos ou neolatinos na África, Ásia e América*, de 1881.[6] Não só transcreve extensamente um texto de Batista Caetano d'Almeida Nogueira sobre a língua geral, publicado nos *Anais da Biblioteca Nacional do Rio de Janeiro*, em 1879, como cita várias vezes *O selvagem*, de Couto de Magalhães, publicado em 1876.[7] Em seu texto, que Coelho transcreve, Almeida Nogueira observa que a língua geral, apesar de sua proibição em 1727,

> perdura na língua portuguesa falada pelos descendentes dos Brasis, dando-lhe um feitio característico que distingue essencialmente essa fala brasileira da portuguesa, não só na inflexão da voz, não só na fonética, mas ainda no torneo gramatical e no fraseado que tem *seu que* de novo, não usado na terra lusitana, e afinal um grande número de vocábulos de todo não portugueses.[8]

Adolfo Coelho tinha pleno conhecimento de um fato de grande importância no estudo comparativo do português de Portugal com o português do Brasil: "Alguns eruditos brasileiros – diz ele – conhecedores dos dialetos indígenas, admitem influência gramatical destes dialetos sobre o português do Brasil." Não obstante, na elaboração do seu *Manual etimológico da língua portuguesa*, de 1890, é surpreendente a pobreza do vocabulário brasileiro. Não só a pobreza de palavras, mas também a pobreza e até a impropriedade das definições, reduzidas a menos do que a definição corrente no Brasil.[9] Talvez, para que pudessem ser compreendidas em Portugal. E, talvez também, porque na elaboração do dicionário tivesse o autor optado por um português mínimo e abrangente, na suposição de que um português básico poderia se tornar um português referencial. Não me refiro às palavras portuguesas que ganharam pronúncia peculiar no dialeto caipira ou sertanejo por influência da língua nheengatu ou língua geral. Era essa, inicialmente, a língua de toda a costa brasileira, falada por índios do grupo tupi e também por mamelucos, caboclos e portugueses aculturados nas tradições da terra.[10] Tornou-se a língua cotidiana da Colônia, praticamente limitando-se o português a ser língua das câmaras municipais, da Justiça e dos papéis oficiais. Em suma, língua de repartição pública, língua do Estado, e não língua do povo.

Com a proibição da língua geral, em 1727, nativos, mamelucos, reinóis incultos, nheengatus falantes, passaram a falar português com sotaque nheengatu. Tinham os nativos dificuldade para pronunciar palavras portuguesas terminadas em consoantes, como o infinitivo dos verbos ou as consoantes dobradas. Pero de Magalhães Gândavo, que era professor de português e latim, já havia observado, no século XVI, que a língua geral carecia "de três letras, convém a saber, não se acha nela F, nem L, nem R, cousa digna d'espanto".[11] Proibida a língua, adaptavam as palavras de língua portuguesa à fonética da língua geral, suprimindo consoantes, valorizando ou mesmo introduzindo vogais onde não havia. É o caso de palavras da pronúncia popular, como "o zóio", no lugar de "os olhos", "orêia", no lugar de orelha, "trabaio", no lugar de trabalho, "muié", no lugar de mulher, "fulô", no lugar de flor. Ou "mecê", no lugar de vossa mercê, um arcaísmo de tratamento cerimonioso que permaneceu na fala das populações rústicas paulistas e mineiras, muito depois do Império ter abolido em parte as diferenças estamentais e a República ter abolido os títulos nobiliárquicos.

Passaram a falar um português mutilado pelo sotaque nheengatu, língua que sobrevive no dialeto caipira ou nos sons dialetais do português do Brasil até hoje. O que faz do povo brasileiro, de fato, um povo bilíngue, no relativo desencontro entre a língua falada e a língua escrita. Escreve-se uma coisa dizendo-se outra. Isso é particularmente notável nas escolas sertanejas. Encontrei em escolas rurais do sertão do Maranhão, no Brasil setentrional, crianças que usavam a letra erre como acento agudo ou circunflexo nas palavras oxítonas. Insistem os professores em ensinar-lhes que é errado dizer "dizê", "contá", "chorá", "gritá", "escrevê", que o correto é dizer, contar, chorar, gritar, escrever. Instados, então, a acrescentar o erre do infinitivo para corrigir a pronúncia dos verbos, para que a palavra fique corretamente escrita, em seus escritos acrescentavam erre também nas oxítonas que não eram verbo: aqui(r), ali(r), acolá(r), você(r) etc.

Refiro-me, pois, ao próprio vocabulário nheengatu, disseminado na toponímia brasileira e muito presente no vocabulário brasileiro. Basta dizer que cerca de 30 estações ferroviárias e de metrô da Grande São Paulo têm nomes nheengatu. E refiro-me à incorporação de palavras nheengatu para designar o real, o que não pode ser designado em português, modos de ver o mundo e interpretar as situações só possíveis na herança linguística das populações da costa, anteriores à conquista portuguesa. A palavra "tapera" foi definida por Adolfo Coelho como brasileirismo, deste modo: "Terreno que se deixa em mato".[12] Tapera, na linguagem corrente, quer dizer mais do que isso, quer dizer lugar que foi habitado e já não o é, além de ter sido cultivado e de já não o ser, o que inclui a casa e a roça. Lugar abandonado. Em Guimarães Rosa, como em geral na língua falada, as duas línguas podem ser acopladas para dizer a mesma coisa, como se fosse uma redundância, sem sê-lo: "restos de tapera", em português "resto e resto" ou "resto do resto". Lógica não raro transposta para palavras exclusivamente portuguesas, como em "nós estávamos em fundos fundos",[13] isto é, o adjetivo convertido em substantivo e carente do mesmo adjetivo para acentuar-lhe o significado: "fim do fim".

O sufixo "era" nos substantivos dessa língua, como na palavra tapera, designa o que já foi, mas continua sendo, ainda que diferente do que fora. Designa uma temporalidade peculiar das coisas, que foram e ainda são, um atributo da própria coisa, um substantivo e não um tempo de verbo. Quando se trata especificamente da plantação já colhida, a palavra é "tiguera", o quase equivalente à palavra "restolho" ou à palavra "palhada", isto é, aos restos que ficaram da colheita concluída. É o que em algumas áreas do Nordeste do Brasil gera o "direito da palhada", direito dos pobres a recolherem para si os restos do algodão já colhido ou, eventualmente, do milho que respingaram da colheita dada por terminada pelo dono da plantação. A palavra gerando uma instituição social do sistema de instituições que tem sentido na língua dominante.

A durabilidade da "tapera" é incerta, maior, porém, que a da "tiguera", seu par, momento do pousio da terra para o plantio seguinte, o terreno ainda coberto pelos restos do cultivo anterior. Portanto, a palavra "tapera" contém significações mais complexas do que simplesmente "deixar o terreno no mato", as significações do subentendido, próprio da sujeição do mundo social de referência do dialeto caipira. Mais do que certeza, a incerteza; mais do que o absoluto, o relativo. Guimarães Rosa põe na boca de seu personagem Riobaldo a frase "um retiro taperado", revestido da forma de tapera, como se fosse tapera, não o sendo senão na forma ou na aparência. Ou a frase "num certo resto de tapera, de fazenda", tapera que estava deixando de sê-lo, embora ainda o fosse. Metamorfoses. A significação tupi subjugada pelos modos da língua portuguesa, não "o caso inteirado em si, mas a sobre-coisa, a outra coisa", de que fala o autor de *Grande sertão: veredas*.[14]

O universo desse vocabulário mestiço, de recíprocas capturas, esconde um elemento cultural decisivo que Adolfo Coelho intuiu, mas não explicitou, não obstante tenha sido ele um sensível antropólogo da cultura popular e de sua influência na dinâmica da língua e da linguagem. As palavras nheengatu, na formação do português do Brasil, não migraram para a linguagem local por uma simples agregação de vocabulário nativo ao vocabulário da língua adventícia. Formaram uma espécie de língua paralela na língua integrada, uma língua desconstrutiva que ganha seu maior sentido na linguagem de gestos e silêncios das populações rústicas. Falam elas a língua dominante, a do dominador, mas falam, até simultaneamente, a contralíngua do dominado. Uma tensão dialética é indisfarçável nessa convivência linguística de contrários. Na verdade, os conteúdos do vocabulário português e do vocabulário nheengatu expressam a oposição de mentalidades, de modos de ver o outro e o mundo e, sobretudo, o modo de compreender a mestiçagem como junção de opostos e não, propriamente, como harmônica fusão dos diferentes.

A língua do conquistador foi, no Brasil, pela mediação das escravidões, a indígena e a negra, a língua do opressor e da opressão, língua de proibições e castigos, de crenças culturalmente corrosivas e punitivas, em particular o catolicismo da Contrarreforma. Dela ainda existem resquícios na dupla linguagem, no dizer que desdiz, sobretudo na fala das populações caipiras e sertanejas.[15] As estruturas profundas dessa duplicidade, sua lógica, estão presentes nessa obra-prima da literatura brasileira, que é *Grande sertão: veredas*, de João Guimarães Rosa, a que já me referi. E também numa composição antológica do violeiro Renato Teixeira, *Romaria*, nas frases inacabadas em que as palavras nheengatu engendram outras frases inacabadas de um duplo dizer, uma língua dizente e uma sublíngua desdizente num mesmo dizer.

Em *Grande sertão*, essa duplicidade está menos nas poucas palavras nheengatu e muito mais na tensão dos opostos, nas indecisões da travessia e não nas certezas dos lugares de partida e de chegada. Uma recusa da linearidade lógica das passagens (e das gramáticas) para acentuar o diabólico do intransitivo, da incerteza e da indefinição, mais do que a serenidade do transitivo: "o real não está na saída nem na chegada: ele se dispõe para a gente é no meio da travessia".[16] Ou está a duplicidade nas formas do falso, de uma fala de Riobaldo, que Walnice Nogueira Galvão sublinhou.[17] Está na ambígua e indecisa sexualidade de Diadorim, jagunço que era mulher, em feminilidade indicial, cujo mistério se abre apenas na morte, no não ser, nessa indecisão que separa o português que se fala no Brasil do português que se fala em Portugal. O falante sempre de prontidão para completar a frase conforme o indício da expectativa de quem ouve e manda ou deixá-la à mercê do subentendido do ouvinte. Uma linguagem dependente de suposições não explícitas e afirmações meramente alusivas. Linguagem de incertezas e não de certezas. Em Guimarães Rosa, a língua do sertão e dos avessos ganha o reconhecimento de sua dimensão sublime. Dimensão inapreensível em verbetes de dicionário e, provavelmente, na limitada compreensão do abismo que separa culturas de forte origem comum, distanciadas, porém, pela criação cultural que decorre das dominações e das rupturas políticas.

Como "termo brasílico", Adolfo Coelho se refere ao "caipora" que define como "nome dado no Brasil ao fogo fátuo". E, também, "homem infeliz nos seus negócios".[18] Na época em que ele escreveu e publicou o *Manual*, já havia uma razoável literatura de viajantes e missionários com explanações detalhadas sobre o caipora ou caapora. Trata-se de um ente mítico da tradição indígena, morador e guardião da mata, o oposto do curupira, que tem os pés invertidos.[19] O duplo, das duplicidades e inversões tão fortes e estruturantes da cultura sertaneja. Mesmo assim, temido porque figuração da contradição entre o homem e a natureza. Luís da Câmara Cascudo anotou que no Nordeste do Brasil o caapora é uma indiazinha, "amiga do contato humano". "Quem a encontra" – registra – "fica infeliz nos negócios", o que, na dimensão mítica, provavelmente explica uma das conotações que Coelho dá à palavra, que já numa interpretação dos brancos aparecia em relatórios e cartas de missionários no período colonial.

Ainda que Adolfo Coelho tenha reconhecido, mas não tenha expressamente se interessado por algo tão peculiar como a recíproca influência das línguas na relação metrópole-colônia, no caso brasileiro, encontro dessa influência indícios em seu próprio *Manual*. Há nele a palavra "caipira" com esta explicação: "Nome que se deu aos membros do partido constitucional, durante a guerra da sucessão em Portugal".[20] Imagino que o autor esteja se referindo aos partidários de D. Pedro IV (D. Pedro I, do Brasil) na guerra contra seu irmão, D. Miguel, pelo trono de Portugal. Palavra que no Brasil designa, depreciativamente, as populações camponesas originárias da escravidão indígena e da mestiçagem de brancos com índias, os chamados bastardos, como assinalou em livro do século XVIII o padre Manuel da Fonseca.[21] Parece que a designação estigmatizante acompanhou o fundador do Império do Brasil em seu retorno a Portugal para defender os direitos de sua filha D. Maria II ao trono português. Uma indicação da presença de significações brasileiras na língua cotidiana do Portugal de então, nesse caso invadida pelo estigma de designações da subalternidade colonial.

O estudo de Adolfo Coelho sobre os ciganos, seu particular interesse no calão e na etimologia das palavras ciganas, sugere-nos que, se tivesse tido a oportunidade de um estudo similar e sistemático sobre a fala dos brasileiros e a cultura popular no Brasil, ampliaria o elenco de observações e descobertas sobre a língua portuguesa. Etimólogo, teria aí mais ampla confirmação de sua reconhecida compreensão da língua como realidade viva, cambiante, historicamente determinada. Nesse sentido, provavelmente, as omissões de Adolfo Coelho em relação às peculiaridades antropológicas do português falado no Brasil viessem de compreensível prudência em face de um desafio vasto, diante das diferentes questões com que se defrontava no estudo da língua e da cultura popular em Portugal.

Além do conhecimento de material escrito, revelado em *Os dialetos românicos*, ele tinha em seu grupo de referência pessoas familiarizadas, de algum modo, com as pronúncias da língua brasileira e mesmo seus peculiares significados. Tinha um irmão jornalista que chegou a ser editor de jornal no Brasil. É improvável que no seu contato com esse irmão a diferença da língua não tivesse sido objeto de reparo. Se Leite de Vasconcelos, sabendo-o interessado na cultura e nos costumes ciganos lhe fez chegar às mãos o livro de Melo Morais Filho sobre os ciganos brasileiros, é pouco provável que comentários sobre o português do Brasil de algum modo não lhe chegassem aos ouvidos.

Eça de Queirós, de seu grupo de referência, era amigo de Eduardo Prado, tão amigo que, quando da morte do autor de *As cidades e as serras*, cujo personagem Jacinto de Thormes foi nele inspirado, Prado acolheria em sua casa, em Paris, a viúva e os filhos de Eça, enquanto não se providenciava o retorno da família a Portugal. Eduardo Prado era de uma grande família de fazendeiros de café, filho de dona Veridiana Prado, que tinha em casa por mordomo um índio botucudo e por dama de companhia uma jovem negra. Um reduto de cultura nativa, altamente valorizada na época pela elite culta. Nas fazendas dos Silva Prado, o dialeto caipira era corrente, ainda que convivendo com línguas e dialetos de muitíssimos imigrantes europeus que nelas trabalhavam como colonos de café. As mulheres da geração de Veridiana Prado, em São Paulo, falavam dialeto caipira, a crermos no testemunho horrorizado do poeta paulistano Álvares de Azevedo que nelas censurava justamente o "não saber falar" porque falavam a linguagem caipira.[22] No palacete de dona Veridiana, foi recebido Ramalho Ortigão, em 1887, do mesmo grupo de referência de Adolfo Coelho.

Em 1880, Ortigão tinha um extenso rodapé na *Gazeta de Notícias*, do Rio de Janeiro, sob o título de "Cartas portuguesas". Embora textos de difusão do movimento cultural português no Brasil, seu intercâmbio com intelectuais brasileiros certamente o puseram em contato com o debate sobre a língua que no Brasil se falava, não raro tendo como referência à obra de Adolfo Coelho. Em 1887, estando em São Paulo, Ortigão ouviu um concerto de viola caipira do violeiro e compositor Pedro Vaz, primo-irmão do poeta Fagundes Varela, apresentado ao público paulistano pelo também poeta Ezequiel Freire.[23] Nesse concerto, a viola caipira, instrumento musical de mestiços, de gente que falava português com sotaque nheengatu, saiu de tulhas e estradas da roça e, pela primeira vez, subiu a um palco de teatro. O violeiro teve o convite e o estímulo de uma elite que vivia um momento de afirmação cultural da identidade nacional brasileira, às vésperas da abolição da escravatura e da proclamação da República. Um momento de questionamento da pureza e do absolutismo do português de Portugal e das regras formais portuguesas em nome do que muitos entendiam ser a língua brasileira.

Adolfo Coelho era de uma geração ativa no debate que então havia sobre as mudanças sociais em Portugal, geração à qual não era estranho o peculiar português do Brasil e o debate que sobre a língua no Brasil havia. Ainda que houvesse um distanciamento entre Ramalho Ortigão e Adolfo Coelho, que se nota na crítica que aquele dirigiu a este, em artigo publicado no Brasil. Foi a propósito da posição que este adotara nas celebrações do centenário do Marquês de Pombal, em 1882, sugerindo que a reforma pombalina não eliminou o caráter jesuítico da educação em Portugal, coisa que Ortigão questiona.[24]

Embora muitos livros brasileiros fossem na época impressos em Portugal, isso não quer dizer que fossem primeiro para as bibliotecas portuguesas. Em temas como os que interessaram a Adolfo Coelho, é compreensível que a distância e a própria falta de interesse dos brasileiros por seu próprio folclore não propiciassem a um autor estrangeiro os materiais de referência para um eventual estudo comparativo de costumes paralelos e de mesma origem. Na referência ao livro do médico brasileiro Melo Moraes Filho, sobre os ciganos no Brasil,[25] Adolfo Coelho diz que o livro lhe chegou às mãos por iniciativa de Leite de Vasconcelos, como mencionei. Embora tenha encontrado na documentação portuguesa informações sobre os ciganos que foram para o Brasil, dependeu do acesso ao livro de Moraes e, portanto, a uma primeira sistematização etnográfica de informações sobre o tema. Caso contrário, disporia apenas de dados fragmentários sobre os ciganos de terras brasileiras.

Apesar das extensas transcrições que fez de trechos do livro de Mello Moraes Filho, Adolfo Coelho foi-lhe crítico severo. Negou-lhe o caráter etnográfico e lamentou que um médico não tivesse adotado em sua pesquisa critérios propriamente científicos. Sublinhou que o livro se limita à descrição dos materiais colhidos e não se estende à explicação propriamente científica. Fez reparos ao fato de que Moraes tivesse se valido basicamente dos dados colhidos junto a um único cigano do Rio de Janeiro, Pinto Noites. Mas o próprio Adolfo Coelho valeu-se, também, de dados para ele obtidos em grande parte através de um único informante, o folclorista Antônio Tomás Pires, de Elvas. O etnógrafo e linguista português faz ressalvas, em especial, quanto ao ser cigano ou não cigano o material colhido por Melo Moraes Filho, parecendo-lhe, antes, que muito do material etnográfico de seu colega brasileiro dissesse respeito à cultura popular portuguesa migrada e adaptada ao Brasil.

Esse é o ponto referencial das diferenças entre os dois autores, relativas à mentalidade de ambos e à diferente concepção que tinham do que eram os respectivos povos.[26] Muito mais do que a temática dos ciganos, importa e muito a concepção de "popular" que os separa e do modo de estudá-la que os afasta. No Brasil, a crise do escravismo e sua abolição em 1888 estavam associadas a uma crise da mentalidade patriarcal e, portanto, à necessidade de uma nova localização dos grupos "primitivos ou infantis", como os chamavam os estudiosos, num imaginário de dominações e desigualdades estamentais. O diferente continuava sendo o inferior porque supostamente inferior no processo de evolução social. É compreensível, portanto, que o estudo de Melo Moraes Filho, sobre os ciganos, se limitasse a neles reconhecer a diferença de costumes e de origem em relação ao que ia se definindo como cultura brasileira. É um significativo documento da tomada de consciência, no Brasil, do nós e do outro, do diferente. A carência de tratamento científico das informações por ele colhidas, a que se refere Adolfo Coelho, diz respeito também a uma diferença do que deve ser uma etnografia. Moraes descreve; Coelho descreve e explica.

Tanto na linguística quanto na etnologia, a questão do método para Adolfo Coelho está posta de maneira clara. Ele a sintetiza num artigo de 1896 e a retoma, em 1913, no elogio fúnebre ao folclorista Antônio Tomás Pires, seu colaborador e principal informante.[27] Coelho define como graus do estudo desses temas: o *descritivo* (o simples colecionamento de dados), o *comparativo* (colecionamento de paralelos da tradição do mesmo e de diferentes povos, no presente e no passado), o *histórico* (determinação da origem étnica da tradição, sua emigração eventual e transformações), o *genético* (formação da tradição).

Meio século depois, o filósofo e sociólogo francês Henri Lefebvre, que não conheceu a obra de Adolfo Coelho, percorrerá um caminho muito próximo ao definir sua formulação do método dialético, o chamado método regressivo-progressivo,[28] que Sartre reconheceu como "simples e irrepreensível".[29] Na concepção de Lefebvre, há certa horizontalidade atemporal no atual, uma ocultação dos desencontrados tempos que contém. A compreensão dialética dos processos sociais e de sua historicidade, a dinâmica social do presente, depende de identificar-se os momentos coexistentes do desenvolvimento desigual, tanto em relação ao propriamente cronológico e histórico quanto, também, em relação às temporalidades desencontradas do processo social e da consciência social que dele tem a sociedade.

Nesse sentido, o método sociológico deve levar à datação das relações e das concepções sociais e também à descoberta de sua gênese, o momento de sua constituição estrutural. É na tensão dessas temporalidades desencontradas que a dinâmica social se instala, o pretérito vivo anunciando não só o que sobreviveu, a tradição e os costumes, mas também o possível, o potencialmente contido nas relações do atual, o socialmente não realizado, mas estruturalmente contido, viável e até necessário. Nesses desencontros, viver é uma tensão. "Viver é perigoso", dirá Guimarães Rosa na peculiar dialética da narrativa de Riobaldo, seu personagem.

O percurso de Adolfo Coelho e mesmo as determinações extracientíficas de sua ciência são bem diversos dos de Lefebvre, porque outro o momento, porque aquele influenciado pela realidade ainda densa do romantismo alemão, e suas tensões com o positivismo francês, e porque este influenciado por variante crítica e momento posteriores desse romantismo, a dialética de Marx. Mas há convergências cuja comparação é inevitável. É o método que permite compreender o pensamento crítico de Adolfo Coelho no marco da Antropologia, suas objeções ao positivismo e seu ativismo como educador e educador popular e propugnador de uma revolução na educação e por meio da educação. É o método que permite compreender o pensamento crítico de Henri Lefebvre no marco da Sociologia, suas objeções ao marxismo vulgar (e também à invasão positivista através do marxismo de Althusser) e seu ativismo político como educador popular e propugnador de uma revolução no cotidiano.

Com o desencontro de épocas, Francisco Adolfo Coelho não teve propriamente influência na antropologia e na Sociologia brasileiras, então mal esboçadas e muito embrionárias. Embora haja uma referência comparativa de Silvio Romero à sua obra em livro sobre a literatura popular do Brasil.[30] É um autor a ser visitado e conhecido à luz, justamente, de uma sociologia do conhecimento focada nas razões das omissões e desconhecimentos. Adolfo Coelho tem sido, desde seus primeiros trabalhos, um autor difundido e lido no Brasil pelos interessados na língua e na linguística. Uma autoridade em língua portuguesa, na etimologia e no sentido das palavras. Mas não despertou maior interesse como antropólogo e folclorista, não obstante os grandes estudiosos do folclore tenham no Brasil percorrido os mesmos caminhos por ele percorridos.

É fácil rastrear nos jornais brasileiros a difusão de sua obra de filólogo e de sua obra didática. No catálogo da Livraria Magalhães, de São Paulo, de 1911, consta *Leituras portuguesas*.[31] A mesma livraria chegou a dar reiterado destaque, de um de seus livros, *Contos da avozinha*, anunciado em 1911 e novamente em 1919.[32] Uma das livrarias da rua de São José, no Rio de Janeiro, difundiu, mais de uma vez, seus livros em catálogo de liquidação, já que a livraria seria substituída por uma fábrica de licores e xaropes.[33] Único meio de se ficar sabendo quais livros vendiam as livrarias brasileiras entre o final do século XIX e o início do século XX. Um indício do que os brasileiros liam nessa época. A mais importante livraria virtual brasileira de livros usados, em 2013, Estante Virtual, tem 27 exemplares de seus livros anunciados à venda, dos quais 3 exemplares de *Os ciganos de Portugal*, edições originais. Livros que, geralmente, chegam às livrarias especializadas em raridades pela aquisição de bibliotecas de pessoas falecidas. Uma indicação da presença da obra de Adolfo Coelho em bibliotecas particulares até uma geração antes da nossa.

O Real Gabinete Português de Leitura, do Rio de Janeiro, tem de Adolfo Coelho dois livros e oito exemplares da edição de 1880 de *Os lusíadas*, por ele revista. Apesar de a Biblioteca Nacional do Rio de Janeiro dispor de apenas dois livros de Adolfo Coelho em sua coleção de obras raras, as bibliotecas da Universidade de São Paulo têm 13 exemplares de suas obras. Dessas, duas das que estão na excelente biblioteca do Instituto de Estudos Brasileiros procedem da biblioteca do falecido Yan de Almeida Prado, participante da Semana de Arte Moderna, de 1922, bibliófilo, enólogo e autor, patrono da lendária Pensão Humaitá, nome que à sua casa deram os intelectuais que frequentaram seus famosos almoços de sábado por mais de 50 anos. Essas indicações permitem falar numa datação do interesse, no Brasil, pela obra de Adolfo Coelho, que cobre o período que vai desde as Conferências Democráticas, de 1871, cuja proibição foi noticiada no Brasil, e de suas primeiras publicações, até aproximadamente 1920, cerca de meio século.

Francisco Adolfo foi invocado, durante esses 50 anos, como autoridade em língua portuguesa, em citações e até mesmo em polêmicas de brasileiros sobre a língua. Tinha leitores atentos, como se vê em artigo de 1883, em que alguém denuncia plágio de uma página de seu livro *Questões da língua portuguesa*, por um candidato em concurso à Cadeira de Italiano no Imperial Colégio Pedro II.[34] Até numa polêmica entre médicos, foi invocada a autoridade de Adolfo Coelho sobre o sentido da palavra "experimentar".[35]

Muitas das discussões e dos desacordos públicos quanto à correta grafia das palavras decorriam da falta de uma regulação reconhecida que dissesse aos puristas e mesmo aos gramáticos do improviso qual era a forma correta de escrever determinada palavra: acento era com dois esses ou com c? Se com dois esses, era para acentuar ou para sentar? De modo que foi recebida no Brasil com alívio a reforma da língua promovida por uma comissão, em Portugal, presidida justamente por Adolfo Coelho.[36] A tal ponto que o diretor de um grupo escolar, uma escola primária, de Itu, no interior de São Paulo, propôs aos diretores das demais escolas do Estado que se solicitasse ao governo estadual a adoção da reforma proposta pela comissão presidida por Adolfo Coelho como norma oficial da língua no ensino do Estado de São Paulo.[37] No mesmo sentido manifestaram-se educadores de outras localidades, caindo o nome de Adolfo Coelho na boca do povo como autoridade de última instância na língua. Houve, também, quem chiasse cheio de escrúpulos com o argumento patriótico de que a língua portuguesa não era falada apenas em Portugal e que havia uma versão brasileira dessa língua. Ganhava destaque a dificuldade, tanto em Portugal quanto no Brasil, criada pelas diferenças entre o português falado e o português escrito. No Brasil, insurgia-se o filólogo Silvio de Almeida contra a opinião de Leite de Vasconcelos, favorável a uma escrita que reproduzisse o falado, o que tornaria impossível a adoção da reforma portuguesa no Brasil. Falava em cisma linguístico.[38]

No extremo, havia quem sugerisse que a comissão portuguesa não tinha autoridade para definir regras da língua aos brasileiros, que a pronunciavam de outro modo. O descontentamento chegou a criar, na prática, dois partidos, os que defendiam a pureza da língua herdada de Portugal e os que defendiam a existência de uma versão brasileira da língua portuguesa. Sem o querer, Adolfo Coelho tornou-se no Brasil personagem de uma disputa política que envolvia a questão da consumação da Independência do país muito além do mero e suposto brado do príncipe Dom Pedro na colina do Ipiranga, na tarde de 7 de setembro de 1822, que dera início à ruptura da dependência colonial e à formação da nação brasileira. A Independência, para muitos, teria que ser a independência política, mas também a independência cultural e até a independência da linguagem.

Num debate na Câmara Legislativa Estadual de São Paulo, em 1915, abriu-se uma polêmica sobre o uso da palavra "porcentagem" e não "percentagem" em determinado documento oficial. As partes teimavam, cada qual insistindo numa ou noutra palavra, com vossa excelência daqui e vossa excelência de lá, até que um deputado invocou Adolfo Coelho como cúmplice de sua autoridade legislativa e de seu acerto linguístico, pondo fim ao bate-boca.[39] É interessante levar em conta o quanto Adolfo Coelho, no fim das contas, era invocado numa disputa nativista em favor da tese que, justamente, contrariava sua orientação antropológica. O deputado João Sampaio recorria a Coelho para sustentar a tese de que a palavra "porcentagem", que constava do documento, não era da língua portuguesa. O deputado Antonio Mercado retrucou dizendo que não era portuguesa, mas era "brasileira ou paulista". Ao que ouviu o aparte do deputado Freitas Vale, sob risadas: "Quando houver língua brasileira, vossa excelência terá razão..." Recebeu, então, de Mercado, este comentário: "Não temos uma língua brasileira, mas temos um dizer brasileiro, diferente do português em muitos pontos. Há neologismos nossos, que são desconhecidos em Portugal."[40] Ora, Freitas Vale era o mecenas das artes em São Paulo, anfitrião dos artistas que se reuniam em seu palacete, a Vila Kirial, apoio dos modernos e da arte moderna, gente cuja mentalidade tinha por referência uma postura identitária de cunho nativista e, portanto, contrária aos que insistiam no respeito ao que era formalmente próprio da língua portuguesa.

Embora a invocação de Adolfo Coelho tenha se limitado à questão da língua, é curioso que tenha faltado aí justamente a invocação de sua antropologia. Especialista na língua portuguesa, esse autor se interessou, também, pelo caráter estamental da língua, o que fica patente nas suas reflexões sobre a categoria "povo". O povo, como categoria política e republicana, como categoria social do renascimento português e da fundação moderna da nacionalidade, estava nascendo em Portugal. Povo era, sobretudo, a população simples, gente iletrada, os depositários de costumes e tradições.[41] Mas o povo estava nascendo também no Brasil, a partir de uma mesma matriz linguística e cultural. A Constituição imperial de 1824 fora escrita sob inspiração da Santíssima Trindade, em nome do poder político do Imperador e da autoridade da religião católica. Já a Constituição de 1891, proclamada a República, fora pela primeira vez escrita por uma Constituinte reunida em nome do povo brasileiro. Assim como em Portugal Adolfo Coelho tratara de dar conteúdo antropológico à categoria social que nascia politicamente, à palavra que a designava, no Brasil a categoria povo contorcia-se nas dores de um parto sangrento.

Em Portugal, inspirado no romantismo alemão, Adolfo Coelho, em nome da cultura popular e, portanto, em nome do povo, fazia restrições ao positivismo e à França em que ele vicejava. No Brasil, ao contrário, a elite política republicana falava em nome do povo e impunha ao país um novo regime por meio de um golpe de Estado e golpe dos militares positivistas, até mesmo contra os republicanos civis. Na bandeira republicana, o brasão do Império foi substituído pela esfera tarjada com a consigna positivista de "Ordem e progresso". A República foi saudada, ainda, como advento dos princípios e valores da Revolução Francesa cem anos depois de sua ocorrência.

Num certo sentido, o Brasil se afastava de Portugal também aí e começava a afrancesar-se, o que perdurará até a Revolução de Outubro de 1930. Se em Portugal a categoria "povo" estava sendo politicamente inventada, na cultura popular que sobrevivera sem identidade política ao longo dos séculos, no Brasil o povo sem identidade política tornava-se instrumento de gestação e invenção de uma elite que sempre fora mero resíduo do Estado. O povo que mal acabara de nascer conceitualmente era referência para criar um sistema político, que até hoje perdura, de abdicação de seus direitos como povo em favor de uma concepção deformada de representação política, o representado como ausente. Foi Fernando Henrique Cardoso quem, num estudo dos anos 1970, chamou a atenção para o fato de que, diversamente de outros países da América Latina, a Independência brasileira não resultara de uma revolução contra a dominação da metrópole, mas de uma proclamação do próprio herdeiro da Coroa portuguesa.[42] Em consequência, o próprio Estado teve que criar tanto a elite quanto o povo, o que no fim das contas marcaria as limitações graves de nossa sociedade civil, sempre dependente dos favores do Estado e sempre pobre no campo das inovações sociais e políticas, sempre aberta a lideranças carismáticas e a uma visão messiânica e milenarista do próprio destino.

O novo Portugal das concepções de Adolfo Coelho nasceria da incorporação da cultura popular num projeto de nação, através da educação. As tradições do povo, o seu saber, e a pedagogia do povo seriam desconstruídos para alicerçar a modernização da sociedade portuguesa, para realizar o espírito de uma sociedade nova. O apreço pela cultura popular e seu sentido na concepção romântica e densa da educação está exposto na conferência pública no Casino Lisbonense, de 17 de junho de 1871, sobre a *A questão do ensino*.[43] A contundência da análise crítica incidia diretamente sobre a aliança entre o trono e o altar e a expunha como fator de bloqueio do desenvolvimento do país. O efeito foi imediato. As Conferências Democráticas foram interrompidas e proibidas pelo governo. O fato repercutiu imediatamente. O protesto de 25 de junho, assinado por Adolfo Coelho, Antero de Quental, Jaime Batalha Reis, Salomão Saraga e Eça de Queirós foi publicado em São Paulo e no Rio de Janeiro.[44] No dia 5 de outubro, o *Correio Paulistano* publicou em quase toda a primeira página e parte da segunda a íntegra do extenso manifesto que Antero de Quental enviara ao Marquês de Ávila, presidente do Conselho de Ministros, denunciando a medida repressiva e contra ela protestando.[45] Dois anos depois, o assunto ainda repercutia. A propósito da publicação de *Opúsculos*, de Alexandre Herculano, o *Diário de S. Paulo* destacava no livro a "refutação eruditamente argumentada e inédita da portaria que suspendeu as conferências democráticas do Casino Lisbonense".[46]

Antes que as opiniões de filólogo de Adolfo Coelho se tornassem correntes nos jornais brasileiros, repercutiram no Brasil as conferências do Casino e dava-lhes a repressão do governo português a visibilidade que no país afinal tiveram. Mas os jornais que divulgaram a questão das Conferências Democráticas eram jornais que expressavam no Brasil a opinião e as simpatias da facção republicana civil. Não será ela a responsável pela proclamação da República, em 1889, que terá como protagonista a facção republicana positivista e militar, de ideias em boa medida opostas às de conferências como a de Adolfo Coelho. A república brasileira se firmará em nome do povo, mas desconfiando do povo. Temia-o pela ignorância e pelos resquícios da escravidão na mentalidade servil.

Temia-o, também, por um suposto risco de insurreição monarquista, apoiada nas populações camponesas. Temia a Vandeia camponesa, como ficou muito claro já nos primeiros escritos jornalísticos de Euclides da Cunha.[47] Antes mesmo de chegar ao sertão de Canudos, onde se desenrolava a guerra contra os camponeses insurgentes, muito mais em nome da fé peculiar e própria do catolicismo popular contra a intervenção do catolicismo da romanização, que ao Brasil chegava através dos missionários alemães e italianos.

Em 1896, uma crescente população rural, de negros e ex-escravos, de descendentes de índios da escravidão indígena, especialmente tapuias, muitos mestiços e mesmo alguns brancos começaram a se reunir em torno de Antonio Mendes Maciel, o Antonio Conselheiro, num povoado abandonado, Canudos, no sertão da Bahia. O fim do século se aproximava e o novo século anunciava, no imaginário popular, a proximidade do milênio e do fim dos tempos. São vários os indícios de que Antônio Conselheiro adotava o profetismo joaquimita relativo ao advento da monarquia do Divino Espírito Santo. Essa concepção se ligou no Brasil ao sebastianismo. O longo arrazoado que o padre Antonio Vieira escreveu para defender-se perante a Inquisição, no século XVII, mostra claramente essa associação.[48]

Tendo os devotos da comunidade do Conselheiro comprado e pago e madeira para a reforma da velha igreja arruinada de Canudos e não tendo o comerciante entregue a compra, foi o grupo em procissão buscá-la à força, levando à frente a bandeira do Divino. Foi o que bastou para que chegasse ao governo a notícia de que havia no sertão um ajuntamento de fanáticos monarquistas hostis. A denúncia gerou a repressão militar numa guerra que durou um ano, com milhares de mortos e feridos. Oficiais que participaram da campanha tratavam-se por cidadão – cidadão general, cidadão major. Imaginavam-se defensores de uma Revolução Francesa tardia, combatendo uma verdadeira reação monarquista, no que era apenas um movimento religioso e milenarista. Vinte anos depois, no sertão de Santa Catarina, no sul do Brasil, idêntico movimento joaquimita recebeu do Exército violenta repressão, de que resultou novo banho de sangue.

Diversamente do entendimento que da cultura popular tinha Adolfo Coelho, os modernizadores brasileiros impuseram-se pela força das armas contra os valores de uma cultura camponesa rica de referências e orientações. Coelho, num ensaio primoroso e seminal sobre cultura e analfabetismo sublinha que o analfabeto não é necessariamente o inculto e que há na cultura popular uma enorme riqueza de informações acumuladas pela memória e não pela escrita.[49] Uma tese como essa tinha pouca possibilidade de sensibilizar os agentes da modernização e da república no Brasil e menos ainda sensibilizá-los como fundamento de um projeto social. É compreensível que Adolfo Coelho tenha sido aceito no Brasil como filólogo e gramático e não como antropólogo e etnógrafo. Não só os rumos do processo histórico só aparentemente eram os mesmos em Portugal e no Brasil, em direção à república, como os agentes da mudança eram os militares e não os educadores. No Brasil, o móvel da mudança era a força e não a inteligência.

Só com a criação da Universidade de São Paulo, em 1934, é que entra na pauta de interesses propriamente acadêmico. A USP foi criada como reação civil de uma elite derrotada militarmente na Revolução Constitucionalista de 1932 contra o governo de Getúlio Vargas, que algum tempo depois se tornaria um governo ditatorial, com o Estado Novo. A USP foi a inteligência contra a força. Para organizá-la, o governo do Estado de São Paulo mandou à Europa o professor Teodoro Ramos, da Escola Politécnica, para recrutar em vários países os professores que lecionariam na nova Universidade. A orientação era claramente anticlerical e a alma da Universidade seria a Faculdade de Filosofia, Ciências e Letras. Vários judeus e protestantes compuseram o corpo docente da nova escola. Em Portugal, Teodoro Ramos recrutou três professores: Rebelo Soares, Fidelino de Figueiredo e Urbano Canuto Soares. Foi este último, catedrático de Latim, quem introduziu na Universidade o estudo da obra de Adolfo Coelho.[50]

Com a Sociedade de Estudos Filológicos, criada na Faculdade de Filosofia e presidida por Otoniel Mota, ativa já em 1942, os sócios escolhiam patronos. O professor Francisco Silveira Bueno, catedrático de Filologia Portuguesa, escolheu Adolfo Coelho para seu patrono.[51] No dia 29 de agosto, Silveira Bueno fez a conferência principal da sessão de estudos da Sociedade, justamente sobre a vida e a obra de Adolfo Coelho.[52]

Em 1971, o Suplemento Literário de *O Estado de S. Paulo* dedicou um longo artigo de Fernando Mendonça ao centenário das Conferências Democráticas e seus vários participantes, com este comentário: Adolfo Coelho desenhou "perspectivas mais ou menos cruéis para 'O Ensino' em Portugal".[53] Os temas das Conferências foram repassados, não se devendo deixar de fora que em 1971 vivia-se o pior momento da Ditadura Militar brasileira, decorrente do golpe de Estado de 1964, e que o jornal se encontrava sob censura prévia da Polícia Federal. Os espaços censurados eram preenchidos por trechos de *Os lusíadas*, de Camões. Celebrar as Conferências era uma forma indireta de falar nelas como resistência à censura e à repressão. O tema vinha a calhar.

O jornal voltaria a Adolfo Coelho, em 1976, na mesma quadra da Ditadura Militar, quando publicou um Suplemento do Centenário da Linguística. Na última página foram publicadas as extensas considerações finais de Isaac Nicolau Salum, professor titular de Filologia Românica, da Faculdade de Filosofia, Letras e Ciências Humanas da Universidade de São Paulo. Ele lembra que a Linguística foi introduzida em Portugal por Adolfo Coelho, em 1868, e no Brasil por Pacheco da Silva Júnior, em 1878, e Júlio Ribeiro, em 1879. Inclui em seu texto um inventário de autores e obras que no Brasil avançaram na direção de uma compreensão da fala brasileira, da linguagem dialetal. Dentre outros autores, lembra Amadeu Amaral, e seu livro *O dialeto caipira*, e Ada Natal Rodrigues, que fez um doutorado na USP sobre *O dialeto caipira na região de Piracicaba*. De certo modo, ainda que não citado, Adolfo Coelho retorna, finalmente, no encontro entre Linguística e Antropologia, numa certa abertura para a incorporação da cultura popular ao horizonte dos estudos da linguagem.

Foi justamente o patrono da reedição de *O dialeto caipira*, de Amadeu Amaral, Paulo Duarte, cuja extensa introdução escreveu, quem retornou a Adolfo Coelho já no marco da influência da Universidade de São Paulo na retomada do interesse por sua obra. Fê-lo num artigo em dois capítulos sobre o verbo xingar, de origem cigana, reportando-se ao livro do pesquisador português sobre os ciganos.[54]

Há outro retorno que convém mencionar. É evidente que a conferência de Adolfo Coelho no Casino Lisbonense, em 1871, foi a gota d'água da repressão governamental. Ele foi incisivo nas referências aos problemas da sujeição do ensino à mentalidade católica e ao controle da Igreja. A modernização do ensino e da sociedade teria que passar pela libertação da educação da influência da Igreja. No Brasil, de certo modo, a República, ao separar o Estado da Igreja, foi na mesma direção e abriu caminho para a escola pública e laica. Isso, porém, não seria suficiente para uma efetiva emancipação do ensino e a libertação do estudo da língua dos constrangimentos formais que a cerceavam, a língua do povo praticamente tratada como língua clandestina e errada.

O texto de Salum mostra como houve um alargamento no estudo da linguagem, no reconhecimento da importância da língua falada. Ele menciona, na origem da Linguística brasileira, Júlio Ribeiro, que era protestante. O presidente da Sociedade de Estudos Filológicos, em 1942, era Otoniel Mota, pastor presbiteriano, que, no início do século XX, e por muitos anos, fora pastor evangélico no sertão do Paranapanema e em pequenas localidades da frente pioneira. De certo modo, ele criou uma linhagem de estudiosos protestantes da língua, na Universidade de São Paulo. Em seu livro mais conhecido, *Do Rancho ao Palácio*, Otoniel Mota, descendente de velhas famílias paulistas, ele próprio um caipira, rastreia as conexões entre a cultura caipira, os costumes, o dialeto, a língua falada pela população da roça.[55] Não obstante educado no dialeto caipira e orgulhoso de sua origem caipira, Otoniel Mota era um purista da língua portuguesa. Referia-se com alguma ironia à "tal língua brasileira", cujo reconhecimento era pleiteado, desde fins do século XIX, pelos adeptos de um brasileirismo de afirmação identitária. Nos temas de que trata nesse livro, de certo modo, aproxima-se de Adolfo Coelho, em relação a Portugal, autor que, como filólogo, conhecia e ensinava.

Seu parente, Cornélio Pires, também presbiteriano, foi um dos principais pesquisadores do folclore caipira, que em 1911 fez a primeira conferência pública e erudita sobre a cultura caipira na Escola Americana, protestante, hoje Universidade Presbiteriana Mackenzie. Seu primo, o professor e jornalista Amadeu Amaral, fez pesquisa de campo no interior de São Paulo e publicou o *Dialeto caipira*, um livro referencial, a que já me referi.

No outro extremo do arco do tempo, situa-se o próprio Isaac Nicolau Salum. Todos os três eram presbiterianos, calvinistas. Seguiram a tradição protestante de buscar no vernáculo e na língua popular a dinâmica da fala e da compreensão. Um contraponto ao latim como língua de enquadramento do cristianismo católico, que, antes das reformas do papa João XXIII, abria um abismo entre os ritos e o sacerdócio, de um lado, e o exercício da fé pelos fiéis, de outro.

Tendo a supor que em boa parte isso se deveu ao fato de que a tradução da Bíblia disponível em português fosse a de João Ferreira d'Almeida, um português do século XVII que emigrara para a Holanda e lá se tornara membro da Igreja Reformada. A tradução de Almeida é carregada de palavras e expressões do português arcaico de que o dialeto caipira é também eivado. Portanto, o estudo da língua espontânea no contraponto da língua controlada. Não é estranho, aliás, que a edição brasileira da *Bíblia de Jerusalém*, em anos recentes, feita por uma editora católica, tenha contado com a participação de vários docentes da linhagem protestante da Universidade de São Paulo, a mais eminentemente universidade pública, republicana e laica do Brasil, e mesmo de quem não é protestante.[56] Dá o que pensar que o interesse protestante pela língua e pela cultura popular no Brasil tenha um paralelo com o anticlericalismo e simpatias de Adolfo Coelho pelo protestantismo em Portugal. Lá e cá, o protestantismo era republicano.

Notas

[1] Cf. F. Adolpho Coelho, *Os ciganos de Portugal*, Lisboa, Imprensa Nacional, 1892.
[2] Cf. Florestan Fernandes, *Folclore e mudança social na cidade de São Paulo*, cit.
[3] Cf. Adolfo Coelho, "Tradições populares portuguesas. O quebranto", *Obra etnográfica*, org. e prefácio de João Leal, Lisboa, Dom Quixote, 1993, pp. 497-511, v. I – Festas, costumes e outros materiais para uma Etnologia de Portugal.
[4] Cf. Luís da Câmara Cascudo, *Dicionário do folclore brasileiro*, Brasília, Instituto Nacional do Livro, 1972, v. II, pp.550-1 e pp. 729-31.

5   Cf. W., "Prosas ligeiras", *Correio Paulistano*, ano XXXVI, n. 10.105, São Paulo, 15 de maio de 1890, p. 1.
6   Cf. F. Adolpho Coelho, *Os dialectos romanicos ou neolatinos na África, Ásia e América*, Lisboa, Casa da Sociedade de Geographia, 1881.
7   Cf. José Vieira Couto de Magalhães, *O selvagem*, São Paulo, Companhia Editora Nacional, 1935.
8   Cf. Baptista Caetano d'Almeida Nogueira, "*Manuscripto guarani da Bibliotheca Nacional do Rio de Janeiro sobre a Primitiva Catechese dos Índios das Missões*", *Annaes da Bibliotheca Nacional do Rio de Janeiro - 1878-1879*, Rio de Janeiro, Typ. G. Leuzinger & Filhos, 1879, v. VI, p. XI.
9   Cf. F. Adolpho Coelho, *Manual Etymologico da Lingua Portugueza*, Lisboa, P. Plantier, 1890.
10 A língua tupi foi língua de cultura erudita. O padre José de Anchieta escreveu poemas e autos nessa língua para uso na catequese. Os jesuítas foram os primeiros responsáveis, já no século XVI, pelo estudo da língua tupi, pela organização de vocabulários e por publicações sobre essa língua e suas variantes regionais. Cf. Joseph de Anchieta, *Arte de grammatica da língua mais usada na costa do Brasil*, Em Coimbra per Antonio de Mariz, 1595. Edição fac-similar: Edições Loyola, São Paulo, 1990; Pero de Castilho, *Vocabulário da Língua Brasílica*, manuscrito português-tupi do séc. XVII, coord. e prefaciado por Plínio Airosa, São Paulo, 1938, v. XX. Coleção Departamento de Cultura.
11 Cf. Pero de Magalhães Gândavo, *História da Província de Santa Cruz*, Belo Horizonte, Itatiaia, 1980 [1. ed.: 1575], p. 33.
12 Cf. Adolpho Coelho, *Manual Etymologico da Lingua Portugueza*, cit., p. 1.148.
13 Cf. João Guimarães Rosa, *Grande sertão: veredas*, 9. ed., Rio de Janeiro, José Olympio, 1974, p. 289.
14 Idem, pp. 152, 303 e 393.
15 Cf. José de Souza Martins, "Mestiçagens da língua", *O Estado de S. Paulo*, 22 de maio de 2011, Caderno Aliás, p. J6. Apesar das controvérsias posteriores sobre o sentido das palavras *caipira* e *kuaipira*, Almeida Nogueira, que estudou a língua geral, as traduz, respectivamente, como "pele tostada" e "o homem corrido, envergonhado, abatido, submetido". Cf. Baptista Caetano de Almeida Nogueira, op. cit., p. XII. Tenho observado que palavras nheengatu nasceram depois da Conquista para designar realidades dela decorrentes. É o caso do mameluco, na palavra "caipira", que resultou da mestiçagem do branco com a índia.
16 Cf. João Guimarães Rosa, op. cit., p. 52.
17 Cf. Walnice Nogueira Galvão, *As formas do falso: um estudo sobre a ambiguidade no* Grande sertão: veredas, São Paulo, Perspectiva, 1972.
18 Cf. F. Adolpho Coelho, op. cit., p. 282.
19 Cf. Luís da Câmara Cascudo, *Dicionário do Folclore Brasileiro*, 3. ed., Brasília, Instituto Nacional do Livro, 1972, v. I, pp. 205-7.
20 Idem.
21 Cf. Padre Manoel da Fonseca, *Vida do Venerável Padre Belchior de Pontes, da Companhia de Jesus Da Província do Brasil*, Lisboa. Na Officina de Francisco da Silva, ano MDCCLII. Reeditado pela Companhia Melhoramentos de S. Paulo, S. Paulo [1932], p. 233.
22 Cf. Álvares de Azevedo, *Obra Completa*, org. Alexei Bueno, Rio de Janeiro, Nova Aguilar, 2000, p. 106.
23 Cf. *A Província de São Paulo*, 7 de outubro de 1887, p. 2.
24 Cf. Ramalho Ortigão, "Cartas Portuguezas", *Gazeta de Notícias*, ano VIII, n. 180, Rio de Janeiro, 1º jul. 1882, p. 1.
25 Cf. Mello Moraes Filho, *Os ciganos no Brasil*, Rio de Janeiro, Garnier, 1886. Reedição: *Os ciganos no Brasil e cancioneiro dos ciganos*, Belo Horizonte/São Paulo, Itatiaia/Edusp, 1981.
26 Adolfo Coelho é citado como filólogo num livro de Melo Moraes Filho sobre poetas brasileiros. Cf. Mello Moraes Filho, *Poetas brasileiros contemporâneos*, Rio de Janeiro, Garnier, 1903, p. 456 e ss.
27 Cf. Adolfo Coelho, *Obra etnográfica*, cit., pp. 562 e 672.
28 Cf. Henri Lefebvre, "Problèmes de sociologie rurale", *Cahiers Internationaux de Sociologie*, Paris, Seuil, 1949, v. VI, pp. 78-100; e Henri Lefebvre, "Perspectives de sociologie rurale", *Cahiers Internationaux de Sociologie*, Paris, Seuil, 1953, v. XIV, pp. 122-40. Cf., também, Henri Lefebvre, *La Production de l'Espace*, cit., p. 79-81.
29 Cf. Jean-Paul Sartre, *Crítica de la Razón Dialéctica*, 2. ed., trad. Manuel Lamana, t. I, Buenos Aires, Losada, 1963, pp. 49-50.
30 Cf. Sylvio Romero, *Contos populares do Brasil*, 4. ed., Rio de Janeiro, Francisco Alves, 1907.
31 Cf. *Correio paulistano*, São Paulo, 26 jun. 1911, p. 40.
32 Cf. *Correio Paulistano*, São Paulo, 11 maio 1911, p. 9; *Correio Paulistano*, São Paulo, 12 nov. 1919, p. 10.
33 Cf. *Gazeta de Notícias*, Rio de Janeiro, 17 out. 1881, p. 3.

[34] Cf. *Gazeta de Noticias*, Rio de Janeiro, 19 abr. 1883, p. 2.
[35] Cf. *Correio Paulistano*, São Paulo, 5 out. 1905, p. 5.
[36] Cf. Américo de Moura, "Ortografia portuguesa", *O Estado de S. Paulo*, São Paulo, 29 ago. 1912, p. 3.
[37] Cf. "Ortographia nacional", *Correio Paulistano*, São Paulo, 5 abr. 1912, p. 4.
[38] Um apanhado parcial e ameno dessas dificuldades encontra-se nos artigos do filólogo paulista Silvio de Almeida, de que destaco sua coluna "Divagações", *O Estado de S. Paulo*, 8 jul. 1912, p. 5; "Divagações", *O Estado de S. Paulo*, 22 jul. 1912, p. 7.
[39] Cf. *Correio Paulistano*, São Paulo, 6 out. 1915, p. 4.
[40] Cf. *Correio Paulistano*, São Paulo, 2 out. 1915, p. 4.
[41] Cf. Adolfo Coelho, "A pedagogia do povo português", em *Obra Etnográfica*, v. II, cit., pp. 180-2.
[42] Cf. Fernando Henrique Cardoso, "O Estado na América Latina", em Paulo Sérgio Pinheiro (coord.), *O Estado na América Latina*, Rio de Janeiro/São Paulo, Paz e Terra/Cedec, 1977, pp. 77-99.
[43] Cf. F. Adolpho Coelho, *A questão do ensino*, Porto, Livraria Internacional, 1873.
[44] Cf. *Correio Paulistano*, ano XVIII, n. 1.490, São Paulo, 27 jul. 1871, p. 2; *A Republica*, ano 5, n. 104, Rio de Janeiro, 5 ago. 1871, p. 2.
[45] Cf. *Correio Paulistano*, ano XVIII, n. 1.547, São Paulo, 5 out. 1871, pp. 1 e 2.
[46] Cf. *Diário de S. Paulo*, ano VIII, n. 2.328, São Paulo, 27 jul. 1873, p. 2.
[47] Cf. Euclydes da Cunha, *Canudos: Diário de uma expedição*, Rio de Janeiro, José Olympio, 1939.
[48] Cf. Padre António Vieira, *Apologia das coisas profetizadas*, org. e fixação do texto de Adma Fadul Muhana, trad. do latim de Arnaldo Espírito Santo, Lisboa, Cotovia, 1994, esp. pp. 183-96.
[49] Cf. Adolfo Coelho, "A cultura mental do analfabetismo" e "Atraso da cultura em não analfabetos", em *Obra Etnográfica*, Lisboa, Dom Quixote, 1993, respectivamente, pp. 253-71 e pp. 273-99. v. II –"Cultura popular e educação".
[50] Cf. "O estudo do Latim na Universidade", *O Estado de S. Paulo*, 5 dez. 1954, p. 3.
[51] Cf. "Movimento associativo: Sociedade de Estudos Filológicos", *O Estado de S. Paulo*, 5 ago. 1942, p. 8.
[52] Cf. "Sociedade de Estudos Filológicos", *O Estado de S. Paulo*, 1º set. 1942, p. 4.
[53] Cf. Fernando Mendonça, "No centenário das conferências do Casino", *O Estado de S. Paulo*, ano 15, n. 721, Suplemento Literário, 23 maio 1971.
[54] Cf. Paulo Duarte, "Xingar", *O Estado de S. Paulo*, 30 abr. 1949, p. 2.
[55] Cf. Otoniel Mota, *Do Rancho ao Palácio*, São Paulo, Companhia Editora Nacional, 1941.
[56] Professores da USP que traduziram livros dessa versão da Bíblia: Protestantes – Theodoro Henrique Maurer Jr., Jorge Cesar Mota, Isaac Nicolau Salum; Católico: Dom Estêvão Bettencourt. Revisores Literários: Alfredo Bosi, Antonio Candido de Mello e Souza e Antonio da Silveira Mendonça. Cf. *A Bíblia de Jerusalém: Novo Testamento*, São Paulo, Paulinas, 1979; *Bíblia de Jerusalém*, revista e ampliada, São Paulo, Paulus, 2002.

TERCEIRA PARTE

DESIGUALDADE E DIFERENÇA: CILADAS DA COMPREENSÃO

A diferença contra a desigualdade: as identidades sociais dinâmicas

A Sociologia tem sido solicitada a diagnosticar incômodos sociais sempre que à consciência coletiva chegam contradições da organização da sociedade. Nesse sentido, é compreensível que a Sociologia seja com frequência a voz científica da vítima, daquele que grita porque sofre com o que aqui estamos chamando de desigualdade e de diferença.

No entanto, nem a igualdade nem a semelhança existiram jamais na acepção que tais palavras têm nos dias de hoje. Até porque desigualdade e diferença são concepções e situações próprias da sociedade de cujas transformações emergiu o novo sujeito social que é o indivíduo. Antes disso a sociedade não era uma organização de indivíduos. Ninguém existia senão como membro e parte de um todo social e todo de identidade grupal ou coletiva, fosse a tribo, a comunidade, a casta, o estamento. Prevalecia aí o pertencimento sobre a individualidade apenas potencial e remota, dependente de transformações e rupturas sociais e históricas.

Com os olhos de hoje podemos ver nessas formas de agrupamento e de organização social diferenças e desigualdades. Mas nosso ver de agora não tem o menor sentido nem tem a menor legitimidade, nem científica. Portanto, é sempre estranho constatar que a Sociologia assuma o ponto de vista popular de que a sociedade foi igualitária e socialmente uniforme algum dia e que, por um perverso desvio qualquer, tenha se afastado dessa premissa idílica.

Não é raro que certo simplismo, pretensamente politizante, atribua a desigualdade e a diferença ao caráter intrinsecamente mau e perverso do capitalismo, a sociedade em que afinal vivemos e, até, para a qual vivemos mesmo que não queiramos. Com frequência, nos esquecemos de que a sociedade capitalista foi precedida por desigualdades e diferenças muito mais acentuadas do que as que conhecemos. E que esta sociedade ainda não explicitou todas as suas virtualidades nem todas as suas contradições. Esquecemos que as sociedades socialistas, que supostamente deveriam ter superado as contradições do capitalismo, criaram e difundiram novas desigualdades e novas diferenças. Não só efetivas desigualdades sociais e, sobretudo, desigualdades de poder, mas também diferenças sociais que representaram exacerbações de prévias diferenças de gênero, de religião, de etnia, de idade, dentre outras.

Não nos interrogamos suficientemente por qual razão a sociedade capitalista, que é estruturalmente contratual e igualitária, não corroeu ao menos nem superou desigualdades e diferenças que foram típicas do antigo regime. Ao contrário, em não poucas vezes, fortaleceu-as e deu novas funções essenciais ao seu núcleo lógico que é a acumulação de riqueza e a acumulação de poder. Formas próprias de exploração do trabalho pré-capitalista e pré-moderno tornaram-se poderosas fontes de acumulação de capital e tornaram-se fatores de gestação de categorias sociais marginais e impotentes para reivindicar até mesmo o que é essencialmente próprio da sociedade capitalista.

A sociedade contemporânea não só criou novas formas de desigualdade, como manteve, ainda que parcialmente, reformuladas e adaptadas, desigualdades anteriores. Transformou as diferenças em categorias substantivas e meios de discriminação, fazendo delas instrumentos de um sistema de desigualdades, mais do que de um sistema de identidades e de direitos. No horizonte dessa desigualdade estrutural firmou-se a legitimidade, oriunda do escravismo colonial, das diferenças sociais como diferenças hierarquizantes e não diferenças de identidade. A diferença tem sido tratada como uma deficiência e uma privação, em vez de ser tratada pelos próprios sujeitos como qualidade diferencial positiva e matriz de identidade e de recusa da igualdade meramente ideológica, anuladora das diferenças. Na sociedade moderna, a diferença só tem sentido como diferença cidadã e nessa perspectiva só pode ser derivada da igualdade jurídica, portanto da igualdade de direitos.

É necessário distinguir a igualdade jurídica da igualdade social. Esta é uma sociedade em que as pessoas são juridicamente iguais, mas, de fato, economicamente desiguais, o que as faz também socialmente desiguais. Além disso, o imaginário da igualdade é nela derivado da mediação das coisas e, portanto, da coisificação das pessoas. É, portanto, um imaginário essencial à concretização da exploração do trabalho e da desigualdade que daí decorre.

Não temos nos interrogado, como pesquisadores, sobre o fato de que a República teoricamente igualitária, de 1889, herdou do Império e, em vários casos, manteve a desigualdade política, atribuindo direitos políticos a alguns grupos sociais e a outros não, como foi o caso das mulheres, dos mendigos, dos praças de pré e dos analfabetos. Como é necessário nos perguntarmos se nossa preocupação com temas como esse não constitui antes expressão de medos e anseios da classe média que somos e da nossa participação subalterna nos mecanismos de dominação desta sociedade. É muito pouco provável que os sociólogos brasileiros de hoje não conheçam alguém que esteja ou já esteve na estrutura do Estado. No fim das contas, de alguma forma extraeleitoral, vincular-se ao poder, direta ou indiretamente, torna quem o faz cúmplice desse falso igualitarismo e das maquinações que recorrem a técnicas sociais para manter a desigualdade. E, ao mesmo tempo, assegurar a ideologia igualitária esdrúxula de que os iguais são os que pertencem à mesma corporação ideológica ou à mesma corporação partidária. Vivemos isso no Brasil neste momento, a nova esquerda proclamando e realizando a iníqua concepção de uma igualdade instrumentalizada pelos mais iguais.

A igualdade é uma construção que se dá nos embates sociais, produto e expressão da superação dos bloqueios a que a igualdade se confirme. A construção da igualdade se dá num campo de possibilidades e de limitações. É evidente que não basta a lei dizer que somos iguais. É preciso saber quais as condições para que a igualdade se efetive, o que quer dizer, também, contra o que a utopia da igualdade se propõe, a partir do que ela se torna um norte social e político. Mas nos embates sociais a impossibilidade histórica de concretizar a igualdade no capitalismo tem dado lugar ao falso igualitarismo do imaginário corporativo das categorias sociais parciais como as de gênero, de raça e de idade. A ideologia da ascensão social pelo trabalho, por seu lado, durante muito tempo remendou, e bem, o tecido roto de uma ordem social de desigualdades. Transferiu para as gerações seguintes a possibilidade e o ônus do acesso à categoria daqueles cujas condições de vida pudessem compensar os socialmente destituídos por longo tempo de discriminações e injustiças sem, com isso, tornar igualitária a sociedade.

No Brasil, a igualdade foi politicamente proposta, justamente pelos beneficiários da desigualdade e proposta, portanto, como igualdade limitada e condicional. Há entre nós uma certa consciência de que quando a população se sente beneficiada por algo que se lhe dá é porque, ocultamente, algo lhe está sendo tirado. A abolição da escravatura não ocorreu apenas porque havia uma consciência social moderna que não suportava conviver com o atraso e a iniquidade do cativeiro. Ocorreu, também, porque com a cessação do tráfico negreiro, em 1850, apesar do tráfico interprovincial, o preço do escravo subiu no mercado de cativos, o que afetou a economia, especialmente a economia dos ricos. O trabalho escravo se tornava progressivamente antieconômico. De modo que, no confronto com o trabalho livre, além do mais subvencionado, o trabalho escravo deixava de ser lucrativo. Sem contar os muitos bloqueios, de toda ordem, que a escravidão impunha ao livre fluxo e reprodução do capital. Não é casual que a forma da extinção do cativeiro tenha sido proposta e efetivada pelos próprios fazendeiros e pelos bacharéis que os acompanhavam, e não pelo negro cativo.

Se a igualdade é uma construção social e política, a diferença na igualdade também o é. Porém, se a igualdade, para se impor, depende muito da mediação do Estado, a diferença depende muito da ação da sociedade civil, não raro, dos movimentos sociais. Ou seja, depende muito do reconhecimento prévio da igualdade. Na América Latina, estamos passando por uma onda de clamores pelo reconhecimento da legitimidade da diferença de diferentes categorias de pobres e marginalizados, como negros, índios, trabalhadores rurais sem terra. São populações não só pobres, mas também destituídas da possibilidade de inserção na modernidade social que as classificou e confinou na polarização classificatória, dualista e mecanicista, de ricos e pobres.

No entanto, seu clamor se dá no marco do pretérito e não no marco do presente e do possível. Se dá em nome de uma diferença que resultou das iniquidades sociais da sociedade colonial e não em nome das possibilidades da sociedade contemporânea. Nem em nome do reconhecimento de que a diferença metamorfoseada na atualidade implica a aceitação da sociedade na sua universalidade e no âmbito do possível que ela contém. Esse clamor, porém, é feito em nome da particularidade, não em nome da universalidade do singular; é corporativo e antagônico, não raro inspirado por uma ideologia da restauração e da restituição, o que, na melhor das hipóteses, constitui uma proposta de inversão da sociedade do passado como modelo para consertar a sociedade do presente e construir a sociedade do futuro. Nesse caso, a desigualdade não se manifesta nem se propõe como diferença e como reconhecimento do direito à diferença do outro, como superação na afirmação da diferença e seus méritos e possibilidades.

É o caso da reivindicação de cotas raciais para ingresso na universidade. É proposta feita em nome da questão da desigualdade social e da injustiça social que parcialmente se expressam na sua concentração desproporcional em pessoas de cor negra. No entanto, ao não se propor no marco de processos sociais de superação universal da desigualdade, torna-se uma reivindicação legitimadora da desigualdade que há na diferença como estigma e não na diferença como atributo.[1] Longe, portanto, de constituir uma proposta de reconhecimento do direito à diferença, mas algo no estilo do jogo do contente, de Pollyanna (Eleanor H. Porter, *Pollyanna)*, como ocorreu nos Estados Unidos, na consigna do *"black is beautiful"*, o negro é bonito.[2] Porque pressupõe o privilégio corporativo de uma fugidia identidade de cor em país mestiço e não a universalidade que no direito de todos reconheça o direito à diferença. O problema dos bloqueios à constituição do ser genérico é um problema já proposto por Marx em vários momentos de sua obra, particularmente em seu estudo sobre a questão judaica.[3] Não se trata de condenar as cotas nem a luta por elas, numa sociedade em que a questão racial se propõe de maneira diversa do modo como se propõe na pátria do cotismo, os Estados Unidos. Mas de nos interrogarmos a propósito de uma nova reivindicação social contra a desigualdade que propõe uma saída para os afrodescendentes negros, hierarquizando com base na lógica da mesma desigualdade.

As reivindicações em nome das populações indígenas, mais próximas da situação de origem do que os negros, situam-se, igualmente, nesse terreno de ambiguidades e de dupla orientação identitária. Divididos entre preservar territórios para preservar sociedades e enfrentar os inevitáveis desafios da modernidade e da contemporaneidade, não podem reduzir a luta que travam à mera afirmação da diferença nem podem reduzi-la ao pressuposto do confinamento das nações indígenas. Dilema que expressa o fato de que a sociedade brasileira não é uma sociedade democraticamente aberta à possibilidade da constituição de diferenças sociais substantivas e, ao mesmo tempo, participantes. O que expõe de modo dramático as dificuldades para que esta sociedade se desenvolva no sentido de se constituir como sociedade efetivamente pluralista que supere as desigualdades sem escamotear e mesmo destruir diferenças sociais que são repositórios de valores de afirmação da liberdade e da universalidade do gênero humano.

Não é menos complexo o cenário em que se movem os chamados "sem-terra". Historicamente órfãos e marginalizados, encontraram nos defensores de sua causa um meio de afirmação de suas demandas, sem dúvida, mas também um meio de manipulação de sua situação social e de suas necessidades que empobrece e bloqueia suas possibilidades sociais, políticas e históricas. A reivindicação em nome de metas políticas alheias reduz seu potencial de participação na transformação social, escravizados às demandas oportunistas de um partido político que padece as dificuldades de ser canal de demandas entre si desencontradas e conflitantes. Ao mesmo tempo, o rótulo político de "sem-terra" encobre diferenciações no interior dessa categoria artificial, que são diferenciações sociais e históricas profundas. Como as que separam um deserdado colono do Sul, um posseiro do Centro-Oeste, um antigo colono de café de São Paulo, um alugado do cacau na Bahia, um seringueiro da Amazônia ou um ex-morador de fazenda de cana do Nordeste.

Situados diversa e desencontradamente na complexa mediação da renda da terra no processo de reprodução ampliada do capital, acabam manietados na demanda de uma reforma agrária sem diversidade que é antes de tudo luta alheia por um nacionalismo mal explicitado e um anti-imperialismo ultrapassado. Bloqueados, por essa mediação anacrônica, não conseguem situar-se nas possibilidades históricas da sociedade contemporânea nem conseguem alinhar o real e o possível em sua práxis mística e pré-política. Movem-se em torno de uma temporalidade de referência que, se contém a possibilidade do utópico, não contém a possibilidade da superação da trama de adversidades que os atou ao passado e bloqueia a realização da utopia. Encontrar a saída no retorno ao tempo mítico da plenitude edênica é empenhar-se no retorno a um tempo que não existiu em detrimento da luta pela realização de uma sociedade possível, pela superação de contradições que não envolvem apenas contraposições dualistas, mas sobretudo o movimento da História. Neste caso, a afirmação da diferença depende da construção social, cultural e política de uma diferença identitária que não seja mero recuo na direção da contraposição a uma desigualdade simplisticamente econômica, da qual a identidade seria mero e mecânico efeito.

São exemplos de como a identidade buscada nas categorias sociais mais gerais do plano político subjuga e anula as diferenças substantivamente identitárias, aquelas de eficácia histórica, as que contêm a possibilidade dinâmica da ponte entre o propriamente histórico e o cotidiano em que as diferenças balizam e determinam as ações e as relações sociais.

Mas categorias mais gerais, aquelas que rotulam identidades abrangentes, no geral escondem diferenciações e dominações no seu interior. Identidades reificadas anulam, como sugere Nancy Fraser, a força histórica da identidade ao reforçarem a manipulação e a dominação de um grupo sobre outros no seu interior.[4] Em casos como o da reivindicação de cotas raciais aqui no Brasil, a demanda não é acompanhada de um debate teórico sobre os seus efetivos sujeitos, as desigualdades sociais que a demanda oculta e a reprodução da estrutura de classes no interior de uma categoria étnica. Além de esvaziar a demanda pela falta de uma efetiva luta pelo reconhecimento da identidade do negro, seus fatores, seu alcance social, cultural e político. O que implica reconhecer também a inversão estrutural que há no deslocamento da desvalorização de cor para fora da estrutura de classes e no deslocamento da estrutura de classes para o interior de uma estrutura social de referência em que as polarizações de cor da epiderme redefinem as identidades reconhecidas sem emancipá-las.

É que, assim como há a expressão propriamente histórica da identidade, como nesses casos, há também as questões interativas decorrentes do drama cotidiano de afirmação das identidades. A identidade não se propõe no plano do mero querer e da mera subjetividade e sim no plano da circunstância e do vivencial, portanto, no plano da práxis e suas mediações. Ela depende tanto de um reconhecimento social quanto da manipulação de impressões, como a define Goffman, para estabelecer-se no plano do processo interativo.[5] É como se fosse um jogo entre o ponderável e o imponderável. Nele é pequena a probabilidade de uma plena consciência social por parte do indivíduo, mesmo quando se empenha na busca e afirmação de uma identidade social. No mais das vezes, essa identidade é reduzida no seu alcance histórico pelas deformações ideológicas que decorrem das mediações que separam aquilo que o indivíduo quer, e pensa que é, daquilo que o indivíduo é sociológica e historicamente.

Mesmo quando a competência na manipulação de impressões para constituição de uma identidade social chega muito perto do que pode ser reconhecido e aceito, as questões são complexas. Relembro o caso de Agnes, analisado por Harold Garfinkel na perspectiva de sua etnometodologia. Agnes tinha características físicas femininas, mas também masculinas. Autodefinindo-se como mulher, tinha, no entanto, escroto e pênis bem desenvolvidos. Procurou auxílio médico para eliminar a anomalia e tornar-se definitivamente mulher, pois à primeira vista nada dizia que fosse homem. Oito anos depois, finalmente, Agnes revelou aos médicos que estivera tomando hormônios para desenvolver suas características femininas, quando era na verdade homem. A equipe de médicos, mais o sociólogo e o psicólogo que se envolveram nas conversações com Agnes para tomar uma decisão final quanto ao que fazer, foi enganada pelo paciente e se deixou enganar pela chamada apresentação da pessoa, isto é, pelos modos, gestos, entonação da voz.[6] Fundamentalmente, Agnes inventara sua identidade e na interação cotidiana construíra-a na mediação dos outros.

Circunstância histórica e interação social cotidiana combinam-se de vários modos na produção social das identidades diferenciais, na produção das evidências exteriores de identidades potenciais cujo reconhecimento e cuja afirmação social e política dependem de situações no geral fluidas e transitórias. "Negro", não obstante a cor da pele, é definição instável porque depende do que social e politicamente se quer dizer com essa categorização e do que a sociedade tem condições de reconhecer e legitimar.

Chamo a atenção do leitor para o documentário que o antropólogo Wagner Morales fez na favela de Heliópolis, em São Paulo, *Preto contra Branco* (2004). Uma das maiores favelas de São Paulo começou a se formar nos anos 1950, povoada por migrantes nordestinos e mineiros atraídos pela expansão da indústria na região do ABC, especialmente a indústria automobilística. A população original era constituída de negros e brancos. Com o tempo, houve casamentos mistos e o nascimento de filhos mulatos. Não obstante, a tensão racial era e é forte e se manifesta tanto nos encontros de botequim, no fim do dia de trabalho, quanto nas disputas de futebol de várzea. Um velho morador negro, frequentador dessas rodas, propôs há 30 anos que no campo do Flor de São João Clímaco se realizasse todos os anos, no domingo anterior ao Natal, uma disputa futebolística de negros contra brancos. O documentário mostra, justamente, a tensão que cerca a disputa nos dois ambientes, o do campo e o do boteco.

A questão, porém, é que com exceção dos notoriamente negros e dos notoriamente brancos, há, entre eles próprios, a dúvida em relação aos filhos dos casamentos mistos, que devem decidir por si mesmos se são negros ou brancos para participar do jogo. Apesar da liberdade individual de decisão, família e comunidade acabam dando opinião contrária ou favorável à autoclassificação daquele a quem cabe decidir se é preto ou é branco. Na disputa esportiva toda a tensão racial surge de maneira quase violenta, nos empurrões e nos pesados xingamentos. Qualquer que seja o resultado do jogo, porém, a disputa é encerrada com um churrasco que reúne as famílias dos dois lados, quando os contendores, que são amigos de boteco no cotidiano, abraçam-se e desculpam-se pelas ofensas recíprocas.

Trata-se de um modo socialmente criativo de reconhecer sem hipocrisia as diferenças raciais e ao, mesmo tempo, um modo sociologicamente inovador e eficaz de inventar a sociedade da utopia de uma sociedade igualitária e sem raças, uma sociedade mestiça. No fundo, uma prática característica da sociedade brasileira e até hoje mal analisada que é a da invenção da mulatice e da mestiçagem como a verdadeira diferença que supera a polarização racial. A tendência popular tem sido, historicamente, a de não desconhecer o fundamento racial da sociedade brasileira e o racismo que dele se nutre, o lado que dói na vida cotidiana e de cada um. Mas de, na mestiçagem que o acaso tem promovido, superá-los de modo irremediável, tornando artificial e ideológica a classificação racial e os ódios que carrega.

Neste momento, no Brasil, os esforços políticos para legitimar a cor como fundamento de direitos historicamente sonegados aos descendentes dos escravos trazidos da África, ultrapassa imaginariamente os limites da negritude para abarcar o mais possível a extensa massa dos mestiços, muitos dos quais nem mestiços de negro são, como é o caso dos pardos.

Fora do âmbito racial, o mesmo ocorre com os sem-terra, uma categoria crescentemente fantasiosa porque recrutada no vago terreno da chamada "exclusão social". E não propriamente no âmbito da muito menos ampla categoria dos que possam ser sujeitos de necessidades radicais, isto é, necessidades históricas que não podem ser superadas sem transformações sociais profundas, como é o caso de uma radical revisão no direito de propriedade.

Sem contar que no caso do negro não estamos em face de uma necessidade propriamente radical, que implique mudanças sociais profundas e abrangentes. Estamos em face de uma carência de pleno exercício de direitos, decorrente de uma história social de privações que estruturalmente tem alcançado, e alcança, negros e brancos, ainda que em desiguais proporções. Não é a proporção que define o problema e sim a qualidade da injustiça social e da discriminação correspondente. Não se propõe como radical a necessidade de reconhecimento dos afrodescendentes, entre nós, justamente porque se propõe no restrito âmbito dos curativos assistenciais que o Estado pode oferecer, através da imposição de um direito racial que se sobrepõe à própria cidadania juridicamente igualitária. Nessa opção, deixa de se propor como necessidade propriamente radical que, ao livrar o negro dos efeitos perversos da discriminação e da desigualdade, livre o branco simultaneamente da perversidade do preconceito de cor de que ele seja, voluntária ou involuntariamente, agente. Isto é, liberte e emancipe a todos e não só a alguns.

As formas elementares e superficiais de manifestação das diferenças são, muitas vezes, objeto de manipulação política, manipulação que, contudo, não tem nenhum alcance histórico, a não ser o alcance circunstancial de pequena duração que pode decorrer da consciência cotidiana dos envolvidos. Num mundo que tende à globalização do gosto e à uniformização da apresentação pessoal, ficando as variações e diferenças circunscritas ao detalhe e ao superficial, a competência individual e social para compreender e manipular diferenças fica reduzida ao insignificante e meramente perceptivo. A mesma sociedade que cria, reproduz e multiplica diferenças cria os meios de maquiagem e mascaramento dessas diferenças, o que põe a sua manifestação e o seu exercício como direito numa tensão permanente, tendente a anular a força identitária que a diferença contém. Além do que, a vida cotidiana na sociedade contemporânea está marcada por identidades transitórias que as inscrevem no plano do que se pode definir como moda, identidades diferentes das identidades históricas porque determinadas por uma obsolescência social de curto prazo e uma eficácia superficial e passageira.

Nesse plano, a desigualdade social verdadeira, profunda e dramática, constitutiva do advento da sociedade moderna, engendrada pelo capitalismo e pela exploração capitalista do trabalho, tende a se diluir nas desigualdades de tempo curto e até ocasionais, meros indícios e sintomas da desigualdade mais profunda e de superação mais difícil. A desigualdade tende a chegar à consciência social e individual como diferença, caso em que as diferenças substantivas como a de gênero, de cor e de condição social e mesmo etárias também se diluem nas diferenças superficiais e num certo sentido manipuláveis do cotidiano. Mais do que sociedade do espetáculo, a sociedade contemporânea é a sociedade da maquiagem e da permanente e inócua preparação para o espetáculo que não se consuma senão como ensaio geral permanente.

Essa é a sociedade do bastidor e do beco sem saída. É compreensível, portanto, que seja, também, a sociedade em que o capitalismo tenha deixado de ser a sociedade da luta de classes, mesmo que ainda estruturado em classes sociais. Para se tornar a sociedade dos movimentos sociais pelos direitos dos que se julgam diferentes porque privados da igualdade plena que o capitalismo proclama no plano jurídico e nega no plano econômico e social. A sociedade, enfim, em que as classes sociais do conflito constitutivo do capitalismo foram sobrepostas pelas diferenças sociais constitutivas da teatralidade superficial da cotidianidade.

A pressuposição de que no interior das categorias sociais as relações são de solidariedade (de classes, de gênero etc.) não leva em conta o caráter competitivo da sociedade contemporânea, a escassez de oportunidades relativamente à sua demanda e o individualismo correspondente. É uma herança ideológica do suposto comunitarismo decorrente da situação social convergente da classe operária. Mas nelas as relações são de interesse e os motivos são os da apropriação diferencial e desigual dos bens e direitos e não a superação da situação social de privação relativa, a mudança e a transformação social. Se há uma engenharia dos poderes, como há, que administra as relações sociais no sentido da manutenção da ordem, o que pode a Sociologia contra esses poderes, a não ser situar-se como cúmplice deles? Não é isso que vemos nas políticas sociais? A escassez tem sido o mecanismo regulador das relações sociais por excelência: escassez de emprego, escassez de meios, escassez de poder, escassez de comida (como, no período colonial, a postiça escassez de sal), escassez de liberdade e até escassez de sonho e de utopia.

A influência da Sociologia de Nancy Fraser na formulação da temática deste Congresso é muito evidente. Ela é uma teórica feminista que pressupõe a superação da sociedade de classes e a emergência de novas diferenciações sociais, socialmente ativas no pós-capitalismo e no pós-socialismo. Essa linearidade do tempo, porém, pode ser contestada quando se pensa o tema da diferenciação social não histórica em face da diferenciação histórica própria da sociedade de classes. Aqui na periferia do mundo moderno, diferente do mundo de referência dessa autora, o tempo social é constituído por uma pluralidade de tempos históricos, substantivamente personificados por indivíduos e categorias sociais, o que multiplica as dificuldades da transformação social induzida e fragiliza os sujeitos sociais. O cenário da discórdia é bem maior do que o da concórdia; o da divergência mais amplo do que o da convergência. O espaço público é uma arena de contendas e disputas muito pouco democráticas. Se a sociedade de classes se constituía na mediação do conflito de classes e das situações sociais de classe, a sociedade pressuposta por Fraser é constituída por diferenciações meramente categoriais, rotulações que dão nome às agregações da aparência, ao meramente fenomênico. O que não quer dizer que os atores da diferenciação de gênero não tenham demandas concretas a apresentar e lutas efetivas a desenvolver. O mesmo vale para as categorias etárias. Quarenta anos depois da revolução juvenil de 1968, pouco ficou seja para a sociedade em conjunto, como também para os jovens em particular, cujos problemas e cujas incertezas se multiplicaram.

As demandas das categorias sociais produzidas por essa nova diferenciação social, assinalada por Fraser, aparentemente, encobrem e atenuam necessidades radicais, cuja eficácia histórica e política se traduz em transformações sociais que alcançam o cerne da sociedade inteira. Reduzidas a gênero, raça ou idade, transformam-se em demandas corporativas e anulam a sua universalidade potencial. Reduzidas a grupos categoriais que mudam a sociedade para si, mas não a mudam para os outros, sobretudo para todos.

A busca das novas identidades sociais, que são as identidades dos "novos" sujeitos sociais, tem deixado de lado a historicidade dos processos sociais e, consequentemente, o fato de que os "novos" não são novos e sim novos modos possíveis de ser e de se expressar social e historicamente. As novas identidades expõem cristalizações e paralisações do processo social, momentos em que a perda do sentido e da perspectiva da história pede que se explore a dinâmica do imobilizado no cotidiano e no repetitivo. As identidades se cristalizam por força da paralisação, contenção e controle do possível no plano histórico. Explora-se o possível no plano restrito dos sujeitos que personificam intensamente as aparências e não o historicamente possível de que são protagonistas sem o saber. Os sujeitos segregam-se na identidade restrita. Nesse sentido, o possível dos novos sujeitos é de fato o historicamente impossível.

A afirmação política de novas identidades é parte constitutiva do processo de desidentificação, de superação das identidades vencidas. A identidade é referencial, ao mesmo tempo que é vaga o suficiente para limitar o seu exercício ao próprio cotidiano. Quem luta por afirmar identidade não é quem dela supostamente carece, mas quem carece que determinados grupos sociais tenham identidade, para que possam entrar no jogo de manipulações, para que possam ter interesses a defender e quem os defenda. O proletariado não lutou por uma identidade operária. Foram os intelectuais que o fizeram por seus próprios motivos e seus próprios interesses.

Propor uma identidade é propor um modo de capturar o outro. A identidade é uma prisão, a menos que o seu protagonista tenha condições de concebê-la na perspectiva das contradições sociais de que resulta.

A luta pela igualdade da mulher passou pelo reconhecimento de que a entrada no mercado de trabalho daria a ela a autonomia que não tinha na servidão doméstica. Permitiria que ela mergulhasse no igualitarismo contratual em que se tornaria juridicamente igual, sem dúvida, mas econômica e socialmente desigual, uma nova desigualdade, como é próprio das relações de trabalho no âmbito da reprodução ampliada do capital. Ao entrar na força de trabalho, entrou, também, diretamente, no núcleo do sistema de contradições pelo qual o capital se reproduz e pelo qual cria as identidades que são necessárias à sua reprodução ampliada, à sua multiplicação.

Mesmo a luta tardia do afrodescendente no Brasil, em particular do negro, não é luta do negro propriamente, mas da classe média negra que já não tem nem pode ter identificações com sua negritude de origem. Luta, sobretudo, dos mestiços que sofrem a ideológica discriminação e degradação decorrente da pigmentação negra num corpo sociologicamente branco. É luta que se move motivada por aspirações de classe média, a mais branca das classes sociais nas suas ambiguidades e nas suas motivações. Não há nada nos movimentos motivados por uma "causa negra" que indique uma consciência crítica das grandes perdas sociais e culturais que alcançaram os negros nas Américas, em particular a grande fratura interior que neles separou o dia da noite, a vigília do sonho, a vida da morte.[7] E os transformou em brancos de pele negra. A falta dessa consciência crítica já é um sinal de perda da negritude fundante de um clamor possível dos descendentes das vítimas da escravidão.

Enquanto a Sociologia propôs o tema da desigualdade no âmbito macroestrutural das grandes classificações sociais e das grandes realidades sociais, especialmente as dos confrontos constitutivos do contemporâneo, sua compreensão era relativamente simples e não apresentava grandes dificuldades, nem teóricas na explicação nem empíricas na investigação. À medida que a Sociologia começou a compreender e expor a ineficácia relativa dessas grandes categorias e das explicações consequentes, defrontou-se com os desafios da precedência vivencial da vida cotidiana e de sua configuração como modo de vida e como mentalidade. Ou seja, viu-se diante da necessidade teórica de reconhecer a substância sociológica da alienação, das mistificações e da teatralidade cotidiana, a precedência das ocultações, na investigação das estruturas sociais e até de reconhecê-las como estruturas sociais profundas. E já não se trata de "limpar a área da cirurgia", de remover o supérfluo para ir ao essencial, e sim de reconhecer o essencial do teoricamente supérfluo.

Diante dessa situação, a Sociologia se concentrou no propriamente fenomênico das relações sociais, reconheceu-lhe a legitimidade teórica e desencadeou uma linha de investigação e de análise que fez do socialmente consciente e cotidiano o referencial de estudos de fundamental importância para a compreensão da cotidianidade. A compreensão sociológica do cotidiano deu uma nova dimensão à Sociologia weberiana, distante de Weber, é bem verdade, e criou um aparato de recursos de metodologia *ad hoc* que enriqueceu a Sociologia, sobretudo nos casos em que o pesquisador não perdeu a perspectiva das estruturas sociais e do processo histórico. Permitiu aos sociólogos aprofundarem-se no conhecimento não só da complexidade da trama social, mas identificarem novas dimensões tanto da injustiça quanto dos recursos da intersubjevidade para enfrentá-la, quanto ainda para remendar fraturas e resolver tensões em situações adversas e mesmo de rupturas, seja nas relações sociais seja na compreensão que das fraturas tem o homem comum e cotidiano.

Mas houve, também, um avanço nessa direção por parte dos órfãos do marxismo sociológico, especialmente o pequeno grupo que em diferentes países começou a trabalhar teoricamente a precedência da reprodução das relações sociais na dialética da reprodução e produção de relações sociais novas e mesmo da revolução. Nos países socialistas, Agnes Heller, filósofa, antiga aluna e assistente de Georg Lukács, ampliou consideravelmente as questões teóricas pendentes no primeiro tomo da *Estética*, de seu antigo professor, e produziu um elenco considerável de formulações teóricas sobre a sociedade contemporânea, que vem tendo grande impacto no estudo sociológico da vida cotidiana.

Algumas de suas análises, curiosamente, têm antecedência na obra de Henri Lefebvre, que é de fato o autor mais importante e mais completo da corrente que ele inaugurou e que pode ser definida, com ele, como a corrente dos sociólogos empenhados no retorno à dialética e retorno ao Marx marxiano, que não se confunde, propriamente, com o Marx do marxismo. Isto é, retornar à Sociologia que está proposta na obra de Marx, fundada na extensa riqueza do método dialético, e deixar de lado o que é propriamente ideologização do pensamento de Marx. Nesse sentido, pensar numa Sociologia que tenha na reprodução a precedência, porém na tensão dialética com os fatores da inovação e da transformação social. Entre Lefebvre e Heller há um tema comum que é o das necessidades sociais radicais, tema sem esse nome presente em *A ideologia alemã*, de Marx e Engels, que Lefebvre havia tratado, antes de Heller, em seu belo e extraordinário livro sobre *A proclamação da Comuna*.[8]

A teoria das necessidades radicais foi negada por Heller no ciclo de conferências que pronunciou em São Paulo há alguns anos, dizendo-a superada em sua obra. Superação que coincide com o longo processo iniciado com sua expulsão do Partido Comunista, sua saída da Hungria, sua emigração para a Austrália e sua posterior emigração definitiva para os Estados Unidos. Nesse processo, aliás, Heller descobriu a força do reprodutivo e de certo modo, indiretamente, a importância da Sociologia fenomenológica e suas variantes, no seu empenho em reconhecer a vitalidade do meramente repetitivo e da mudança social tópica e circunstancial. No universo de que ela procede, a alienação é mais provável do que a revolução, assunto ao qual vinha se dedicando já na Hungria e um dos fatores do seu desligamento do partido.

No entanto, na obra de Lefebvre, que era sociólogo e filósofo, a tese das necessidades radicais, originalmente sua, se difunde nos muitos livros que escreveu e se desdobra nas preocupações que nunca abandonou sobre a historicidade do cotidiano e o difícil tema da relação entre o cotidiano e a História. Creio que nessa perspectiva é que podemos encontrar um referencial apropriado para a questão das identidades sociais dinâmicas, no confronto e não na complementaridade de desigualdade social e diferença social, a dimensão negativa da primeira e a dimensão afirmativa da segunda.

Mesmo que a perspectiva lefebvriana não leve a coincidências nem acomodações com a Sociologia fenomenológica (e suas variantes no Interacionismo simbólico e na Etnometodologia), sugere, ao menos, a prudência de considerar os procedimentos e instrumentos metodológicos dessas orientações como recursos para melhor compreensão dos mecanismos sociais e subjetivos de reprodução das relações sociais. Talvez se possa falar numa cultura do reprodutivo, cujo segredo parece estar nas sugestões da Etnometodologia, de Garfinkel, isto é, na socialização não como transferência de amplo e complexo elenco de informações culturais, mas como laboriosa transferência da metodologia de interpretação e criação de significados e, portanto, de relações sociais interpretativas, da geração adulta aos imaturos. Os experimentos etnometodológicos de Garfinkel, mediante o que no fundo é a provocação de estados de anomia em situações sociais cotidianas, comprovaram que o cotidiano se fez o lugar da reprodução e da prontidão contra as rupturas sociais, ainda que no nível do imediato e do emergencial. Mas não necessariamente nos âmbitos em que a ação comporta projeto ou até dele dependa, caso do que é propriamente histórico e não limitado ao fenomênico.

Lefebvre, em perspectiva oposta, empenhou-se na investigação das condições e circunstâncias da ruptura e da revolução no próprio bojo do processo de repetição, reiteração e reprodução das relações sociais. Boa parte de sua investigação sociológica sobre o repetitivo foi também pesquisa sobre o possível, o historicamente possível, na própria vida cotidiana. Portanto, sua concepção do repetitivo é bem diferente da concepção contida nos estudos de Sociologia fenomenológica, porque para ele se trata do repetitivo que sustenta não só estruturas fundamentais de referência, mas processos sociais repetitivos comprometidos na sua continuidade pela própria repetição, na medida em que a reprodução social é reprodução ampliada de contradições sociais e na medida em que, portanto, não há reprodução sem certa inovação social.[9]

Não obstante, na perspectiva de uma Sociologia crítica do conhecimento, a Sociologia do repetitivo pode ser examinada criticamente como sendo ela própria instrumento da recriação das condições sociais do mesmo e da mesmice. Nesse sentido, como sendo documento do repetitivo e material de análise das condições adversas do possível. Mas, na obra de Lefebvre, a questão do vivido, ainda que historicamente dimensionado, é a do vivido interpretado, num certo nível de interpretação do senso comum, em que o conhecimento cotidiano não é meramente cultural nem irremediavelmente comprometido com a reiteração das relações existentes. É nesse sentido que as contribuições da Sociologia fenomenológica, para a compreensão do que se poderia definir como estratégias da vivência cotidiana, podem servir, também, para que se compreenda o quanto o homem cotidiano pode inventar o novo. Não obstante, arrastado como cúmplice da repetição, por dominar um método de criação de significados que lhe permite inventar as relações sociais de que carece nos momentos críticos de ruptura e de anomia. Novo, porém, que tanto pode se limitar ao supérfluo da emergência quanto pode se desdobrar ao profundo da durabilidade histórica. É o que sugere, no fim das contas, a teoria das necessidades radicais, sem tratar, no entanto, dos próprios mecanismos da inventividade.

O homem comum e cotidiano não se move num espaço linear, como suposto na Sociologia fenomenológica. Ele se move num espaço tridimensional: do *percebido*, do *concebido*, do *vivido*.[10] Portanto, uma vivência determinada por diferentes e simultâneos níveis de consciência, reciprocamente referidos, desafios cotidianos à reformulação permanente do senso comum. As realidades múltiplas, de Alfred Schutz, só têm sentido enquanto referidas aos respectivos estilos cognitivos, segmentadas, portanto, e confinadas no interior de seus limites simbólicos, nos quais não há tensão.[11] A tridimensionalidade do tempo e do espaço, em Lefebvre, propõe a totalidade aberta, e não a totalidade fechada, como referência interpretativa não só do pesquisador, mas também do homem cotidiano.[12]

É nesse âmbito que surgem os resíduos do repetitivo, o que não foi capturado pelos poderios e pelas dominações. E, portanto, a possibilidade da coalizão de resíduos dos poderes cotidianos,[13] aí incluído o poder da reprodução, no desencontro próprio da simultaneidade dos tempos, no desenvolvimento desigual da sociedade, nos descompassos do processo social. Resíduos que, integrantes do processo social da repetição das relações sociais, o são porque "imperfeitos" na reiteração, uma vez que expressam possibilidades de inovação e transformação social. Resíduos que socialmente contêm a possibilidade da ruptura do repetitivo. São sociologicamente desconstrutivos, pois têm funções metodológicas e críticas.

Nessa concepção da sociedade e das situações sociais é que as identidades se tornam dinâmicas e provisórias, mas, sobretudo, se tornam expressões da reprodução da sociedade e não de sua transformação. O tema das identidades tem chegado às Ciências Sociais como indício da busca da mudança social e da transformação social. Na medida em que, em princípio, a afirmação de identidades subjugadas ou anuladas do diferente não reconhecido, ao desafiar os poderes do identitário e das identidades opressivas e iníquas, a dos agentes de dominação, estaria transformando socialmente em nome da justiça social. Se há essa dimensão e esse ganho na afirmação das identidades opressivamente não reconhecidas, há também o problema não pequeno de que as identidades afirmadas são também identidades negadoras do direito do outro à sua própria identidade. A menos que a questão da identidade se proponha numa cultura da diferença e da legítima coexistência das diferenças. Sobretudo, porque a tese da identidade social não vem acompanhada de uma tese de justiça social relativa à forma política da coexistência de identidades não só diferentes, mas também, por serem políticas, ao menos de certo modo, são também antagônicas.

As identidades nacionais nas guerras de identidade no período contemporâneo, como na Irlanda, ou as identidades religiosas nos conflitos religiosos atuais, dão bem a indicação de quanto a luta por identidade, por mais justa que seja, e quase sempre é, está comprometida com uma visão conservadora da realidade social. Marx, de certo modo, tratou desse tema em *A Questão Judaica*. As identidades não são emancipadoras a menos que sua busca seja também busca de sua superação. A identidade enquanto afirmação do agente social de contestação da desigualdade (e da injustiça que contém), em nome da legitimidade de sua diferença (mulher, negro, muçulmano, judeu, protestante, católico, homossexual, jovem) propõe a mudança para assegurar um novo patamar ao meramente repetitivo.

É momento, portanto, do que Lefebvre chama de práxis repetitiva e não da práxis revolucionária.[14] Quando muito, e tudo indica que assim tem sido especificamente na questão das identidades sociais, práxis mimética. É que, não raro, a luta pela afirmação de identidades tem se apropriado das categorias do pensamento marxista, nesse caso, categorias impróprias: caso do MST, que também busca uma identidade histórica para o trabalhador rural, propondo-o como agente da revolução socialista; caso dos estudantes universitários, como nas greves na USP, nos últimos anos; caso também do negro e do índio.

São identidades fragmentárias que expressam pouco ou, segmentariamente, interesses sociais de circunstância em relação à distribuição da riqueza, das oportunidades de trabalho e de ascensão social ou em relação à distribuição de poder relativos ao acesso ao conhecimento e à cultura eruditos. É que a busca e afirmação de identidade se nega na impossibilidade de construir através dela uma sociedade nova. O novo que os movimentos sociais anunciam, quando centrados nessas referências identitárias, é o velho, das segmentações retardatárias do "passado". A desigualdade social, como desigualdade de temporalidades e de culturas, que foram ou são formas de confinamento estamental, não encontra saída nas afirmações identitárias. Porque elas afirmam apenas aquilo que confinou e confina, em vez de afirmar a universalidade possível das particularidades, daquilo em nome do que os movimentos sociais de afirmação identitária lutam.

É o tipo de luta que permite mudar, mas não permite transformar a sociedade, permite alargar o espaço de afirmação identitária, mas nada além disso. Essa universalidade depende da construção social, compartilhada, da superação e do novo. Só temos de fato *movimentos sociais* inovadores e transformadores, momento da práxis revolucionária, isto é, verdadeiros movimentos sociais, quando os movimentos contêm, além da afirmação da identidade motivadora, a afirmação da identidade coletiva superadora. Isso raramente acontece hoje em dia. A tendência tem sido a da adesão inevitável ao hegemônico, sem real transformação qualitativa, limitada ao quantitativo, mais gente dele participando, mas nenhuma mudança substantiva que redima o gênero humano de suas carências desumanizadoras, mais gente consumindo ou ostentando do que superando o que propriamente desumaniza (perspectiva em que compreendo o êxito político do governo Lula e seu fracasso social).

É compreensível, portanto, que os movimentos sociais já não existam senão como organizações de prestação de serviços políticos sob a forma de movimentos de pressão e de reivindicação de privilégios e não de direitos (cotas raciais, terra para renda territorial etc.). Ou seja, a sociedade não caminha na direção da afirmação da igualdade na redistribuição, mas sim na direção da reestamentalização das relações sociais e das diferenças, a da desigualdade na apropriação. Quando o militante do MST, ao obter a terra, se transforma até num radical defensor da ordem e da propriedade (vários episódios o comprovam, até de morte nas disputas em acampamentos e assentamentos), ele proclama o limite da luta pela identidade, que se abre na contestação e negação do outro e aí se encerra. De modo mais grave, esse limite se propõe na revenda ou no arrendamento de terras obtidas no programa de reforma agrária, modo de sobrepor a renda da terra à produção na terra e, portanto, negação do fator crucial de sua identidade na luta pela terra.

O cenário sugere que a diferença, como consciência e personificação de determinadas modalidades de exclusão social que se concretizam nas desigualdades, ao se tornar uma identidade e uma demanda de inserção social diferençada, pode também se tornar uma forma perversa de inclusão social e política. Afirma o identitário como um poderio e um modo de conformação não transformadora, fator de uma nova desigualdade. Estamos em face de uma tendência neoconservadora, tanto na sociedade quanto na Sociologia. Quando a Sociologia se rende a essas demandas nos próprios termos em que elas são propostas, abdicando de seu referencial crítico e de sua competência como consciência crítica da sociedade, sucumbindo na militância das causas identitárias, anula-se como ciência e abre mão de suas possibilidades mais ricas. Quais são, pois, os resíduos socialmente transformadores desses novos poderios erguidos em nome de carências urgentes e justas de afirmação dos excluídos ou minimizados da distribuição de bens e do poder?

Notas

[1] Um texto erudito e fundamental sobre a diferença é o de Henri Lefebvre, *Le Manifeste Différentialiste*, Paris, Gallimard, 1970, em cujas ideias me apoio neste artigo.
[2] "*Black is beautiful*" foi a consigna do Movimento Cultural Negro dos anos 60, nos Estados Unidos, que se difundiu pelo mundo e ganhou particular importância na África do Sul.
[3] "Sociedade [burguesa] que faz com que todo homem encontre nos demais, não a *realização*, mas, ao contrário, a *limitação* de sua liberdade." Cf. Karl Marx, "La Cuestión Judía", em Karl Marx e Arnold Ruge, *Los Anales Franco-Alemanes*, trad. J. M. Bravo, Barcelona, Martinez Roca, 1970, p. 244.
[4] Cf. Nancy Fraser, "Rethinking recognition", *New Left Review*, n. 3, May-June 2000, pp. 107-20.
[5] Cf. Erving Goffman, *La Presentación de la Persona en la Vida Cotidiana*, trad. Hildegarde B. Torres Perrén e Flora Setaro, Buenos Aires, Amorrortu Editores, 1971, pp. 227-53.
[6] Cf. Harold Garfinkel, *Studies in Ethnomethodology*, Englewood Cliffs, NJ, Prentice Hall, pp. 116-85 e 285-8.
[7] Cf. Roger Bastide, "Sociologia do sonho", em Roger Caillois e G. E. von Grunebaun (orgs.), *O sonho e as sociedades humanas*, Rio de Janeiro, Livraria Francisco Alves, 1978.
[8] Cf. Henri Lefebvre, *La Proclamation de la Commune*, Paris, Gallimard, 1965, esp. p. 20; cf., também, Henri Lefebvre, *Le Retour de la Dialectique*, Paris, Messidor/Éditions Sociales, 1986, p. 112; Agnes Heller, *La Théorie des Besoins chez Marx*, trad. Martine Morales, Paris, Union Générale d'Éditions, 1978, pp. 107-35.
[9] Cf. Henri Lefebvre, *La Survie du Capitalisme: La re-production des rapports de production*, Paris, Anthropos, 1973, p. 14.
[10] Cf. Henri Lefebvre, *La Production de l'Espace*, Paris, Anthropos, 1974, pp. 48-51.
[11] Cf. Alfred Schutz, *El Problema de la Realidad Social*, trad. Néstor Míguez, Buenos Aires, Amorrortu Editores, 1974, p. 215 e ss.
[12] Sobre a distinção metodológica entre totalidade fechada e totalidade aberta, cf. Henri Lefebvre, "La notion de totalité dans les sciences sociales", *Cahiers internationaux de Sociologie*, Paris, Presses Universitaires de Frances, 1955, v. 18-19, pp. 55-77.
[13] Cf. Henri Lefebvre, *Métaphilosophie*, cit., pp. 18-9.
[14] Cf. Henri Lefebvre, *Sociologie de Marx*, Paris, Presses Universitaires de France, 1966, pp. 20-48.

Os enigmas da cultura do ressentimento

Há[1] cerca de 30 anos, os cursos de Filosofia e Ciências Sociais da Universidade de São Paulo foram, finalmente, transferidos para um prédio novo e definitivo. Havíamos sido expulsos a poder de coquetéis *molotov* do velho e histórico prédio da rua Maria Antonia para os barracões improvisados na Cidade Universitária e agora para um novo edifício pré-fabricado. Um prédio burro para uma Universidade, para uma escola de pessoas inteligentes. Há colunas de concreto no meio dos corredores, as havia no meio de salas de aula e paredes brancas branqueando a solidão do espírito. Logo nas primeiras semanas, quando me dirigia à minha sala de aula, vi maravilhado que um estudante grafiteiro insubmisso havia escrito na parede do corredor, em cursivo, letras subversivamente vermelhíssimas, esta frase luminosa: "Parede: eu te livro dessa brancura!" Era um grito que vinha da cultura do subterrâneo, a que se refere Henri Lefebvre, a insurgência contra a superfície tomada pelo grande poder e pelos micropoderes. Em poucos dias, funcionários da limpeza restituíram a brancura à solitária parede, devolvendo-lhe o silêncio ditatorial para o qual fora concebida. Assim calada ela permanece até hoje. A limpeza limpa muita coisa que não deveria limpar.

Há poucos dias, depois de mais de um mês de ocupação de prédios na Cidade Universitária, da USP – legitimada pela decisão favorável de um juiz, que aos ocupantes deu dois meses de prazo para negociarem o sabidamente inegociável na instância a que a agressão foi dirigida; mais de um mês de depredações e cadeiraços para impedir que alunos e professores entrassem nas salas de aula; 500 manifestantes contra 50 mil alunos – apareceu pichada na parede da Editora da Universidade, ocupada e fechada, lançamentos de livros suspensos, esta frase esclarecedora: "Liberdade para os livros!" Mas a única liberdade para os livros é a de torná-los reais, isto é, lê-los! Os livros existem para serem lidos e não para pretextarem protestos. O livro se realiza na leitura! Sem leitura não há livro, há apenas papel impresso. Manifestantes que recusam aulas e impedem aulas, que não leem livros, sepultam os livros na masmorra do silenciamento, não os libertam. A sujeira suja muita coisa que não deveria sujar.

Entre esses dois momentos de eventos de província e entre essas duas frases, muitos anos se passaram, muita coisa aconteceu e muita coisa que poderia ter acontecido em benefício de todos deixou de acontecer neste País. O regime autoritário cessou porque se desgastou, uma Constituinte foi convocada, uma nova Constituição foi promulgada, novos sujeitos sociais emergiram na cena política, ganharam visibilidade e tiveram a cidadania reconhecida. Tornaram-se oficialmente protagonistas dos rumos do país. O eixo do Brasil descentrou-se e tornou relativamente estranha a interpretação sociológica conhecida. O Brasil que desconhecemos tornou-se maior do que o Brasil que conhecemos. O Brasil que fala e manda está bem longe do Brasil que falava e mandava. O Brasil que obedecia, agora desobedece. Os que se propunham a criar um Brasil novo recriaram o velho. O brasileiro cordial continua cordial, mas os tempos da mansidão estão longe. O poder do atraso se firmou e a utopia da modernização foi engolida por uma pós-modernidade precipitada. Nós nos tornamos pós-modernos antes de sermos modernos. A imitação triunfou sobre a inovação.

Conforme notícia desta semana, pessoas que teoricamente não têm o que comer têm telefone celular, ou que não têm propriamente onde morar têm carro. Falar e rodar tornou-se mais importante do que comer e morar. Entende-se, pois, que protestar tenha se tornado mais importante do que estudar.

Com apenas um acréscimo de 10 reais na renda *per capita* dos membros de uma família, os estaticistas transferem os pobres para a classe média. Centavos promovem ascensão social; mas um aumento de apenas 20 centavos na tarifa de ônibus foi suficiente para desencadear as manifestações de rua que vem se arrastando há meses. O Brasil da análise e do otimismo estatístico não bate com o Brasil do protesto.

Tanto nas possibilidades quanto nas reivindicações o repetitivo sobrepôs-se ao inovador, na útil distinção teórica de Henri Lefebvre. Os processos de mera reprodução social engolfaram os processos de transformação social. Não obstante, o imaginário social e dos que protestam e o imaginário dos sociólogos ainda são regidos pelo afã da mudança profunda e decisiva que, supostamente, resolverá todos os nossos problemas, atenderá a todas as ânsias do nosso milenarismo crônico e fundante. Sabemos querer, mas nem sempre sabemos fazer e menos ainda pensar criticamente o problemático fazer descolado do que é o real e o possível. O ressentimento coletivo se difunde entre o anseio pela revolução anacrônica e a realidade fria da transformação domesticada e amansada, reduzida ao mandato do repetitivo e à ficção de uma subversão de história em quadrinhos. A insurgência tornou-se administrável e manipulável, mesmo quando grita, marcha, invade, quebra e picha. Tudo entra nos custos adversos e calculados do lucro, do poder e do mando. A insurgência foi emparedada na pichação que a torna visível, mas não real.

Nesse entremeio, vai se delineando nossa crise, que é mais do que uma crise de gerações. Transitamos dos movimentos sociais para as manifestações coletivas de rua, das esperanças concretas de transformação social para o ressentimento difuso de uma geração sem causa. Transitamos das caras limpas para as caras pintadas e das caras pintadas para as caras mascaradas. Fomos nos escondendo ao longo desses anos. Chegamos ao Brasil que se oculta, que silencia, que lincha o espírito, que amaldiçoa a inteligência, que deprecia o saber e o diploma que o expressa, que exalta a ignorância e a falta de escolaridade. A Universidade corre o risco de se tornar mera formalidade. Chegamos à tirania das minorias, dos recém-chegados, da premissa da *vendetta* como legítima manifestação de direitos sociais. Aparentemente fracassamos no legado da esperança como utopia que nos moveria na superação, na práxis transformadora que liberta e emancipa.

É por isso que atos como este constituem simbolicamente poderoso rito de afirmação do que a Universidade é. Sou-lhes imensamente agradecido por me concederem o privilégio de viver esse rito num momento em que a universidade brasileira está sob a ameaça concreta do desapreço e da demagogia numérica. Universidade não é apenas prédio escolar nem apenas mera escola, nem fábrica de diplomas, sabemos todos. É centro de produção de conhecimento, de inovação e de criação que se estendem às salas de aula como desdobramento de sua função principal, a da revolução no saber. Se nessa missão fracassa, a Universidade deixa de sê-lo. Torna-se mera escola e escola esvaziada pelo protesto da recusa em aprender já não é escola, é lazer e clube de passatempo. O protesto é legítimo e necessário e se torna protesto verdadeiramente político quando é parte do movimento social de transformação e edificação do novo. Protesto que só demole e contesta, que esvazia e aniquila, não é protesto, é pretexto.

A Sociologia tem sido historicamente a ciência das coisas que acontecem. Nasceu assim no positivismo de Émile Durkheim. Confirmou-se assim na compreensão sociológica de Max Weber, mesmo o passado reduzido à compreensão que dele podemos ter no presente e o futuro como uma virtualidade lógica. Em certo momento passou a ser, também, a ciência das coisas que poderiam acontecer, a ciência do possível, como se propõe no que há de sociologia na obra de Karl Marx, que é também obra partidária e panfletária. Uma sociologia que transita da indução do empírico para a dedução do teórico e, finalmente, para a transdução do virtual, como definiu Henri Lefebvre. O que se deve a que o objeto da Sociologia é o objeto de uma ciência peculiar que escapa sempre dos cerceamentos dos formalismos e retidões da razão para propor a variante dinâmica das incertezas e relutâncias do que é propriamente humano, dotado de historicidade, a vida social como ser e também como vir a ser.

À luz do processo histórico brasileiro das décadas recentes, talvez a sociologia devesse ser concebida, também, como a ciência das coisas que deixaram de acontecer. O possível estava ali, mas não se realizou. Esse é o cenário que tem desafiado a Sociologia brasileira no último meio século. Há 60 anos a nascente Sociedade Brasileira de Sociologia tinha como uma de suas preocupações centrais o que era chamado de resistências sociais à mudança. O Brasil queria o progresso, mas fatores diversos, nas diferentes categorias sociais, bloqueavam o progresso desejado. Pensava-se, ainda, numa população travada pela ignorância própria de uma sociedade que teve escravidão e que de seus efeitos se libertava lentamente. Uma sociedade travada pelo desconhecimento dos enormes benefícios supostamente próprios do progresso. Os cultos achavam-se no direito de pensar pelos incultos, desdenhando-lhes a lucidez e o discernimento. Mas analfabeto não quer dizer ignorante, já alertava no século XIX o linguista e antropólogo português Adolfo Coelho. Muito do conhecimento válido que chegou até nós, nas hoje chamadas etnociências, na arte e na literatura, nos chegou pela memória, pelas técnicas mnemônicas, pela palavra, pelo saber e pela competência dos iletrados.

O Brasil vivia o tempo da euforia da modernização econômica forçada que alcançava tanto o Nordeste canavieiro quanto o Sudeste cafeeiro, o tempo da industrialização acelerada, das transformações sociais que abriam imensas possibilidades de ascensão social. Mas, também, imensas possibilidades de desenraizamento, decadência e marginalização social. Os sociólogos não estavam ainda preocupados com o preço a pagar pelo progresso e pela mudança social. Muda-se para melhor, mas muda-se, também, para pior. Ganha-se e perde-se. Os anos 1960 encheriam a agenda da Sociologia brasileira com os temas dos efeitos perversos da mudança, no campo e na cidade. O regime ditatorial agravaria os problemas sociais ao acelerar o desenvolvimento econômico sem desenvolvimento social, com repressão cultural, em especial à Universidade, em particular às Ciências Sociais. Aqui, não optamos pelo progresso comprometido com os valores reguladores da tradição, diversamente do que ocorreu nas sociedades que lograram grandes transformações sociais no marco de uma ação com relação a valores. Aqui o progresso ficou reduzido ao material e materialista, o que foi além disso na cultura foi residual. Um progresso pobre e triste.

Boa parte da Sociologia brasileira, desde então, se dedicou ao estudo dos problemas sociais e dos impasses criados por esse abismo. E vemos na Universidade Federal da Paraíba pesquisas sendo feitas sobre esses temas. Há 33 anos, participei, no *campus* de Campina Grande, de um concorrido Encontro sobre a Realidade Nordestina. Em três dias de 1980, de exaustivos trabalhos de dia inteiro, um numerosíssimo grupo de pesquisadores e de estudantes ouviu conferências e debateu questões relativas aos impasses de um país debruçado sobre as dificuldades de uma história interrompida e de um futuro incerto. Daquele encontro participava a valorosa Margarida Maria Alves, trabalhadora rural de Alagoa Grande, que seria assassinada na porta de casa três anos depois. Aquela reunião era também um emblemático encontro de pesquisadores e trabalhadores no ambiente acadêmico. Uma das significativas expressões de uma reorientação na postura dos sociólogos, mais dispostos a ouvir do que a geração anterior, a admitir que há uma pré-Sociologia essencial ao pensamento sociológico na consciência social dos simples, dos que mais do que objeto são sujeitos do conhecimento, sujeitos porque ensinam para aprender.

Esse desenvolvimento aos saltos, da pressa econômica contra as urgências e os valores sociais, promove rupturas profundas na consciência coletiva, nas descobertas mutiladas sobre a nossa lentidão histórica, sobre as anomalias do nosso processo político, sobre a verdade de nossas conquistas sociais. Vivemos hoje num estado de anomia, de um agir sem normas, de um buscar sem metas. Um ressentimento disseminado nos fala de uma consciência social alienada em relação à práxis política mutilada, desvinculada do que é próprio do processo histórico e do que é propriamente político. No lugar da mudança como superação, a mudança como saque e vingança. Em todos os âmbitos podem ser identificados indícios dessa mentalidade. Expressão de um país que foi induzido, nas últimas décadas, a conceber-se como arena de uma polarização radical, de ricos e pobres, de brancos e negros, de diplomados de uma educação supostamente de privilegiados e órfãos de escola porque condenados pela suposta iniquidade do trabalho. Uma caricatura do verdadeiro Brasil se difunde. Tudo que imaginávamos ser vem sendo rapidamente corroído pela ideologia maniqueísta da exclusão que passa por cima da inclusão perversa, e a ignora, que tem sido propriamente a nossa maneira injusta e deformante de integrar socialmente.

Pode parecer ceticismo descabido. Mas uma das funções primordiais do sociólogo é justamente a de apontar contradições e incoerências da sociedade e tendências anômalas do imaginário social. Quando a alteridade constitutiva do outro e do nós coletivo é alcançada por processos sociais corrosivos, é a Sociologia que pode diagnosticar e apontar esses desencontros, como ponto de partida da consciência crítica por meio da qual se ilumina o caminho da práxis, simultaneamente do repetir e do inovar. A Universidade é o lugar privilegiado dessa elaboração porque é ela o último reduto da esperança cientificamente fundamentada e da poesia do saber na busca de destino no caos das incertezas.

Nota

[1] Oração na sessão solene do Conselho Universitário da Universidade Federal da Paraíba, no ato de concessão do título de *Doutor Honoris Causa*, em 8 de novembro de 2013, presidida pela professora Margareth de Fátima Formiga Melo Diniz, Magnífica Reitora, na pessoa de quem agradeço àquela universidade a alta deferência que me fez. Com afeto e admiração, agradeço *"di cuore"* a iniciativa desse reconhecimento aos professores Loreley Garcia e Antonio Motta, docentes do Programa de Pós-graduação em Sociologia daquela universidade.

Que raça de povo é esta?

Muitos de nós aprendemos na escola a inverdade de que somos um povo que reúne três raças: a branca, a negra e a indígena. Os antropólogos já se cansaram de nos dizer que cor não é raça. E a "raça" da maioria nem é mencionada nessa classificação cromática: a dos mestiços. Além do que, antes de tudo, brancos, aqui, são mestiços de branco e branco, se levarmos em conta as enormes diferenças de brancura que há entre imigrantes que vieram do norte da Europa, como suíços, alemães e escandinavos, e os imigrantes que vieram da Itália, de Portugal e da Espanha. Negros, aqui, são mestiços de negro e negro, das várias etnias e diferentes culturas da África, que aqui chegaram como escravos. Índios são, no mais das vezes, mestiços de índios e índios, de diferentes tribos e nações, não raro filhos de mulheres de tribos inimigas, capturadas para compensar a falta de mulheres para procriação e trabalho, com a peculiaridade de que os nascidos na mestiçagem ficavam em categorias sociais separadas, de "impuros" e não autênticos. Sem contar a captura de mulheres e crianças brancas com o mesmo propósito.

Reuni e analisei, em meu livro *Fronteira*, algumas dolorosas histórias dessas crianças, reencontradas depois de adultas e entregues a suas famílias de origem: não se reconheciam, já não falavam a mesma língua nem podiam se comunicar. Os valores eram outros. Estavam sociologicamente mortas umas para as outras. Um dos mais dolorosos casos foi o de Helena Valero, adolescente que estudara em missão católica, que falava português, espanhol e nheengatu, filha de mãe brasileira e pai espanhol. Flechada e raptada em 1937 pelos índios ianomâmis, quando estava com sua família na roça, só conseguiu escapar em 1957, já adulta, com marido e filhos ianomâmis. Ao reencontrar a família branca foi repudiada porque tivera relação carnal com o gentio e com ele procriara. Seria encontrada por dois repórteres de *O Estado de S. Paulo*, em 1997, às margens do rio Orinoco, vivendo com nora indígena. Cega e já no fim da vida, tornara-se um ser humano sem sociedade, sem raça e sem identidade.

A mestiçagem oscilou e vacilou ao longo da história brasileira. No século XVIII, os livros brasileiros de genealogia mostram que o Brasil era um país de mamelucos empenhados na busca das raízes de sua brancura. Coisa curiosa aconteceu em São Paulo nessa mesma época. Até então, no geral, escravos eram os indígenas capturados no sertão. Em meados daquele século foi abolida a escravidão indígena e aumentou o fluxo de escravos africanos, em decorrência da difusão da economia do açúcar na região de Campinas. Deu-se, então, um deliberado enegrecimento da população. O cruzamento racial entre antigos escravos indígenas e as novas escravas africanas foi meio para nas crias fazer o índio retornar ao cativeiro, já que a escravidão se dava pela linha materna. E o mais espantoso foi o enegrecimento do Saci-Pererê. Ente mítico indígena e tupi, durante o século XVIII torna-se negro, com traços africanos, nas feições em que chegou aos causos caipiras e às histórias infantis e aí permanece. No entanto, comunidades negras tornaram-se culturalmente caipiras, isto é, assimilaram a cultura dos mestiços de branco e índia, provavelmente como forma de encontrar uma referência cultural de comunicação em face da sua própria diversidade étnica e linguística. Diversamente do que ocorreu nas regiões canavieiras do Nordeste, de densa concentração de africanos, em que línguas e culturas originárias foram preservadas como componentes culturais de uma religiosidade ancestral protegida na dissimulação e na duplicidade do sincretismo religioso.

Negra não era a cor de uma raça, mas a cor do cativeiro: índios e africanos eram definidos como negros. A negritude, até forçada, tornou-se expressão cultural e política de uma violência. Quando em meados do século XIX, com a cessação do tráfico negreiro, ficou evidente que o fim da escravidão negra era questão de tempo, o Brasil optou por uma política de imigração seletiva da Europa, que foi interpretada, nem sempre de maneira correta, como política de branqueamento da população brasileira. Branca não era a cor de uma raça, mas a cor da liberdade, sobretudo a cor do trabalho livre. Na época da implantação da República, a elite curiosamente partiu em busca de uma identidade mestiça e indígena, na pintura, na música. Em São Paulo, um Almeida Prado tornou-se Jorge Tibiriçá Piratininga e foi governador do estado. Mas também um escravo negro, Nicolau, descendente de uma escrava africana chegada a São Paulo em 1700, nascido na Fazenda de São Caetano, amigo de Luís Gama, ao ser libertado, em 1871, adotou o nome de Nicolau Tolentino Piratininga, bem branco e bem indígena. As décadas finais do século XIX foram claramente décadas de construção de uma nacionalidade e de uma identidade nacional e não de busca de identidades raciais, a raça diluída numa ideologia política da mestiçagem, a consciência de que a raça dividia e a mestiçagem, sobretudo simbólica, unia e criava as bases da nacionalidade.

A chamada grande imigração inundou o Brasil, sobretudo o Sul e o Sudeste, com estrangeiros. Eles encontraram aqui uma cultura de assimilação que teve no mestiço o sujeito de sua ideologia racial. A valorização que ricos e pobres já faziam de uma supostamente heroica ancestralidade indígena, fez da cultura caipira a referência comum de uma identidade na terra de adoção. A chamada música sertaneja, que se difundiu a partir dos anos 30, tornou-se a memória sonora de descendentes de espanhóis, de árabes, de alemães, de italianos. A dupla sertaneja de mais duradouro sucesso, os irmãos Tonico e Tinoco são filhos de espanhóis, colonos de café numa fazenda de São Manoel.

Só os anos recentes nos puseram em face de uma nova era na questão das diferenças de cor, a era da invenção de identidades raciais, garimpadas nos resíduos muito antigos do que um dia foram as etnias de origem de imensos contingentes do povo brasileiro.

O branco da consciência negra

A consciência negra se propôs e vai se firmando entre nós através de um modo branco de ver o negro. O 20 de novembro, aniversário da morte de Zumbi, em 1695, celebração da luta do próprio negro por sua liberdade, é proposto como mais autêntica efeméride do que o 13 de maio, concessão do branco que, ao libertar o negro da escravidão, libertou-se a si mesmo da trama e das obrigações que o cativeiro lhe impunha em relação ao negro. Porque a escravidão não escraviza apenas o cativo, mas também a quem o cativa. Joaquim Nabuco, senhor de engenho, parlamentar e diplomata, numa das mais lúcidas constatações sociológicas sobre a escravidão, disse que o senhor e o escravo eram no fundo o mesmo.

Temos, portanto, uma escolha a fazer: entre o forte valor simbólico de uma luta pela liberdade que foi derrotada e o também simbólico valor de uma liberdade, não menos importante para o negro, prescrita pelas conveniências do branco, a liberdade como derrota imposta ao negro. Ignorar a segunda em nome da precedência da primeira é rejeitar o real em nome do quimérico. Ignorar o quimérico em nome da crua realidade da segunda, da liberdade que vingou, é rejeitar a força da história imaginária em nome da história sem imaginação. Zumbi vive, sem dúvida. Mas vive, também, a princesa Isabel, que, na prosaica lei de 13 de maio de 1888, disse a todos nós quem é que manda no ato histórico da libertação e como é que manda.

A realidade não é expressão da vontade apenas de quem vence, mas também de quem é vencido. O pavor da revolta negra perseguiu os senhores de escravos e os brancos pelos séculos seguintes à morte de Zumbi. Na derrota de Palmares, perderam os quilombolas e com eles todos os negros do que um dia viria a ser o Brasil que conhecemos hoje. Mas perderam também os brancos, que institucionalizaram o cativeiro como o modo possível de ser da sociedade brasileira, um ser tramado pela violência racial do homem contra o homem.

É nesse sentido que quando o negro (ou o branco) reivindica privilégios, como o das cotas e o das compensações, nada mais faz do que se mover no território não emancipador de supostos direitos de branco (não de negro), os privilégios de casta. No fundo, a história branca desta sociedade negra não deixou ao negro senão a alternativa de ser branco. Zumbi e Palmares assombram os brancos até hoje. Mas assombram também os negros, negando-lhes a emancipação que os libertaria de fato. Ainda nos movemos na falta de horizontes que a escravidão nos legou.

É por trás desse embate que existe no Brasil uma questão racial. Engana-se quem supõe que a questão racial está simplesmente nas adversidades e carências que o negro vive e sofre. Elas são sintomas da questão racial. Alcançam tanto o negro quanto o branco, na medida em que a emancipação inconclusa do negro apenas nos diz que ninguém foi aqui emancipado. A questão racial é questão, portanto, enquanto obstáculo a que o homem se emancipe das amarras que o reduzem à condição de coisa, de animal de trabalho, de ser que não desfruta plenamente das possibilidades de libertação que o próprio homem cria. Temos uma questão racial porque é em nome dela que um número enorme de seres humanos está privado de igualdade e de direitos. A questão racial aprisiona e imobiliza a própria condição humana possível, a virtualidade que não se cumpre em relação a todos, não só ao negro.

A sociedade brasileira, por sua origem escravista, constituiu-se como sociedade de privilégios mais do que de direitos. Quem desfruta privilégios nos nichos corporativos da abundância descabida e injusta também padece a desumanização que o descabidamente ter impõe tanto a quem tem demais quanto a quem tem de menos. Um negro rico, e eles existem e não são poucos, não será mais livre do que um negro favelado que vive de catar no lixo os restos de uma abundância excessiva e suspeita, que não é só de brancos e não é só de propriamente ricos. O mesmo de um branco rico em relação a um favelado branco.

A mistificação das cotas e dos privilégios compensatórios faz do negro um branco, o branco que não sabe pensar nem ver o mundo além do horizonte branco da privação de humanidade que impôs ao outro. Não faz dele um cidadão informado pelos clamores justos e necessários da consciência negra. Mistificar a história e a consciência da própria desumanização é alienação, pura e simples. Como o branco, o negro nunca foi, no Brasil, um paladino da liberdade. Nem podia. Havia escravidão em Palmares. Escravos que se recusavam a fugir das fazendas e a ir para os quilombos eram capturados e convertidos em cativos dos quilombolas. A luta de Palmares não era contra a iniquidade desumanizadora da escravidão. Era apenas recusa da escravidão própria, mas não da escravidão alheia. As etnias de que procederam os escravos negros do Brasil praticavam, e praticam a escravidão ainda hoje, na África. Não raro capturavam seus iguais para vendê-los aos traficantes. Ainda o fazem. Não faz muito tempo, os Bantu, do mesmo grupo linguístico de que procede Zumbi, foram denunciados na ONU por escravizarem pigmeus no Camerum. Uma luta social que se omite em relação a essa verdade histórica não emancipa, apenas mistifica na busca de privilégios.

O negro se anula nesse trocadilho ideológico. Age como branco pensando ser negro. Dar um passo além dessa cegueira histórica depende do milagre da visão, da consciência crítica necessária para situar a práxis libertadora no horizonte da liberdade. Quem faz história como vingança e castigo nem vinga nem faz história, porque anula no ato a verdade e a necessidade do outro, anula a mediação fundamental que humaniza a práxis e faz dela instrumento não só de liberdade formal, mas de libertação e emancipação reais. O negro não se libertará nem se emancipará se não compreender a dialética da libertação e da práxis: ele só será livre e emancipado se libertar e emancipar o branco que se apossou não só do seu corpo na escravidão, mas também de sua alma na liberdade que lhe deu.

Mestiçagens da língua

Quando em 1727 o rei de Portugal proibiu que no Brasil se falasse a língua brasileira, a chamada língua geral, o nheengatu, é que começou a disseminação forçada do português como língua do país, uma língua estrangeira. O português formal só lentamente foi se impondo ao falar e escrever dos brasileiros, como língua de domínio colonial, tendo sido até então apenas língua de repartição pública. A discrepância entre a língua escrita e a língua falada é entre nós consequência histórica dessa imposição, veto aos perigos políticos de uma língua potencialmente nacional, imenso risco para a dominação portuguesa.

Agregue-se a isso a proibição, com o advento da Revolução de Outubro de 1930, das línguas e dialetos originais falados por milhões de descendentes de imigrantes estrangeiros, especialmente italianos e alemães, vindos para o Brasil, com passagem paga pelo governo daqui, para suprir a carência de mão de obra decorrente da proibição do tráfico negreiro e da abolição da escravatura. Proibição que teve em vista forçar a disseminação, também no cotidiano, de uma língua nacional. Ficou nas exigências linguísticas do ensino formal essa herança de um período de autoritarismo político. Reconheça-se, entretanto, que nosso bilinguismo cimentou nossa unidade nacional, a despeito dos sotaques de múltiplas e suaves resistências a imposições oriundas de várias épocas.

Da repressão linguística ficaram sotaques na fala em português, e mesmo erros de escrita, e até curiosos detalhes: entre descendentes de alemães no Sul é fácil perceber o desencontro entre a respiração e a fala. Os falantes ainda respiram em função dos requisitos respiratórios da língua alemã quando falam em português, o que impõe à fala uma notória dificuldade rítmica. A mesma coisa constatou um linguista e musicólogo austríaco, Gehard Kubik, um dos estudiosos da língua dos negros da comunidade do Cafundó, na região de Sorocaba (SP). Identificando-os como bantos, Kubik comparou seus ritmos respiratórios e gestuais aos dessas populações na África, regulados pelo trabalho de pilar os cereais, as mulheres com as crianças atadas às costas, crianças respirando no mesmo ritmo do corpo e do trabalho das mães mesmo antes de aprenderem a falar. Dos últimos trazidos ao Brasil, no fim do tráfico, em 1850, os negros do Cafundó conservam essa espécie de DNA da língua.

Num livro que causou espanto, que teve quase meio milhão de exemplares distribuídos pelo Ministério da Educação,[1] o reconhecimento da legitimidade da fala popular se baseia numa premissa completamente falsa:

> A classe dominante utiliza a norma culta principalmente por ter maior acesso à escolaridade e por seu uso ser um sinal de prestígio. Nesse sentido, é comum que se atribua um preconceito social em relação à variante popular, usada pela maioria dos brasileiros.

É falso que a "classe dominante" use a norma culta. Frequentemente, empresários urbanos e rurais tropeçam nas normas da língua. Basta acompanhar falas e debates da Câmara e do Senado para testemunhar o reiterado atropelo de nossa língua nacional pela elite do poder. Sem contar que durante oito anos um presidente da República valeu-se de suas próprias regras linguísticas para falar à nação e ao mundo. Na sala de aula seria reprovado.

É falso, também, o contrário, em relação aos "dominados". A fala "errada" não é propriamente língua portuguesa, mas língua portuguesa falada com sotaque nheengatu e informada por sua lógica peculiar e a mentalidade que nela se oculta, a do indígena conquistado, reduzido à fé católica e ao trabalho em terra alheia, escravizado, no período colonial. Sobrevivências culturais arcaicas, cujas origens se perdem no tempo. É, portanto, um dialeto, em si mesmo correto, mas errado em relação às normas da língua portuguesa.

O que não impede que nos ermos se ouça também o português impecável de literatura, português arcaico. Pesquisador em áreas sertanejas do país, durante muito tempo ouvi suas maravilhosas alocuções, sobretudo de analfabetos, no Maranhão, no interior de Minas e de São Paulo, no sertão do Nordeste, de Goiás, do Mato Grosso, do Pará, falando um português impecável, belo, rebuscado, barroco, a mesma língua dos sermões do Padre Vieira, escritos no século XVII. Ainda me lembro da resposta de um morador de povoado do sertão maranhense, um negro velho, de postura e viso patriarcais, a barba longa, mas rala, quando lhe perguntei se tinha chegado ali com toda sua família: "Não, meu senhor. Eu vim pr'aqui com toda minha linhagem."

Nota

[1] Cf. Heloisa Campos et al., *Por uma vida melhor*, São Paulo, Ação Educativa/Global, 2010.

Linguagem sertaneja: as mãos e os gestos de Galdino

Os pareceres psiquiátricos que têm sustentado a decisão da Justiça Militar de São Paulo de manter Aparecido Galdino Jacinto no Manicômio Judiciário, como medida de segurança detentiva, contêm várias passagens que chamam de imediato a atenção de quem está familiarizado com o chamado mundo rústico. Concepções e expressões de Galdino, que os médicos têm apresentado como indícios de "esquizofrenia paranoide" e, portanto, como justificativas para o seu já demorado confinamento, são na verdade traços culturais comuns nas populações caipiras e sertanejas.

Quando se apresentou a oportunidade de uma entrevista com Galdino, no Manicômio, por interferência do Corregedor Geral dos Presídios, realizada conjuntamente por Ricardo Carvalho, U. Dettmar e por mim, fiquei atento a esses traços e outros que pudessem constituir uma boa indicação direta de quem é Aparecido Galdino Jacinto, como pessoa, expressão da cultura caipira.

O que primeiro chamou a minha atenção foi que nenhum dos médicos com os quais tivemos contato naquela ocasião, um dos quais assinou como perito dois dos laudos que garantiram a permanência de Galdino na prisão, podia dizer coisa alguma a respeito do paciente e nem mesmo se lembrava dele. Pediam paciência; que esperássemos o prontuário e assim, sim, poderiam falar com base em dados escritos e objetivos. Galdino havia sido reduzido à negação mais absoluta do seu próprio mundo sertanejo: agora ele não passa de um número de prontuário, de uma unidade numa instituição de internamento coletivo forçado. Ele é apenas um fragmento de uma desumanizada estrutura burocrática; transformou-se numa ficha, numa pasta, numa soma de papéis, pareceres e assinaturas. É esse o Aparecido que os médicos conhecem – o Aparecido reduzido às categorias elementares da burocracia pública, uma pasta arquivada, um homem confinado, privado do seu legítimo direito à liberdade.

Essa é a forma mais desrespeitosa e violenta que alguém pode escolher para contrapor-se a um sertanejo e destruí-lo. No parecer de 1975, os médicos diziam que o pensamento de Galdino é "coerente e ilógico" (*sic*). Além do julgamento cultural de classe que essa afirmação contém, há que levar em conta que o psiquiatra e sua lógica formal e a própria instituição do manicômio é que são coerentes (na sua estrutura interior) e ilógicos na sua relação com os pacientes de extração cultural distinta. A lógica de Galdino é, nesse plano cultural, superior à lógica da medicina que o tem condenado.

Enquanto esta não dispõe de nenhum critério, esquema ou forma para abranger a lógica do paciente, Galdino tem um entendimento absolutamente lógico e abrangente para compreender a medicina que o subjuga e confina:

> Como eu já venho sofrendo, cumprindo pela uma missão, achei que fosse feita a vontade de Deus, que aonde me jogasse decerto eu tinha a cumprir alguma coisa. Então, eu não sinto esses pesar de estar clamando, porque coisas pior já passou com algum na frente minha, pessoas que fazia o bem.

E acrescenta esta afirmação sobre a sua situação, que é absolutamente correta, até mesmo do ponto de vista jurídico:

> Agora, eles podem dizer o que eu possa ser – *atenção para o tempo do verbo* (JSM) – se eu sou doente ou o que seja. Mas eu acredito só em mim e em Deus. Agora, eles podem dizer o que eu seja. Eu não posso dizer que eu não sou, porque pode ser uma pessoa bem sadia, se falar que aquela pessoa é doente, está na mão da psiquiatria, então ele não pode dizer que é o senhor de si.

Galdino diz isso sorrindo, o que nos remete a dois outros pareceres condenatórios, o de 1976 e o de 1978. Os psiquiatras constataram, na primeira ocasião, que ele apresentava "um sorriso um tanto inadequado, que sempre ostenta, mesmo dialogando sobre fatos graves". Em 1978, o *sorriso* foi, no parecer, transformado em *riso:* "Por vezes ri de modo inadequado". Nesses pareceres é muito importante sublinhar a palavra *inadequado*. Segundo a lógica dos psiquiatras, nesse caso especificamente, deve haver uma continuidade linear entre a palavra falada e o gesto que a acompanha. Se as características singulares da cultura sertaneja tivessem sido levadas em conta, tais observações nunca teriam sido feitas a sério. É comum no caipira, no sertanejo, a existência de vários códigos de linguagem simultâneos (diferente da linguagem da comunicação de massa, da televisão, em que diferentes formas de expressão são complementares). Um caipira pode usar ao mesmo tempo códigos de linguagem contrapostos e o que ele quer dizer efetivamente, o que ele quer dizer de fato, não vem de cada um dos códigos em particular, mas da contraditória combinação de vários. Para nós, que somos da cidade, e que privilegiamos a linguagem falada e escrita, só fica evidente *a fala* do sertanejo, a palavra oral. Entretanto, uma das linguagens mais eloquentes do sertão é a do silêncio. Graciliano Ramos registrou esse detalhe importante em *Vidas secas*. O sertanejo recebe a visita de uma pessoa, às vezes até de um parente muito chegado: manda sentar no meio-alqueire ao pé da porta. Ficam ambos pitando silenciosamente, por horas a fio, o silêncio entrecortado de vagas referências ao tempo. Findo o que, a visita se levanta, se despede e vai embora levando lembranças para a comadre ou o compadre.

Outras vezes a linguagem é a do gesto, combinada com a linguagem oral. Isso se dá particularmente quando o sertanejo conversa com pessoas que ele sabe pertencerem a um mundo distinto do seu, como ocorre com as pessoas da cidade (ou com os psiquiatras). E o gesto mais comum, até por respeito, é o do sorriso vago, combinado com um semifechamento das pálpebras. Nesse caso, a informação falada não deve ser entendida literalmente. O sorriso é o elemento de *crítica dissimulada* (a crítica do subalterno reprimido) daquilo que está sendo dito oralmente, neste caso mais conforme as indagações do interlocutor. Essa linguagem complexa diz e desdiz, aceita e rejeita, concorda e discorda ao mesmo tempo – é uma linguagem carregada de conflito, é de submissão e, simultaneamente, de revolta.

Isso nos leva, ainda, a outro elemento dos pareceres sobre Galdino. Numa ocasião, os médicos assinalaram "déficit da sua capacidade de crítica" (porque Galdino não concorda com os médicos, de que esteja doente, não legitima a repressão psiquiátrica). Noutra ocasião, disseram que "não tem noção de sua doença mental, apresentando a capacidade de crítica deficiente". A noção de crítica invocada pelos médicos está subjugada pela necessidade que a psiquiatria tem de que o paciente a legitime, aceitando o princípio lógico que sustenta o diagnóstico. Ora, Galdino recusa aos médicos essa legitimação, sem deixar de abranger na sua própria lógica a psiquiatria como prática de um tipo de dominação, contra a qual ele pessoalmente nada pode fazer. É preciso não esquecer que a sentença que entrega o réu ao manicômio o destitui de vontade própria, transformando-o legalmente num menor de idade, num tutelado. Mas os psiquiatras, de seu lado, não conseguiram ver o critério de crítica que Galdino aceita e pratica até mesmo diante deles: o seu sorriso "inadequado". Ao que se pode acrescentar os gestos trabalhados das suas mãos messiânicas. À medida que fala, Galdino esculpe firmemente nos dedos e nas palmas das mãos gestos e combinações relacionados com o que está pensando e dizendo. O que é muito diferente das mãos trêmulas, de classe média, do médico com quem primeiro conversamos no manicômio. Ele fora responsável por dois pareceres sobre a periculosidade de Galdino.

QUARTA PARTE
FUNÇÕES HEURÍSTICAS DAS ANOMALIAS DO TRABALHO

A terceira escravidão no Brasil

A compreensão da ocorrência de formas servis de trabalho ainda no Brasil de hoje não prescinde da referência às conexões e articulações das formas sucessivas de escravidão entre nós. Não se trata de distrair os que se preocupam com o problema, mas de não escamotear as estruturas profundas que dão sentido a essa persistência. Ainda que constitua uma notória anomalia em relação às conquistas sociais e aos valores do mundo moderno, é preciso considerar, para compreendê-la, que esse mesmo mundo moderno se constituiu com base na imensa acumulação primitiva de capital, baseada na escravidão moderna, que criou os fundamentos econômicos do capitalismo. E criou, portanto, as condições para que uma nova economia, baseada na reprodução propriamente capitalista do capital, a sua reprodução ampliada, se propusesse como fundamento material da modernidade.

O caso brasileiro não nega essa tendência geral. Dela discrepa, porém, na persistente permanência de mecanismos de acumulação primitiva de capital quando a economia já é predominantemente moderna, baseada na racionalidade do lucro, só possível se apoiada no trabalho livre, igualitário e contratual. Essa acumulação primitiva está essencialmente no uso inaugural, de momentos decisivos da economia brasileira, de diferentes formas de trabalho escravo. Seria um engano, no entanto, supor que a escravidão contemporânea, que nega essas três características do trabalho moderno, é mera sobrevivência de arcaísmos sociais. Histórica e estruturalmente, a sociedade brasileira paga o tributo de suas origens coloniais atualizando esses arcaísmos como elementos constitutivos da própria economia moderna que a caracteriza, numa pós-modernidade antecipada. Se entendermos que a pós-modernidade latino-americana é combinação funcional e articulada de moderno e arcaico, e não propriamente o supramoderno, o além do moderno, o moderno realizado e superado, podemos dizer, com o antropólogo argentino Néstor García Canclini, que somos pós-modernos desde sempre.

As três escravidões de nossa história econômica e social, o que inclui a atual, a terceira escravidão brasileira, são expressões de momentos históricos em que o advento de um novo momento da economia, de sua expansão, pediu a reinstauração atualizada de formas violentas de extração de excedentes econômicos para uma nova fase de acumulação da riqueza. E cada fase declinou não como expressão de um progresso social disseminado, que estendesse a todos que o possibilitaram os devidos frutos colhidos.

Quando a escravidão indígena foi, pelo marquês de Pombal, extinta formalmente, mas não de fato, em 1755, com o *Diretório dos índios do Grão-Pará e Maranhão*, foi-o para modernizar a sociedade, levantando as interdições estamentais que pesavam sobre índios e mestiços. A servidão indígena tolhia a exploração econômica da Amazônia no cenário do mercantilismo, que pedia formas socialmente regulares de atividade econômica voltadas para o mercado e pedia uma mão de obra que não fosse a relativamente escassa mão de obra da escravidão negra. Viabilizava a destinação mercantil da mão de obra indígena, sem necessidade do recurso à cara mão de obra do tráfico negreiro, na economia extrativa marginal, com o emprego não escravista da mão de obra das populações indígenas aldeadas.

Mas foi-o, também, para disseminar e consolidar, nas regiões mais rentáveis da Colônia, fora da Amazônia, uma forma mais moderna de escravidão, mais eficaz do ponto de vista da gestação e ampliação da riqueza: a escravidão negra. Quando a escravidão negra entrou em crise, poucos anos depois da Independência, em decorrência do tratado anglo-brasileiro de 1826, que tornou ilegal o tráfico negreiro, ainda assim encontrou mecanismos de ilegalidade consentida e de protelação, que a arrastaram até 1850, quando o tráfico foi efetivamente proibido. Mas aí o tráfico interprovincial de escravos, exportados do Nordeste canavieiro para o Sudeste cafeeiro, deu uma sobrevida à escravidão negra até 1888. Os fazendeiros do Nordeste puderem incorporar à economia do açúcar a massa dos moradores de favor das fazendas, os antigos índios administrados e seus mestiços, teoricamente sujeitos ao pagamento da renda da terra em trabalho. Eram os agregados residuais da escravidão indígena. A intuição, aliás, de que havia um cativeiro embutido nessa relação de trabalho já se manifestara na adesão de membros dessa população à Revolução Praieira de 1848. Persistiria até o surgimento das Ligas Camponesas, nos anos 1950, duzentos anos depois da abolição da escravidão indígena, no regime de trabalho do chamado cambão, título, aliás, de um livro de seu líder, Francisco Julião.

A escravidão negra cessaria, em 1888, não por iniciativa dos parlamentares liberais, que a advogavam, mas por iniciativa do Partido Conservador, que representava os interesses dos grandes proprietários de terra e de escravos. Euclides da Cunha observaria, no começo do século XX, que entre nós as reformas sociais são propostas pelos liberais, mas concretizadas pelos conservadores. A República foi proposta pelos republicanos, mas concretizada, por meio de um golpe de Estado, pelos principais herdeiros das tendências absolutistas da monarquia, os militares. Foi assim, aliás, na reforma agrária relativamente recente, proposta pelas esquerdas, antes do golpe de 1964, mas concretizada pela direita, pelo regime militar, em 1965. É preciso decifrar os avessos que nos movem e nos imobilizam ao mesmo tempo. O não ser do nosso ser.

Estruturalmente, a escravidão negra entrou em crise em boa parte por conta da escassez de escravos em face da expansão territorial da agricultura de exportação, em particular a do café, e por conta da significativa elevação do preço do escravo, que ameaçava a economia da grande lavoura. A escravidão terminou basicamente em consequência de um cálculo de custo. Tornara-se um mau negócio.

No plano político, porém, o fim da escravidão negra só foi possível porque o conservador Antonio da Silva Prado, ministro e senador do Império, um dos maiores fazendeiros e empresários do Brasil de então, um dos mais modernos e lúcidos, negociou politicamente a supressão do veto dos que entre os fazendeiros relutavam, especialmente os paulistas, em relação à abolição da escravatura e a ela resistiam. O que se fez dando conteúdo ao previsto na Lei de Terras de 1850, que instituiu no Brasil o moderno regime de propriedade fundiária, em conexão com a abolição do tráfico negreiro e a imigração estrangeira como alternativa para o já previsto fim da escravidão. Tratava-se da imigração em massa, cujo ápice seria a chamada Grande Imigração, em 1886-1888.

A Lei de Terras previu a imigração estrangeira com base numa legislação fundiária que, em oposição ao antigo regime sesmarial, criava uma escassez artificial de terra para cultivo e forçava o trabalhador imigrante, migrante ou ex-escravo a trabalhar na grande lavoura para, como ressaltou Prado num memorável discurso no Senado, formar pecúlio, "se for morigerado, sóbrio e laborioso". Com esse pecúlio poderia comprar terra e tornar-se proprietário, eventualmente nos núcleos coloniais oficiais, já que mesmo a aquisição de terra pública só podia ser feita mediante compra. Adiava-se a possibilidade do trabalhador rural tornar-se proprietário de sua própria parcela de terra, instituindo-se a condição de um tempo de espera em que serviria como mão de obra da grande lavoura, como era chamada a cultura do café e a da cana-de-açúcar. O Brasil optou pelo modelo fundiário oposto ao modelo americano, o da Lei de Colonização, que seria posta em prática nos EUA poucos anos depois da lei brasileira. O Brasil optava contra as vozes que em nosso Parlamento propunham o que modernamente se chama de reforma agrária. Optava por um modelo concentracionista e rentista de propriedade da terra, como fundamento de um extenso e relativamente rápido processo de acumulação de capital, para o salto histórico em direção à economia moderna, que aqui se deu num curto período de 40 anos, de uma única geração, entre a Lei Áurea e a Revolução de Outubro de 1930.

A opção fundiária brasileira, no entanto, criou as omissões legais que deram oportunidade ao surgimento de novas formas de servidão nos interstícios do trabalho livre. Esse regime de trabalho, na nossa variante, não foi instituído para ser um regime de trabalho assalariado, senão apenas parcial e potencialmente. O regime do morador, nos canaviais do Nordeste, e o do colono, nos cafezais do Sudeste, era forma não capitalista de trabalho e de produção agrícola para o capital, baseada numa combinação *sui generis* de renda em trabalho, produção direta dos meios de vida e um complemento salarial que cobria apenas parcialmente o custo de reprodução da força de trabalho. Em boa parte, esse modelo já fora proposto no Diretório de 1755, durante o governo de Pombal e o reinado de D. José I, e fracassara. Daria certo na economia pós-escravista inaugurada em 1888.

Nessa peculiaridade já estavam as bases da terceira escravidão, a que vem até nossos dias. O trabalho verdadeiramente assalariado, igualitário e contratual, mesmo quando dominante e majoritário, como nos dias de hoje, é estruturalmente um resíduo de uma relação capitalista inacabada e imperfeita. Está permanentemente ameaçado pela possibilidade da degradação nos setores que recrutam como mão de obra populações econômica e socialmente vulneráveis. Nossas transições tendem, sempre, a perdurar no meio do caminho, na travessia. Até na linguagem cotidiana e popular, nas frases sem objeto e complemento, tendemos a ficar no meio, sem chegar ao finalmente, nela deixando um resíduo de indefinição para que o outro a interprete. O peculiar de nossa história social se expressa até hoje num modo de falar e de pensar, numa modalidade de consciência social, mutilado.

A sempre comentada abolição antecipada da escravatura no Ceará e no Amazonas, em 1884, é uma boa indicação de mudança social no marco da permanência, típica do modelo brasileiro. Ela não se explica apenas por um ímpeto liberal e libertário, mas também pela conveniência da articulação demográfica que entre as duas províncias se estabelecera em decorrência da seca de 1877, a da maciça emigração de cearenses para outras regiões do Brasil, em especial o Amazonas da borracha, cuja relativamente curta prosperidade tinha início. Os cearenses iam trabalhar nos seringais sob o chamado regime do barracão, ou peonagem, o regime da escravidão por dívida. O mesmo que chegou até nós. Euclydes da Cunha trata desse assunto em *À margem da história*, um livro do começo do século XX, que descreve em minúcias as técnicas das dívidas manipuladas para subjugar o seringueiro, que já saía do Ceará endividado com o traficante de mão de obra e, portanto, escravizado pela dívida.[1]

A peonagem, ou escravidão por dívida, ativa ou latente em várias regiões do país, que declinara na Amazônia em decorrência da crise da borracha aí por 1910, ganhou entre nós extraordinária importância, sobretudo nos anos 1970 e 1980. Com a expansão territorial do grande capital, apoiada nos incentivos fiscais e na renúncia fiscal do governo em favor de empresas privadas, a peonagem retornou à Amazônia numa escala espantosa, como instrumento de uma nova geopolítica do poder e do capital. As jornalistas inglesas Sue Branford e Oriel Glock, estudiosas do Brasil, que aqui viveram, autoras de *The Last Frontier*, estimam que, nessa fase de ocupação da Amazônia brasileira, ao menos 200 mil peões escravizados foram empregados na derrubada da mata e na formação de novas fazendas.[2] Elas desenvolveram um método para chegar a esses números: o número de peões necessários para derrubar um hectare de mata, multiplicado pela área desmatada no período.

As características da peonagem estão indicadas nas denúncias feitas pela Contag e pela Pastoral da Terra e nas constatações da Polícia Federal, responsável pela repressão ao tráfico de pessoas. Informações divulgadas pelos jornais, mesmo pela imprensa censurada do período da ditadura, e devidamente contabilizadas, dão um perfil muito significativo dessas práticas entre nós.

Num período de 30 anos, até 2002, foi na chamada Amazônia legal que ocorreram 75% dos casos, em particular no Mato Grosso, no Pará e em Rondônia. Os trabalhadores eram empregados, sobretudo, na derrubada da mata para formação de novas fazendas de gado. Ao chegar ao lugar de trabalho, o peão descobria que estava endividado pelo adiantamento recebido e pelas despesas de transporte e alimentação durante a viagem. Dívida que crescia em função das despesas com alimentos e ferramentas durante o período de trabalho, cobrados a preços arbitrários e extorsivos, em desacordo com os preços de mercado, como frequentemente se verificou. Nesses casos, descobre o trabalhador que o que ganha é insuficiente para pagar a dívida sempre maior. Nem pode se demitir nem fugir, vigiado dia e noite por pistoleiros, para que não deixe de pagar o que nominal e supostamente deve. É uma técnica de retenção forçada do trabalhador. A vigilância é acrescida de variadas formas de aterrorização, através da violenta punição dos que tentam escapar. Em 13% das fazendas em que houve trabalho escravo naqueles 30 anos, houve assassinato de trabalhadores que tentavam fugir.

É preciso distinguir, no caso brasileiro, entre *escravidão* propriamente dita e formas de *sobre-exploração do trabalho*. A *escravidão* entre nós é praticada por meio da coerção física e moral do trabalhador, sujeito a violência, repressão, castigos, humilhações e intimidação, o que tem sido constatado pela Polícia Federal. São técnicas de sujeição em conflito com os pressupostos da liberdade contratual e dos direitos da pessoa. Resulta de um contrato sem o direito do distrato, contrapartida da contratualidade no vínculo trabalhista. O mercado de trabalho e, portanto, a livre contratação do vínculo de emprego são anulados por esses meios, geralmente através da ação de pistoleiros e jagunços, os trabalhadores colocados sob vigilância permanente. A *sobre-exploração do trabalho*, que também está presente no caso da escravidão, não se apoia na violência física, mas na violação dos direitos trabalhistas que regulam a jornada de trabalho e os salários. As empresas que a praticam tiram vantagem da vulnerabilidade do trabalhador, seja porque excessivamente pobre, seja porque está em situação irregular (caso dos imigrantes bolivianos nas indústrias de confecção em São Paulo). No caso recente, de 2011, de confecção de roupas para famosa grife, por uma peça de roupa que custava na loja R$ 139, o operário que a costurava recebia R$ 2. Para formar o salário que lhe permitisse sobreviver minimamente esse operário tinha que trabalhar 12 horas por dia.

Já a escravidão propriamente dita, no Brasil, é basicamente escravidão sazonal. O trabalhador é recrutado em regiões pobres, em especial entre filhos jovens de pequenos agricultores do Nordeste, sobretudo Piauí e Maranhão, no período da entressafra, para ir trabalhar na Amazônia. Para disfarçar a escravização, a família recebe do "gato" ou traficante um pequeno adiantamento em dinheiro, o chamado "abono". Esse "abono" é o gancho que inaugura a dívida do peão e institui sua sujeição ao gato que com ela se justifica para vendê-lo e revendê-lo como mercadoria viva, como animal de trabalho. As tentativas de fuga, no período que assinalei, eram punidas com torturas e humilhações, para exemplo dos demais: em 1986, numa fazenda de Rondônia, trabalhadores eram surrados com vergalhos de boi, pedras amarradas nos testículos, amarrados a troncos e árvores, mãos sangrando mergulhadas em rio que tinha piranhas; em 1987, um jovem trabalhador foi queimado vivo num canavial no Mato Grosso do Sul; em 1988, numa fazenda do Pará, trabalhadores eram forçados a abraçar casa de marimbondos; em 1989, em Rondônia, um casal de trabalhadores foi amarrado à cauda de um cavalo, arrastado na disparada e morto; em 1994, no Maranhão, o próprio fazendeiro decepou com facão a mão de um de seus escravos; em 1990, numa fazenda do Pará, a polícia encontrou no cocho do chiqueiro, de fazenda com escravos, o corpo carbonizado de um trabalhador que tentara fugir, servido como ração aos porcos. Mais do que delitos trabalhistas, são violações graves dos direitos humanos.

Ainda que na escravidão urbana e nos casos de sobre-exploração não se chegue a tais extremos, a violência não se limita necessariamente à remuneração ínfima e quase simbólica. No mês de outubro de 2002, fiscais federais do trabalho encontraram, numa confecção do bairro do Brás, em São Paulo, 11 bolivianos trabalhando em regime de escravidão para outro boliviano. Estavam, havia um ano e meio encarcerados, trancados a cadeado, trabalhando sem salário, unicamente em troca de comida.

Não obstante a intensidade frequentemente dramática dos casos discretos e isolados, como os aqui mencionados, e do alto número de ocorrências nos anos 1970 e 1980, as contagens feitas e divulgadas pela Comissão Pastoral da Terra para os anos seguintes sugerem um relativo, ainda que relutante, declínio dos números. Já em relação ao decênio de 2001 a 2010, os dados da mesma entidade indicam um recrudescimento do número de casos de 2001 para 2002 e novamente de 2002 para 2003, quando a quantidade de casos se estabiliza para oscilar entre 280, em 2008, e 204, em 2010. O que se deve à atenuação da expansão da fronteira econômica, mas também, em boa parte, à ação do Grupo Móvel de Fiscalização do Ministério do Trabalho.

Se há 30 anos o trabalho escravo era empregado, sobretudo, na derrubada da mata, hoje é muito mais em roçagem de pasto, carvoarias, reflorestamento e agricultura. Se, de um lado, os dados da própria CPT mostram que a economia da escravização declinou, de outro mostram que práticas de sobre-exploração se estenderam para outros ramos agrícolas e de economia rural. A escravidão combinou-se com a terceirização das relações de trabalho e disseminou-se pelo território. Com maior intensidade em relação à respectiva região no Pará, no Maranhão, em Minas, no Mato Grosso, em Goiás, em Santa Catarina. É essencial, para a compreensão da dimensão propriamente política do problema, que esses números sugerem que muito menos de 1% dos estabelecimentos agropecuários valem-se do trabalho escravo propriamente dito. É, portanto, prática de uma minoria obscurantista, tanto na agricultura quanto na indústria, que contamina e afeta moralmente a economia inteira, no limite acarretando-lhe prejuízos potenciais em face das repercussões prováveis nos foros internacionais que vigiam e fiscalizam as relações comerciais.

A escravidão contemporânea no Brasil e as formas derivadas de utilização do trabalho estão à procura do seu marquês de Pombal, que aboliu a escravidão indígena, em 1755, e do seu Antônio da Silva Prado, que viabilizou a Lei Áurea em 1888. Um passo foi dado pelo presidente Fernando Henrique Cardoso, em 1995, ele próprio internacionalmente reconhecido como um teórico da escravidão, quando criou o Grupo Móvel de Fiscalização e o Gertraf – o Grupo Executivo da Repressão contra as Formas Contemporâneas de Escravidão. A ação do Grupo Móvel de Fiscalização, na referência dessa orientação política do Estado, tem sido corajosa e decisiva para assegurar a presença repressiva e educativa do Estado nos lugares de emprego do trabalho escravo, que se julgam enclaves territoriais, regulados por leis próprias e imunes às leis da República e aos direitos trabalhistas reconhecidos em lei.

Essa medida foi completada, no mesmo governo, em 2002, com a preparação, na Secretaria dos Direitos Humanos do Ministério da Justiça, por uma comissão federal, interministerial, que coordenei, do Plano Nacional de Erradicação do Trabalho Escravo, entregue ao novo presidente da República no início do governo de Luiz Inácio Lula da Silva. Desde então, as medidas ali propostas esperam implementação. O que só ocorrerá se as forças politicamente conservadoras no Parlamento reconhecerem que a prática da escravidão não é própria dos verdadeiros empresários. É crime, puro e simples.

Notas

[1] Cf. Euclydes da Cunha, *À margem da história*, 6. ed., Porto, Lello & Irmão, Editores, 1946.
[2] Cf. Sue Branford e Oriel Glock, *The Last Frontier: Fighting over land in the Amazon*, London, Zed Books, 1985.

O desemprego na vida cotidiana

O resultado do desemprego não é o desempregado, categoria econômica sem nenhum alcance sociológico, número nas estatísticas que indicam os níveis de desempenho da economia. Desemprego não é apenas uma situação, a de quem perdeu o emprego ou ficou sem emprego ou não conseguiu se empregar. O desemprego é um processo social que alcança tipicamente o trabalhador, o assalariado, e se define por um conjunto de situações sociais que se alternam ao longo de uma trajetória complicada. A rigor, não é suficientemente boa a categoria de *desempregado*, porque ela não dá conta da variedade de situações em que se envolve quem perdeu o emprego ou quem ainda não conseguiu um emprego. Numa sociedade em que a referência privilegiada da inserção social das pessoas é o trabalho, como na sociedade capitalista, quem não está empregado está à procura de emprego, está à procura de trabalho.

Cada vez mais, o desencontro entre o crescimento econômico e o crescimento demográfico relativo responde por uma nova fenomenologia do trabalho: o desemprego, pelos níveis crescentes de sua duração, deixa de ser uma situação ocasional, rara e transitória e passa a ser uma situação duradoura, demorada e reiterada. O desemprego passa progressivamente a ser vivido como uma experiência grupal e familiar, que exige estratégias de família para enfrentar suas consequências: os efeitos econômicos negativos do desemprego socializados e diluídos numa categoria substitutiva do salário individual que é o rendimento familiar. Além disso, o desemprego atual é expressão de uma ocupação rotativa dos trabalhadores, uma tática que as empresas vêm utilizando há alguns anos para atenuar a capacidade de reivindicação social, especialmente salarial, dos trabalhadores. Hoje é parte da biografia prospectiva do trabalhador, mesmo jovem, o desemprego cíclico. De modo que no âmbito do grupo de referência mais importante de cada um, que é a família, a maior probabilidade é a de que haverá permanentemente ao menos um desempregado. No extremo, que é o caso de casais jovens, ambos os cônjuges desempregados. Em consequência, os trabalhadores já estão mergulhados num universo de revigoramento de mecanismos de dependência material que podem estar afetando hierarquias, independências, projetos de vida, tradicionalizando e descompassando a família em relação aos valores de classe média da sociedade de consumo. Ou seja, não só o trabalhador que perde o seu emprego é afetado e não só a sua família é alcançada pelos efeitos do desemprego, mas também são afetados os marcos de referência da inserção e da ascensão social que dominavam o imaginário popular até recentemente.

Para o trabalhador, o trabalho não é apenas a ocupação, o vínculo empregatício. O trabalho é, também, o seu resultado, aquilo que o trabalho propicia. Não só o que propicia em termos econômicos, os bens de consumo, inclusive os de consumo durável, os objetos e serviços que mediatizam um modo de viver. Mas, sobretudo, o que propicia esse modo de viver e a grande variedade de relações sociais que não se reduzem à estrita relação de trabalho nem se reduzem à dimensão econômica dos relacionamentos. Mais ainda: o trabalho é um modo de imaginar a vida, o eu e o outro, um modo como o trabalhador imagina o seu trabalho e os resultados de seu trabalho, o que o trabalho viabiliza, mas também o que o trabalho não viabiliza. O desemprego desencadeia um refluxo nesse imaginário, uma redução nas expectativas sociais e econômicas, uma inversão da biografia imaginária do homem comum em relação ao que era essa biografia nos tempos do desenvolvimento industrial mais intenso e das intensas migrações em direção às grandes cidades, especialmente São Paulo e sua área metropolitana.

No mundo moderno, pode-se dizer que há uma sociabilidade do trabalho, gestada pelo trabalho, que depende do trabalho. Não por acaso, os que "não trabalham", isto é, os que não são produtores diretos de valor e de bens, os que vivem da distribuição da mais-valia, como a classe média, os comerciantes, os industriais, também dizem que "trabalham". A burguesia, que sempre viveu do *negócio*, justamente se vê a si mesma como a classe que *nega o ócio*, como protagonista da *negação do ócio*. Há, portanto, uma dimensão fenomênica do trabalho e da ocupação, um imaginário do trabalho, que se disseminou pela sociedade inteira. Já não há, no mundo moderno, quem viva do ócio, quem, de algum modo, não dependa dos próprios pés e das próprias mãos. O emprego, a ocupação, o trabalho, se transformaram num valor social e numa mediação constitutiva de relações sociais, da trama das relações que asseguram a reprodução social e a vida cotidiana.

Boa parte da crise social e pessoal que resulta do desemprego decorre do fato de que o trabalho no mundo contemporâneo foi separado da casa: o lugar de viver é diferente do lugar de trabalhar. Estar empregado significa estar dividido entre a casa e o lugar de trabalho e, também, o lugar de trânsito entre um ponto e outro, a rua. Muitas concepções e relações sociais se estruturaram a partir dessas separações, da definição desses lugares referenciais da vida de todo o dia, dessa espacialidade cotidiana. Certa independência da mulher em relação ao pai de família decorreu dessa ruptura, do fato de que a casa deixou de ser um lugar de trabalho para se tornar apenas um lugar de atividades domésticas. Um mundo masculino surgiu dessas separações, fora do âmbito da casa e da família, certa privacidade do homem oposta à vida privada que o mundo moderno gerou no interior da casa de família. Surgiu um mundo masculino de particularidades e peculiaridades dos grupos que viajam juntos, que se encontram no bar, no jogo de futebol, nos muitos pontos de parada do trajeto entre a fábrica e a casa. Mesmo a classe média, separada da produção econômica direta, imita a classe trabalhadora, compartilha esse universo fragmentário, cria seus próprios nichos de liberdade e de vivência, muitas vezes porque ela passou a fazer parte do trabalhador coletivo criado pelo processo de reprodução ampliada do capital.

Criou-se um mundo social que depende do emprego para se reproduzir, criar identidades, definir referências. A assimilação da mulher pelo mercado de trabalho também a alcançou por aquilo que se pode definir como uma *cultura do emprego*, mais do que uma cultura do trabalho. Também a libertou do jugo doméstico, das formas diretas de controle social. A liberdade individual passou a depender menos do mundo da vida privada, que é a casa, do que do emprego e do mundo da rua. O desemprego restitui o desempregado ao predomínio da vida familiar e da casa, às relações de dependência que lhe são próprias. Mas um mundo familiar que já não dispõe da autonomia econômica que fundava um modo de produzir próprio do âmbito doméstico. Um mundo familiar que está agora mutilado pela dependência em relação a uma fonte de sustentação e de regeneração econômica incerta e descontínua. O desemprego o restitui, portanto, a um mundo que é o da vida e do trabalho domésticos, um mundo que, em decorrência da expulsão do trabalho para fora da casa, se tornou feminino. Nesse sentido, o desemprego lança o homem desempregado num universo que ele próprio ajudou a estigmatizar e que agora o estigmatiza.

O emprego passou a ser uma aspiração e uma necessidade por tudo isso, por tudo que significa e propicia. Por isso, justamente, *nem toda ocupação é um emprego*. O sujeito pode estar ocupado, precária ou temporariamente ocupado com um trabalho ocasional. Não por acaso, muitas pessoas nessa situação se consideram pessoas à procura de trabalho. Subjetivamente, têm consciência de sua inserção precária, incerta e instável nas relações sociais, porque a ocupação temporária não engendra uma rede de relacionamentos relativamente estáveis. Ela é antes de tudo expressão de exclusão e de não pertencimento. Não só porque são ocupações não valorizadas socialmente, mas porque não são reconhecidas como emprego. Emprego tem o sentido de pertencer a, de ser objeto de funcionamento de um sistema econômico. Tem o sentido, também, do pertencimento simbólico. O jovem que chega a certa idade e não consegue o seu primeiro emprego é geralmente encarado como alguém que não está procurando emprego, que está evitando o trabalho. Fato que pode estar se complicando nesta sociedade de valorações rígidas se levarmos em conta que a entrada no mercado de trabalho vem sendo retardada tanto pela exigência de maior qualificação quanto pelo encolhimento geral das oportunidades de trabalho. O jovem corre sério risco de entrar no rol dos "marmanjos que vivem à custa do coitado do pai", no rol dos preguiçosos e indolentes. Entra, portanto, no universo das avaliações negativas de quem se recusa a trabalhar, do vadio e da vadiagem, resquício sem dúvida de uma valoração social do trabalho que, no Brasil, se difunde a partir do século XVIII e culmina com a ação da polícia na repressão à vadiagem. Ainda hoje, nas batidas policiais, pesa positivamente em favor do suspeito ter consigo a carteira de trabalho assinada por um empregador. Desemprego e vadiagem ainda se confundem no imaginário do não trabalho.

Concepções semelhantes cercam quem perde o emprego e demora para encontrar outro. O desempregado, sobretudo o homem, entra facilmente no universo das avaliações negativas, tratado como quem vive à custa de outrem, pior ainda se à custa da mulher.

Essas valorações mediatizam o conjunto das relações sociais e regulam, portanto, a própria construção dos relacionamentos, o teor dos processos interativos, a admissão em certos ambientes e grupos, a circulação social, as possibilidades de integração e participação das relações cotidianas.

A mera ocupação substitutiva do emprego pode estar no limiar da mendicância, de quem faz apenas o supérfluo, irrelevante e desqualificado, no limiar da condição de descartável. Os trabalhadores rurais e urbanos falam muito em assegurar o "futuro para os filhos" ou dizem que não ter profissão não dá futuro, que tal trabalho não tem futuro. Portanto, *só é legitimamente emprego o trabalho que, além de assegurar o presente, assegure o futuro e assegure o futuro da família e não de uma só pessoa*. Há aí, portanto, a concepção de que o emprego é uma relação de trabalho que assegura a inserção social de, no mínimo, a família conjugal, mas que não raro abranja também a família extensa, como os pais e irmãos, além dos filhos. Embora para o capital e a empresa o trabalho seja medido pelo tempo da produção econômica e, portanto, pelo tempo da jornada ou sua fração, para o trabalhador ele é medido pelo tempo da reprodução social, o tempo da vida e da sobrevida nos filhos. É a velhice provável e a incapacidade de trabalhar que define o horizonte de significados do emprego. Justamente por isso, não seria estranho se uma pesquisa sobre o tema revelasse que o desemprego pode estar sendo interpretado, por muitos desempregados, como envelhecimento precoce e como antecipação da morte, entendida como progressiva ruptura de relacionamentos, como morte social.

O desemprego e as situações em que o desempregado se vê lançado, em consequência, envolvem um universo de temor da contaminação social. Andar com o desempregado pode eventualmente ser visto como forma vicária de degradação social, degradando-se junto quem o acompanha.

Nesse sentido, o desemprego é uma perda, mesmo que o desempregado consiga uma ocupação eventual. O sentimento de perda e os dramas que acompanham o desemprego, seja o emprego perdido ou o emprego ainda não conseguido, refletem essa perda. Perda de quê? Perda de relacionamentos referenciais viabilizados e estabelecidos a partir dos vínculos de emprego e trabalho ou impossibilidade de chegar a eles. Não raro, novos relacionamentos começam com a pergunta: "O que você faz?", o mesmo "faz" que é raiz da palavra "fábrica", onde se faz, onde se produz. Há um prestígio vicário derivado do emprego, como de qualquer pertencimento, uma dignidade que decorre do vínculo empregatício estável, contratual, forma, aliás, constitutiva dos relacionamentos sociais na sociedade moderna. Há um reconhecimento formal do pertencimento, da inserção e da inclusão.

Por isso, sociologicamente, o desemprego deve ser examinado como processo social de *dessocialização* de quem sofre essa ruptura de vínculos e de relacionamentos. O desemprego irrompe no cotidiano como uma catástrofe, rompe o cotidiano ao anular as relações sociais de todo dia ou ao mudar-lhes o significado. Os grupos de referência mudam de significado ou se alteram, a sociabilidade doméstica e a casa passam a dominar a vida de todo dia. A rua deixa de ser um lugar de passagem, para se tornar um lugar em que se está e quando esse estar se estende além do limitado tempo do "estar passando", indo de um lugar a outro, de casa para o trabalho e do trabalho para casa, a rua se torna signo da degradação de quem está onde não deveria estar. A expressão "estou na rua", "foi pra rua", como sinônimo de desemprego ou de demissão, é bem indicativa do peso negativo da rua numa sociabilidade que tem a casa ainda como referência privilegiada, como se a perda do emprego equivalesse à perda da casa e da família.

Sabemos todos que o trabalho está passando por amplas e profundas redefinições no processo produtivo, por conta mesmo do desenvolvimento tecnológico e suas repercussões no processo de trabalho, com a clara redução das funções do trabalho vivo em relação ao trabalho morto. Em consequência, todo um sistema de valores entrou em colapso. Uma nova sociedade e uma nova sociabilidade, até mesmo com o revigoramento de uma sociabilidade antiquada, estão nascendo no interior da sociabilidade em crise, cujos rumos ainda não estão claros. Este é um momento em que é sociologicamente mais fácil identificar as perdas do que identificar os ganhos. Nesse sentido, o desempregado é, provavelmente, a pessoa com maior sensibilidade sociológica para identificar e explicar essas perdas, para nos dizer quais referências e valores estão ameaçados ou deteriorados, quais as brechas que estão se abrindo na estrutura social. Em outras palavras, as liminaridades do desempregado fazem dele um para-sociólogo que, ao fazer um pré-diagnóstico das mudanças sociais que estão ocorrendo, cria o próprio quadro preliminar de referência de sua situação de desempregado. Dão-lhe uma função metodológica.

O desemprego opera, pois, como revelador e analisador, no sentido lefebvriano, do que é a sociedade neste momento e, portanto, desse e de outros problemas e contradições sociais. Processos sociais "normais", isto é, mudanças sociais que estariam ocorrendo independentemente de haver o problema social do desemprego, acabam se articulando num feixe de significados que combina realidades distintas e até opostas. É o que se vê num discurso popularizado de que todas as mudanças devem ser imputadas à globalização, que, por produzir o desemprego, assume em conjunto um caráter negativo. Perde-se de vista, por exemplo, os efeitos transformadores do mercado globalizado sobre relações sociais de tipo patrimonial, baseadas em vínculos de sujeição pessoal. Numa pesquisa sobre o assunto, o desemprego entra, portanto, não só como tema e problema social, mas também, por suas peculiaridades, como referência metodológica para sua própria circunstância.

Os possíveis se revelam aí e também os limites, as barreiras. O desempregado, por sua liminaridade, numa pesquisa desse tipo, não entra apenas como informante. Ele entra, também, como consciência crítica de limites e possibilidades, como analisador do que é a sociedade. Nessa perspectiva, é possível compreender o que a sociedade é neste momento. Não simplesmente o que é no julgamento moral de sua vítima. Mas, sobretudo, o que ela é a partir da sensibilidade sociológica da vítima, o revelador-analisador, que permite "ver" o que na rotina sequencial e não interrompida do dia a dia normalmente não se pode ver. O que a catástrofe do desemprego permite ver que o homem comum inserido não pode ver?

De certo modo, na recuperação plena do tempo antes devotado ao trabalho, o desemprego restitui a pessoa ao universo doméstico, que ainda é feminino. No caso do homem, o desemprego o lança numa situação de liminaridade. É de liminaridade, também, esse universo limite em que se distingue trabalho e ocupação, ocupação e mendicância. A função metodológica da liminaridade está no fato de que exacerba a necessidade de imaginar e interpretar. O desempregado deve ser visto e incorporado como alguém que pode ver a partir de uma perspectiva liminar. Deve-se, pois, pedir a ele que faça uma crítica social: quem é o responsável, por que há desemprego, quais são as perspectivas pessoais e de todos a partir da disseminação do desemprego, qual seria a saída, o que mudou em sua vida, como era visto e como é visto agora, como se vê e como vê o outro etc.

Em grande parte, a liminaridade referida está sociologicamente relacionada com o fato de que o desemprego desencadeia um processo de *dessocialização* de sua vítima, de ruptura das relações sociais, de rupturas simbólicas, decorrente da perda de eficácia dos valores que sustentam a vida cotidiana e seu lugar no processo de reprodução das relações sociais. Um processo que tem contrapartida na *ressocialização* provisória do desempregado para a circunstância do desemprego e não raro também ressocialização das pessoas com quem convive no dia a dia, a família, os amigos, os grupos de referência.

Uma pesquisa sobre o tema depende, portanto, de uma estratégia de investigação para entendermos durante quanto tempo e em que circunstâncias a sociabilidade preexistente perdura e é eficaz, para identificarmos o momento e a circunstância em que a dessocialização começa a se dar: a interrupção de relações sociais (quais?), a atenuação dos contatos, lugares e pessoas que passam a ser evitados. É preciso, também, definir critérios para a compreensão do momento da ressocialização: quando começa a entrada na subcultura do desemprego, de que modo, quais relações, com quem. Portanto, quais são os marcos de reorganização da vida cotidiana e de redefinição da sociabilidade provisória e temporária da situação de desemprego, que consciência essa reorganização produz, que interpretação, que visão de mundo, que crítica social, a partir de quais referências.

Para pensarmos o desemprego enquanto ruptura e reorganização da vida cotidiana, há alguns temas que devem ser considerados numa pesquisa:

1. Há uma *subcultura do desemprego*? A situação do desempregado abre-lhe o acesso a um conjunto de informações táticas úteis na busca de emprego

novo, na definição de estratégias de sobrevivência, de estratégias de preservação da autoestima? Há um teatro do desempregado para simular dignidade e ausência de culpa no desemprego? Onde se faz esse teatro: diante da família? Dos amigos? Dos conhecidos? Dos vizinhos? O que é palco e bastidor nessa cultura? Como circulam e entre quais pessoas circulam as informações dessa subcultura? São importantes perguntas como: Quem disse? Onde disse? Quando disse (quando em relação à data de perda do emprego)? Para quem disse? Por que disse?

2. Em termos culturais e cotidianos, o universo do desemprego se comunica ou se confunde com o universo da desocupação e com o universo da inatividade? Desempregados, desocupados, inativos. Os valores que definem essas diferentes situações se comunicam ou se intercambiam? Em outras palavras, a depreciação que caracteriza o velho e o inativo atinge também o desempregado, indicando, nesse caso, que o desemprego pode estar sendo considerado com envelhecimento precoce? Como a inatividade produz efeitos diferentes na mulher e no homem (a mulher é da casa e o homem é da rua), essa distinção de sexos produz também uma distinção entre desempregados homens e desempregadas mulheres?

3. Casais: marido desempregado; mulher empregada/marido empregado; mulher desempregada. Estender as indagações para filhos e idade e sexo dos filhos.

4. Alterações de conduta no desempregado podem ser indicativas de busca de equilíbrio na perda de prestígio eventual. Começar a fazer coisas em casa, ser mais caseiro, fazer coisas que não fazia. Alterar hábitos e relacionamentos: modo de vestir, horários, rotinas; evitar pessoas, procurar pessoas. O imaginário religioso. As conversões.

5. *O mundo da incerteza.* Os modernos processos produtivos, isto é, a moderna indústria, se baseia na instabilidade das relações de trabalho, no *anulamento da solidariedade de classe,* na personificação, pelo operário, da racionalidade e da disciplina da produção. Um se torna fiscal do outro. Um tema a ser pensado é o que vem a ser classe social, classe operária ou classe trabalhadora, num mundo de incertezas como esse, de mecanismos sociais administrados para, justamente, minar solidariedades antagônicas ao capital. Esse anulamento é parte da modernidade. Como fica a classe social na situação de desemprego. Se os mecanismos de discriminação e degradação referidos atingem a situação social do desempregado, atingem também a situação de classe social? Qual é o limite sociológico da classe social na vivência concreta das anomalias do trabalho em crise?

Créditos dos capítulos

Capítulo "Retorno à dialética e à sala de aula"
Notas de aula magna sobre *A questão do método nas Ciências Humanas e o retorno à dialética*, no Programa de Pós-graduação em Antropologia Social do Instituto de Filosofia e Ciências Humanas da Universidade Federal do Rio Grande do Sul, Porto Alegre, 21 de março de 2012. A íntegra da exposição oral pode ser acessada no YouTube: http://www.youtube.com/watch?v=aK1_5Epp3Bw. (Acesso: 28 dez. 2013).

Capítulo "O artesanato intelectual na Sociologia"
Conferência de abertura do XVI Congresso Brasileiro de Sociologia, em Salvador (BA), no dia 10 de setembro de 2013.

Capítulo "Estudo de caso e conhecimento sociológico"
Versão revista e parcialmente reescrita da introdução à minha tese de doutoramento. Cf. José de Souza Martins, *A imigração e a crise do Brasil agrário*, São Paulo, Pioneira, 1973, pp. 29-40.

Capítulo "Quem tem medo de Mary Burns? A questão da relação entre teoria e pesquisa em Sociologia"
Notas para conferência na Unifesp – Universidade Federal do Estado de S. Paulo (*campus* de Guarulhos), na IV Semana de Ciências Sociais, 11 de maio de 2011.

Capítulo "A Sociologia entre dois caminhos"
Palestra para os alunos do curso de pós-graduação, no Departamento de Sociologia da Faculdade de Filosofia, Letras e Ciências Humanas da Universidade de São Paulo, 24 de agosto de 2009.

Capítulo "As Ciências Sociais depois do vestibular. Do outro lado do espelho"
Notas da aula inaugural do Curso de Ciências Sociais da PUC (Pontifícia Universidade Católica de São Paulo), 27 de março de 2013.

Capítulo "A ressocialização do estudante de Ciências Sociais"
Notas de palestra feita no lançamento da revista eletrônica *Primeiros Estudos*, dos alunos de graduação em Ciências Sociais, da Faculdade de Filosofia, Letras e Ciências Humanas da Universidade de São Paulo, 17 de outubro de 2012.

Capítulo "A crise de uma Sociologia da sociedade sem crises"
Notas da aula inaugural do curso de pós-graduação em Sociologia da Universidade Federal do Paraná, Curitiba, 15 de março de 2012.

Capítulo "A casa imaginária de Dona Fulana"
Publicado no jornal *O São Paulo* (Semanário da Arquidiocese de São Paulo), ano 52, n. 2.684, 12 de fevereiro de 2008, p. 2.

Capítulo "Tio Patinhas no centro do universo"
Publicado originalmente em *Ciência e Cultura*, v. 27, n. 9, SBPC – Sociedade Brasileira para o Progresso da Ciência, São Paulo, setembro de 1975, pp. 943-8. Reproduzido no "Caderno de Sábado", suplemento literário do *Correio do Povo*, Porto Alegre, 4 de setembro de 1976, pp. 8-9. Incluído em José de Souza Martins, *Sobre o modo capitalista de pensar*, São Paulo, Hucitec, 1978, pp. 3-18.

Capítulo "O estudo sociológico da mentira no cotidiano"
Projeto de pesquisa para os alunos do meu curso de Sociologia da Vida Cotidiana da turma de 1999.

Capítulo "A religiosidade intersticial no Brasil contemporâneo"
Conferência no I Congresso Internacional da Escola Superior de Teologia, São Leopoldo (RS), 14 de setembro de 2012. Publicado em Iuri Andréas Reblin e Rudolf Von Sinner (orgs.), *Religião e sociedade: desafios contemporâneos*, São Leopoldo, Editora Sinodal/EST, 2012, pp. 291-99.

Capítulo "A música sertaneja entre o pão e o circo"
Publicado, originalmente, em *Travessia – Revista do Migrante*, Ano III, n. 7, Centro de Estudos Migratórios, São Paulo, maio-agosto 1990, pp. 13-6.

Capítulo "A crise do imaginário rural brasileiro"
Conferência no ato de concessão do título de *Professor Honoris Causa* pela Reitora e pelo Conselho Universitário da Universidade Federal de Viçosa (MG), em 20 de junho de 2013.

Capítulo "Os embates da língua e da linguagem"
Sob o título de *O Brasil e Adolfo Coelho: entrelinhas*, conferência pronunciada no Simpósio ICS – Ciências Sociais Cruzadas, Instituto de Ciências Sociais, Universidade de Lisboa, 6 de junho de 2013.

Capítulo "A diferença contra a desigualdade: as identidades sociais dinâmicas"
Conferência no XIII Congresso Brasileiro de Sociologia, Recife (PE), de 29 de maio a 1 de junho de 2007. Versão revista e ampliada do texto publicado na coletânea organizada por Josefa Salete Barbosa Cavalcanti, Silke Weber e Tom Dwyer, *Desigualdade, diferença e reconhecimento*, Porto Alegre, Tomo Editorial, 2009, pp. 40-65.

Capítulo "Os enigmas da cultura do ressentimento"
Oração na sessão solene do Conselho Universitário da Universidade Federal da Paraíba, no ato de concessão do título de *Doutor Honoris Causa*, em 8 de novembro de 2013.

Capítulo "Que raça de povo é esta?"
Publicado em *O Estado de S. Paulo*, 22 de novembro de 2008, Caderno Aliás, p. J7. Reproduzido em Aziz Ab'Sáber (org.), *Leituras indispensáveis*, São Paulo, Ateliê, 2010, v. 2, pp. 53-6.

Capítulo "O branco da consciência negra"
Publicado em *O Estado de S. Paulo*, 19 de novembro de 2006, Caderno Aliás, p. J4. Reproduzido em Peter Fry et al. (orgs.), *Divisões perigosas: políticas raciais no Brasil contemporâneo*, Rio de Janeiro, Civilização Brasileira, 2007, pp. 95-100.

Capítulo "Mestiçagens da língua"
Publicado em *O Estado de S. Paulo*, 22 de maio de 2011, Caderno Aliás, p. J6.

Capítulo "Linguagem sertaneja: as mãos e os gestos de Galdino"
Publicado originalmente na *Folha de S.Paulo*, n. 104, Caderno Folhetim, 14 de janeiro de 1979, p. 5. Escrito no mesmo dia da visita a Galdino no Manicômio Judiciário, no Juqueri, e publicado alguns dias depois. Texto reproduzido em José de Souza Martins, *A militarização da questão agrária no Brasil*, Petrópolis, Vozes, 1984, pp. 123-7.

Capítulo "A terceira escravidão no Brasil"
Conferência na Audiência Pública da Comissão Parlamentar de Inquérito, da Câmara dos Deputados, sobre o Trabalho Escravo. Brasília, 18 de abril de 2012.

Capítulo "O desemprego na vida cotidiana"
Projeto de estudo sobre *O desemprego na vida cotidiana da região metropolitana de São Paulo,* para referência de uma pesquisa dos alunos de graduação de Sociologia da Vida Cotidiana, de 1998, da Faculdade de Filosofia, Letras e Ciências Humanas da Universidade de São Paulo.

O autor

José de Souza Martins é um dos mais importantes cientistas sociais do Brasil. Professor titular aposentado de Sociologia e professor emérito da Faculdade de Filosofia, Letras e Ciências Humanas da Universidade de São Paulo (FFLCH-USP), foi eleito *fellow* de Trinity Hall e professor da cátedra Simón Bolívar da Universidade de Cambridge (1993-1994). É mestre, doutor e livre-docente em Sociologia pela USP. Foi professor visitante na Universidade da Flórida (1983) e na Universidade de Lisboa (2000). Foi membro da Junta de Curadores do Fundo Voluntário da ONU contra as Formas Contemporâneas de Escravidão (Genebra, 1996-2007). Professor *Honoris Causa* da Universidade Federal de Viçosa, doutor *Honoris Causa* da Universidade Federal da Paraíba e doutor *Honoris Causa* da Universidade Municipal de São Caetano do Sul. Autor de diversos livros de destaque, ganhou o prêmio Jabuti de Ciências Humanas em 1993 – com a obra *Subúrbio* –, em 1994 – com *A chegada do estranho* – e em 2009 – com *A aparição do demônio na fábrica*. Recebeu o prêmio Érico Vannucci Mendes do Conselho Nacional de Desenvolvimento Científico e Tecnológico (CNPq), em 1993, pelo conjunto de sua obra, e o prêmio Florestan Fernandes da Sociedade Brasileira de Sociologia, em 2007. Pela Contexto, publicou os livros *A sociabilidade do homem simples*, *Sociologia da fotografia e da imagem*, *Fronteira*, *O cativeiro da terra*, *A política do Brasil lúmpen e místico* e *A Sociologia como aventura*.